HEIKE SCHMIDT-RÖGER

# 300 Fragen zum Hund

› Praktisches Wissen von A bis Z

# Inhalt

## Kauf, Ausstattung und Recht

## Rund um die Ernährung ?

# Inhalt



## Gesundheit und Pflege

zum „Anprobieren“ mit und lassen Sie sich im Zoofachhandel beraten. Achten Sie bei der Auswahl auf Qualität, dies wird sich im Laufe der Zeit mit Ihrem Hund auszahlen.

SPIELZEUG

Achten Sie vor allem auf Sicherheit bei Kleinteilen. Besonders langlebig sind Knotenseile und Hartgummibälle. Tennisbälle sind tabu.

ZAHNBÜRSTE/ZAHNPASTA

Zahncreme für Hunde gibt es z. B. mit Hühnchengeschmack. Praktisch sind Zahnbürsten, die auf den Finger gesteckt werden können.

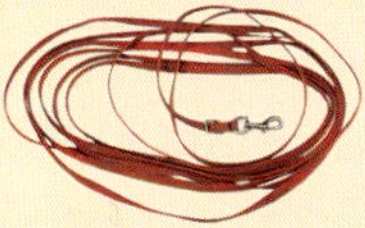

SCHLEPPLEINE

Diese Nylonleinen sind meist 10 Meter lang. Sie bieten dem Hund Bewegungsspielraum und helfen bei der Erziehung (→ Seite 15).

FLOHKAMM

Mit diesem feinzinkigen Kamm können Sie feststellen, ob Ihr Hund Flöhe hat. Nach dem Kämmen auf einem weißen Tuch ausklopfen.

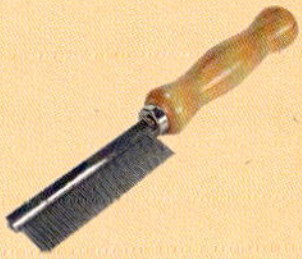

ZECKENZANGE

Sie befreit den Hund von Zecken. Wichtig ist die exakte Hebelwirkung der Zange, sie darf den Blutsauger nicht quetschen.

ALTE HANDTÜCHER

Sie sollten zu Hause und im Auto immer bereitliegen, um den Hund nach einem Regenspaziergang trockenrubbeln zu können.

3. **Anfängerhunde: Ich möchte meinen Traum verwirklichen und einen Hund ins Haus holen. Gibt es typische Anfängerhunde?**

Es ist immer schwer, bei Hunden pauschale Aussagen zu treffen, denn jede Rasse ist anders und jeder Hund ein Individuum. Wie ein Hund sich verhalten wird und erziehen lässt, hängt von vielen Faktoren ab: seiner Veranlagung, seinen Erfahrungen, seiner Erziehung, seiner Beschäftigung, seinem Umfeld – und Ihnen. Gute Erfahrungen sind mit Labrador Retrievern und Pudeln als Anfängerhunde gemacht worden. Gerade die in der Regel sehr menschenfreundlichen und gelehrigen Pudel bauen meist eine enge Beziehung zu ihren Menschen auf. Leider werden diese Hunde wegen Ihres Aussehens oft unterschätzt, doch man kann ihnen bei der regelmäßigen Schur ja auch einen praktischen „Kurzhaarschnitt“ verpassen lassen. Jeder dieser Vierbeiner kann aber auch ein schwieriger Hund werden, wenn es in der Aufzucht und späteren Haltung sowie dem Umgang zu Versäumnissen kommt oder Fehler gemacht werden (→ Seite 31).

4. **Automatikleine: Ist es sinnvoll, meinen Cocker an einer Automatikleine auszuführen?**

Auf den ersten Blick scheinen diese Leinen sehr praktisch zu sein, doch bei falschem Umgang kann es zu Verletzungen kommen, z. B. wenn die Leine über Ihr ungeschütztes Bein reibt oder sich um den Hund

*Pudel gelten als gute Anfängerhunde. Trotzdem brauchen auch sie Engagement und Kompetenz in der Erziehung.*

wickelt und verknotet. Zudem fällt es Hunden schwer, dabei leinenführig zu werden. Ihr Cocker lernt, dass er nur vorwärts kommt, wenn er am Halsband zieht – Zug verursacht Gegenzug. Wird er dann an einer normalen Leine geführt, zieht er natürlich. Im Rahmen der Erziehung ist diese Leine demnach nicht sinnvoll, viele Hundetrainer raten sogar ganz davon ab.
Wenn Sie Ihren Hund nicht frei laufen lassen können und er trotzdem einen größeren Radius beim Spaziergang zur Verfügung haben soll, bietet sich als Alternative eine Schleppleine an. Diese meist zehn Meter langen Leinen schleifen auf dem Boden. Sie haben die Kontrolle über den Hund, indem Sie das Ende der Leine in der Hand halten oder darauf treten, wenn er sich zu weit von Ihnen entfernt. Ihr Vierbeiner lernt dadurch, in Ihrem Umfeld zu bleiben (→ Seite 13).

5. **Beerdigung: Unser Pudel ist schon 16 Jahre alt. Können wir ihn, wenn er einmal stirbt, in seinem „Lieblingswald" begraben?** ?

Nein, leider kann Ihr Pudelchen später nicht in seinem Lieblingswald seine letzte Ruhe finden, es sei denn, der Wald ist in Privathand, Sie haben die Genehmigung des Grundeigentümers. Doch genau wie bei der Beerdigung im eigenen Garten brauchen Sie dann eine Ausnahmegenehmigung der zuständigen Kommunalverwaltung und die Grabstätte darf sich z.B. nicht in einem Wasserschutzgebiet befinden. Informieren Sie sich unbedingt vorher bei Ihrer Kommunalverwaltung. Haben Sie keinen Garten, sollten Sie Ihren geliebten Vierbeiner auf einem Tierfriedhof bestatten oder einäschern lassen. Je nach Größe des Tieres kostet die Grabstelle für z. B. fünf Jahre etwa 100 bis 500 €. Immer weniger Hundehalter überlassen heute ihren Liebling einer Tierkörperbeseitigungsanstalt, wo der tote Körper zu verschiedensten Produkten weiterverarbeitet wird. Informationen zum Thema Tod des Hundes gibt es im Internet z. B. unter www.bvt-marburg.de.

## 6. Bellen: Wie oft und wie lange darf mein Hund aus rechtlicher Sicht bellen?

Die Rechtsprechung sieht das sehr uneinheitlich. Grundsätzlich kommt es darauf an, dass Nachbarn nicht durch unzulässigen Lärm gestört werden. Wann Bellen dieses Kriterium erfüllt, hängt vom Einzelfall ab. Eine pauschale Aussage kann deshalb nicht getroffen werden. Aus diesem Grund nachfolgend einige Auszüge aus Urteilen:

➤ OLG Hamm (22 u. 265/87): „Mehr als eine halbe Stunde anhaltendes Kläffen täglich bzw. länger als zehn Minuten dauerndes Bellen von 13.00 bis 15.00 Uhr und 19.00 bis 8.00 Uhr ist der Nachbarschaft nicht zuzumuten."

➤ Das LG Schweinfurt (3 S 57/96) entschied hingegen, dass ein Hundehalter nicht verpflichtet ist, seine Hunde so zu halten, dass sie nur zu bestimmten Zeiten und nicht länger als zehn Minuten am Stück und insgesamt nicht mehr als 30 Minuten am Tag bellen.

➤ Das AG Hamburg-Wandsbek (716c C114/90) urteilte, dass gelegentliches Bellen kein Grund ist, die Haltungsgenehmigung in einer Mietwohnung zu widerrufen. Kurzes Anschlagen bei Besuch, längeres Verbellen fremder Personen und die heftige Begrüßung Angehöriger seien durchaus artgerechte Reaktionen, die mit der Zustimmung in Kauf genommen worden seien.

➤ Das OLG Köln (12 U 40/93) führt aus, dass ein bestimmter Schallpegel nicht festgestellt werden muss; auch leises Wimmern oder Jaulen kann für Nachbarn höchst lästig sein, wenn es sich über einen längeren Zeitraum erstreckt.

➤Das LG Mainz (6587/94) urteilte, dass der Hundehalter auch in ländlicher Gegend sicherstellen muss, dass vor 7.00 Uhr morgens, zwischen 13.00 und 15.00 Uhr und nach 22.00 Uhr keine Geräuschimmissionen durch Hundegebell auf das Nachbargrundstück einwirken dürfen. Das Recht des Nachbarn auf Ruhe geht hier dem Interesse des Hundehalters vor.

7. **Bewegung: Darf ich meinen Hund neben dem Auto laufen lassen, damit er genug Bewegung bekommt?**

*Sportliche Menschen sollten sich vierbeinige Gefährten wählen, die bei den Aktivitäten gut mithalten können.*

Nach § 28 StVo (Straßenverkehrsordnung) dürfen Tiere von Kraftfahrzeugen aus nicht geführt werden. Es gibt verschiedene Gründe, warum Sie Ihren Hund nicht neben dem Auto laufen lassen sollten.

➤ Erstens haben Sie keinen Einfluss auf ihn und können nicht eingreifen, wenn er plötzlich seine eigenen Wege geht.

➤ Zweitens kann dies andere Verkehrsteilnehmer irritieren und Unfälle verursachen.

➤ Drittens kann der Hund dabei überanstrengt werden, da er natürlich alle Kräfte aufbieten wird, um hinter dem Auto herlaufend nicht von Ihnen getrennt zu werden, oder er wird gehetzt und bekommt Panik, wenn er vor dem Auto läuft – beides verstößt gegen das Tierschutzgesetz.

Wenn Sie Ihren Hund trainieren wollen, sollten Sie sich lieber auf das Fahrrad schwingen. Vom Fahrrad aus dürfen Tiere geführt werden.

8. **Brustgeschirr: Ist es besser, einem Hund ein Halsband oder ein Brustgeschirr umzulegen?** ?

Da gibt es unterschiedliche Meinungen, manche „schwören" auf das Geschirr, andere auf das Halsband. Ein gesunder Hund kann aber an einem passenden Halsband geführt werden (→ Seite 26). Besonders an der Leine „hampelnde" Vierbeiner hat man damit sogar oft besser unter Kontrolle, da sie sich daran nicht nach allen Seiten winden können. Das Geschirr ist eher etwas für Hunde mit gutem Grundgehorsam. Hunde sollten aber immer an einem Geschirr geführt werden, wenn sie beispielsweise an einer Erkrankung der Wirbelsäule oder des Halsbereichs, z. B. Luftröhren- oder Speiseröhrenerkrankungen, leiden. Das Geschirr muss dem Hund genau angepasst werden und gut gepolstert sein, damit es nicht scheuert oder zu viel „Luft“ hat.

**9. Eigentumswohnung: Wir wohnen in einer Eigentumswohnung und halten einen Labrador. Die Hundehaltung ist erlaubt. Kann ein neuer Eigentümer einer anderen Wohnung diese verbieten lassen?**

Nein, da müssen Sie sich in der Regel keine Gedanken machen. Der neue Eigentümer hat spätestens bei Vertragsunterzeichnung Kenntnis von der Erlaubnis zur Hundehaltung genommen. Die Hundehaltung kann von der Eigentümergemeinschaft nur einstimmig untersagt werden. Regelungen in der Hausordnung (z. B. Anleinpflicht auf Wohnungseigentumsanlagen) sind aber durch Mehrheitsbeschluss möglich. Solange Ihr Hund Hausbewohner nicht erheblich belästigt oder sogar gefährlich ist, müssen Sie ihn nicht abgeben.

**10. Erbe: Kann ich meinem Hund mein Vermögen vererben, damit er nach meinem Tod auch gut versorgt ist?**

Nein, das geht nach deutschem Recht nicht. Man hat aber zwei Möglichkeiten, die Versorgung seines Hundes nach seinem Ableben zu sichern.
1. Man bestimmt einen Testamentsvollstrecker, der das Vermögen verwaltet und darauf achtet, dass der Hund von seinen neuen Haltern nach den Wünschen

des Erblassers versorgt wird und dafür die festgelegten finanziellen Mittel bereitstellt.
2. Man vererbt sein Vermögen an die künftigen Hundehalter mit der Auflage, sich um den Hund nach den Wünschen des Erblassers zu kümmern. Auch hier bietet es sich an, einen Testamentsvollstrecker einzubeziehen, der die Einhaltung der Auflagen überwacht. Grundsätzlich sollte man sich aber vorher mit allen Beteiligten abstimmen und deren Einverständnis einholen. Es ist sinnvoll, sich bei der Abfassung des Testaments von einem Notar oder Rechtsanwalt beraten zu lassen, damit die spätere Versorgung des Hundes nicht etwa an einem Formfehler scheitert.

## 11. Freilauf: Wo darf ich meinen Hund unbesorgt frei laufen lassen? ?

Nach der Straßenverkehrsordnung gibt es keine generelle Anleinpflicht für Hunde. Die städtische oder gemeindliche Satzung kann dies aber vorsehen. Grundsätzlich sollten Sie Ihren Hund in der Stadt angeleint lassen. Zu groß ist die Gefahr, dass im Getümmel etwas passiert oder Passanten verunsichert sind. Viele Städte besitzen gekennzeichnete Hundewiesen, wo Vierbeiner frei toben dürfen.
Für gefährliche Hunde regelt die Landeshundeverordnung den Freilauf. Dort können Sie sich über die für Ihre Region geltenden Vorschriften erkundigen. Auch im Wald gibt es für Hunde keine generelle Anleinpflicht. Die Gemeinde kann zumeist den Freilauf von Hunden im Wald auch nicht regeln, da dieses Territorium nicht einer Gemeinderegelung unterworfen ist. Ausnahme ist eine Regelung für den Stadtwald. Informationen gibt es bei Ihrer örtlichen Jagdbehörde oder der Kommunalverwaltung. Wenn Sie Ihren Hund im Wald frei laufen lassen, sollten Sie aber darauf achten, dass Ihr Vierbeiner an Ihrer Seite bleibt und nicht im Unterholz stöbert und die tierischen Waldbewohner aufschreckt oder gar hetzt.

## 12. Geschlecht: Wir wissen nicht, ob wir uns als ersten Hund einen Rüden oder eine Hündin anschaffen sollen. Was sind die Unterschiede?

?

Rüden sind in der Regel etwas größer und schwerer als Hündinnen. Rein aus diesem Grund ist bei einem Rüden mehr Körperkraft notwendig, wenn er einmal an der Leine zieht. Die meisten Rüden zeigen hormongesteuert ein „machohafteres" Verhalten und sind „kerniger", das heißt, sie legen sich häufiger mit männlichen Artgenossen an, werden öfter aufmüpfig und können rüpelhafter sein. Sie müssen dann also eventuell mehr Konsequenz zeigen, um ihm seinen Rang zuzuordnen.

Hündinnen gelten meist als leichtführiger und sanfter. Entgegen der landläufigen Meinung sind sie jedoch nicht verschmuster als Rüden. Ein wichtiges Merkmal ist die Läufigkeit der Hündin, die meist zweimal jährlich auftritt (→ Seite 120). Die Hundedame blutet dann, was für den Halter unangenehm sein kann (es gibt spezielle Höschen im Fachhandel), und lockt Rüden an. Spaziergänge können dann sehr anstrengend werden, vor allem, wenn Sie unangeleinten Rüden begegnen (→ Seite 225).

Andererseits neigen einige Rüden zum Streunen und werden regelrecht liebeskrank, wenn sie eine „heiße"

### EXTRATIPP

**Wichtige Fragen vor dem Hundekauf**

Habe ich genug Zeit? Bleibt der Hund nach der Gewöhnung nicht mehr als vier Stunden täglich allein? Kann ich ihn seinen Bedürfnissen entsprechend bewegen und beschäftigen? Wer erzieht den Hund? Habe ich genug Konsequenz für die Erziehung? Bin ich bereit, die Kosten zu tragen, z. B. für den Tierarzt? Ist die Wohnsituation passend? Ist der Hund im Urlaub und bei Krankheit versorgt? Sind alle Familienmitglieder einverstanden? Hat kein Familienmitglied eine Allergie?

Hundedame in der Nase haben. Sie markieren häufiger ihr Revier als Hündinnen – einige heben ständig ihr Bein. Das kann gerade in der Stadt für Unmut sorgen, ist durch konsequente Erziehung aber gut zu regulieren. Zudem sollte man einem Hund vor einem Stadtbesuch die Möglichkeit geben, sich zu lösen. Bleibt noch die Sache mit dem Nachwuchs. Wer nicht sicher ist, dass er seine läufige Hundedame vor aufdringlichen Verehrern abschirmen kann, sollte sie nach Absprache mit dem Tierarzt kastrieren lassen. Ich bin der Meinung, dass eine Hündin für Anfänger besser geeignet ist. Besonders Rüden bestimmter Rassen sollten nur mit Erfahrung und viel Hundeverstand geführt werden.

## 13. Gesundheit: Woran erkenne ich, ob ein Welpe auch wirklich gesund ist? ?

Sie sollten sich viel Zeit bei der Auswahl des Welpen lassen und den Wurf und jeden einzelnen Hund gut beobachten (→ Seite 31).

- Sein Fell sollte glänzen und einen gepflegten Eindruck machen.
- Klare Augen und ein „wacher“ Blick sind wichtig.
- Weder aus der Nase noch aus den Augen darf Ausfluss auftreten.
- Der After ist sauber. Ein verschmierter After kann auf Durchfall hinweisen.
- Schauen Sie sich den Kot der Welpen an, wenn sie ihr „Geschäftchen“ machen. Sie sollten weder Durchfall haben, noch dürfen „weiße Reiskörner“ (Bandwurmglieder) zu erkennen sein.
- Die Kleinen sollten proper ernährt sein und ein „Welpenbäuchlein“ haben. Der Bauch darf aber nicht aufgetrieben wirken, da dies auf einen Wurmbefall hinweisen kann.
- Fahren Sie mit dem Finger das Fell gegen den Strich und halten Sie Ausschau nach Flöhen. Auch häufiges Kratzen ist ein Indiz für Flohbefall.

## GEFAHRENQUELLEN FÜR DEN HUND

| GEFAHREN-QUELLE | SO SORGEN SIE VOR |
|---|---|
| Treppen | Mit Gittern sichern, damit Welpen nicht hinunterstürzen können und nicht hinauf- oder herunterlaufen. |
| Balkone | Mit Netzen oder Gittern sichern, es drohen gefährliche Stürze. |
| Gartenteiche | Einen Zaun um den Teich ziehen, damit der Hund nicht hineinfällt und ertrinkt. |
| Kellerschächte | Schächte und größere Löcher zum Schutz vor Stürzen abdecken. |
| Offene Türen | Mit Türstoppern verhindern, dass sie zuschlagen und den Hund einklemmen. |
| Reinigungsmittel, Chemikalien | Immer gut verschließen, damit der Hund nicht davon trinkt und sich vergiftet. |
| Medikamente, Zigaretten, Bleistifte | Niemals auf dem Tisch liegen lassen; frisst der Hund davon, kann er an der Vergiftung schwer erkranken oder sogar sterben. |
| Hitze | Kerzen, heiße Bügeleisen etc. sichern; sonst sind schwere Verbrennungen möglich. |
| Pflanzen | In der Wohnung und im Garten darauf achten, dass der Hund keine Gelegenheit hat, an giftigen Pflanzen zu knabbern (→ Seite 129). |
| Kleinteile | Darauf achten, dass Büroklammern, Nadeln, Murmeln, Lametta, Wolle, Schnuller u. Ä. für den Welpen unerreichbar sind; es drohen bei Verschlucken schwere innere Verletzungen. |
| Plastiktüten | Immer wegräumen; der Hund kann sonst hineinkriechen und ersticken. |
| Stromkabel | Sicher abdecken, damit besonders Welpen sie nicht anknabbern können. |
| Garage, Schuppen | Schließen, damit der Hund darin nichts Gefährliches frisst oder etwas umwerfen kann. |

➤ Dass die Welpen noch tollpatschig sind, ist normal. Sie dürfen aber nicht den Eindruck machen, dass sie Probleme beim Laufen oder Klettern über niedrige Hindernisse haben, und schon gar nicht hinken.
➤ Prüfen Sie, ob die Kleinen auf Geräusche reagieren und richtig sehen können (bewegen Sie dazu einen interessanten Gegenstand vor ihnen her). Bei einigen Rassen oder weißen und merlefarbenen Hunden treten relativ häufig Blindheit (z. B. Collie, Bearded Collie, Australian Shepherd) oder Taubheit (z. B. Dalmatiner und weißer Boxer) auf.

## 14. Gewährleistungsrecht: Welche Rechte habe ich als Hundekäufer nach dem neuen Gewährleistungsrecht? ?

Obwohl Tiere nach der Deutschen Gesetzgebung keine Sachen mehr sind, werden sie, wenn es um Kauf und Verkauf geht, ebenso behandelt. Das heißt, der Verkäufer muss Ihnen einen Hund überlassen, der frei von Mängeln ist. Ein Mangel liegt z. B. dann vor, wenn ein kranker Hund verkauft wurde oder der Vierbeiner zugesicherte Eigenschaften nicht besitzt. Der Hund hat beispielsweise einen Zahnfehler und darf deswegen später nicht zur Zucht eingesetzt werden, oder ein ausdrücklich für die Jagd verkaufter Hund zeigt kein Interesse an Kaninchen und Co. Weitere Beispiele: Dem Käufer wurde zugesichert, dass der Hund später ein Schönheitschampion wird, und dies tritt nicht ein, oder es wurde garantiert, dass dieser Hund keine HD (→ Seite 110) bekommt. Grundsätzlich gilt, dass der Verkäufer auch für einen Hund eine Gewährleistung von zwei Jahren zu garantieren hat. Handelt es sich um einen gewerblichen Züchter und ist der Käufer ein so genannter Endverbraucher, dann gilt das so genannte Verbrauchsgüterkaufrecht. Zeigt sich beim Hund innerhalb der ersten sechs Monate ein Mangel (Krankheit), dann wird bereits nach der gesetzlichen Regelung vermutet, dass diese Krankheit schon bei

Übergabe des Tieres vorhanden war. Die gesetzlichen Gewährleistungsvorschriften können hinsichtlich der Dauer nur dann reduziert werden, wenn es sich um einen „gebrauchten" Hund, also einen älteren Hund, handelt. In diesem Fall kann die Gewährleistung auf ein Jahr reduziert werden. Ich empfehle Ihnen, auf einem schriftlichen Kaufvertrag zu bestehen, in dem alle relevanten Belange detailliert aufgeführt sind (z. B. genaue Beschreibung des Hundes, Nummer der Tätowierung oder des Identifikations-Chips, Geburtsdatum, Rasse, zugesicherte Eigenschaften, mögliche zuchtausschließende Fehler oder Erkrankungen, Kaufpreis, Käufer und Verkäufer). Das erleichtert eine schnelle Regelung, wenn ein Mangel auftritt, und gibt allen Seiten Sicherheit. Auch wenn Sie als Privatperson einen Welpen bei einem Hobbyzüchter kaufen, dürfen im Kaufvertrag Ihre Ansprüche auf Nacherfüllung – beispielsweise Bezahlung der Tierarztkosten im Krankheitsfall oder Minderung des Kaufpreises – nicht eingeschränkt werden. Weitere Informationen finden Sie im Internet beispielsweise unter www.wdr.de/tv/service/tiere/inhalt/ 20021013/ b_3.phtml.

15. **Haftpflichtversicherung: Müssen wir auch für unseren Papillonrüden eine Hundehaftpflichtversicherung abschließen – er ist doch so klein und tut niemandem etwas?** ?

Bei der Hundehaftpflichtversicherung handelt es sich nicht um eine Pflichtversicherung wie sie z. B. für Kraftfahrzeuge vorgeschrieben ist. Der Abschluss ist dem Hundehalter frei gestellt. Lediglich für gefährliche Hunde kann eine solche Pflichtversicherung vorgeschrieben werden. Ich empfehle Ihnen als verantwortungsbewusstem Hundehalter aber, auch für Ihren Hund eine Haftpflichtversicherung abzuschließen. Sie tritt nicht nur ein, wenn ein Hund beißt. Auch andere Schäden sind abgedeckt. Denn auch ein kleiner Vierbeiner kann erheblichen Schaden verursachen, der über die finanziellen Möglichkeiten des Halters hinausgeht, z. B. kann die Leine reißen, der Hund auf die Straße laufen und einen Autounfall verursachen, bei dem auch Menschen verletzt werden. Doch auch kleinere „Missgeschicke“ können den Geldbeutel arg strapazieren, und Sie sind bestimmt froh, wenn dann eine Haftpflichtversicherung eintritt: Der Rüde einer Freundin hat bei einem Besuch die Stereoanlage markiert – es musste eine neue her. Ein anderer Hund begrüßte einen Bekannten seines Frauchens so stürmisch, dass die teure Designerbrille zu Bruch ging – da kommen schnell 500 oder 1000 € zusammen.

### 16. Haftung: Warum muss ich als Hundehalter für Schäden aufkommen, die mein Hund verursacht hat, auch wenn ich nichts dafür kann?

?

Bei der Tierhaltergefährdungshaftung ist für die Haftung kein Verschulden notwendig. Das heißt, dass der Hundehalter immer dann haftet, wenn ein Mensch oder eine Sache durch den Hund zu Schaden kommt. Hunde handeln manchmal unvorhersehbar, auch wenn sie gut erzogen sind. Dadurch können schwerwiegende Folgen entstehen, z. B. wenn der Hund bei der Begrüßung einen Freund anspringt, dieser hinfällt

## EXTRATIPP

**Die richtige Versicherung finden**

Es gibt große Unterschiede zwischen Leistungen und Preisen von Haftpflichtversicherungen, deswegen sollten Sie gründlich vergleichen. Achten Sie z. B. auf die Versicherungssumme. Sie sollte pauschal mindestens fünf Millionen € betragen. Wichtige Kriterien bei der Auswahl sind auch die Selbstbeteiligung und die Vertragslaufzeit. Eine gute Versicherung ist schon ab etwa 70 € zu haben. So genannte Kampfhunde werden nur von wenigen Versicherungen angenommen.

und sich verletzt. Ob der Schaden, den Ihr Vierbeiner verursacht hat, vermeidbar war oder nicht, ist unerheblich. Sie müssen also noch nicht einmal fahrlässig oder vorsätzlich handeln, um haftbar gemacht zu werden. Wird der Hund dagegen zu gewerblichen Zwecken gehalten – z. B. als Hütehund des Schäfers oder Bewachungshund einer Firma –, kann sich der Tierhalter entlasten, wenn er nachweist, dass der Schaden auch bei Einhaltung der erforderlichen Sorgfalt entstanden wäre.

## 17. Halsband: Nach welchen Kriterien sollte ich das Halsband aussuchen?

Das Halsband sollte aus einem geschmeidigen und leichten Material bestehen, damit es den Hund nicht zu sehr „stört“: Ideal ist weiches Nylon. Auch Leder ist sehr angenehm, kann sich mit der Zeit aber weiten. Die Breite sollte dem Hund angemessen sein, so sollte ein West Highland Terrier nicht mit einem 10 cm breiten Halsband umherlaufen müssen. Andererseits können sehr schmale Bänder in den Hals einschneiden, deswegen ist es wichtig, ein auf den Vierbeiner abgestimmtes Mittelmaß zu finden: zwei Halswirbel sollten bedeckt sein. Ideal ist, wenn der Umfang des Halsbandes verstellbar ist. Gerade bei Welpen ist das wichtig, damit es dem Wachstum angepasst

> **INFO**
>
> **Haftung**
> Die Rechtsgrundlage für die Haftung eines Tierhalters stellt § 833 Satz 1 BGB klar und unmissverständlich dar:
> „Wird durch ein Tier ein Mensch getötet oder der Körper oder die Gesundheit eines Menschen verletzt oder eine Sache beschädigt, so ist derjenige, welcher das Tier hält, verpflichtet, dem Verletzten den daraus entstehenden Schaden zu ersetzen.“

werden kann. Der Umfang muss so bemessen sein, dass es nicht zu eng anliegt oder gar in die Haut drückt, trotzdem aber nicht über den Kopf gezogen werden kann. In der Regel kann man sich ganz gut auf die Faustregel verlassen, dass zwei Finger breit zwischen Halsband und Hals Luft sein sollte. Doch gerade bei Hunden mit einem sehr schmalen Kopf ist das manchmal nicht möglich. In diesen Fällen bietet sich ein Zughalsband mit einem Stopp an, der verhindert, dass der Hund gewürgt wird, wenn er an der Leine zieht. Zughalsbänder ohne Stopp, auch Würgehalsbänder genannt, können dem Hund starke Schmerzen verursachen und sind deswegen auch aus Tierschutzgründen völlig abzulehnen, genau wie Stachelhalsbänder.
Beim Verschluss sollten Sie prüfen, was Ihnen angenehm ist. Da gibt es beispielsweise die klassische Variante mit einem Schnallenverschluss. Das Öffnen und Schließen dieses Verschlusses erfordert manchmal jedoch eine gewisse Geschicklichkeit, besonders wenn der Hund beim An- und Ausziehen nicht brav sitzen bleibt. Praktisch sind Halsbänder mit Schnappverschluss. Diese sollten aber eine Verriegelung besitzen, damit sie sich bei starkem Zug nicht öffnen, wie es bei meinem Dackel einmal passiert ist.

?

**18. Hängeohren: Mein Hund hat lange Schlappohren. Wie kann ich verhindern, dass diese beim Fressen immer im Futter hängen?**

Im Zoofachhandel gibt es spezielle hohe und schmale Näpfe, in die nur die Schnauze des Hundes passt, die Ohren bleiben automatisch draußen. Alternativ können Sie Ihrem Hund beim Fressen auch eine Mütze (Snood → Foto, Seite 29) überziehen, die es im Zoofachhandel zu kaufen gibt. Diesen elastischen Stoffschlauch können Sie auch selbst „schneidern", z. B. indem Sie einfach ein passendes Stück von einer Legging-Hose abschneiden oder einen Snood häkeln.

**19. Heimtierpass: Was ändert sich bei Reisen mit dem Hund durch den neuen EU-Heimtierpass?**

Für Sie als Hundehalter wird das Reisen mit Vierbeiner einfacher. Im dem seit Oktober 2004 vorgeschriebenen Ausweis werden die Tollwutimpfung und die Identifikationsnummer eingetragen – und mehr braucht es nicht mehr bei Reisen innerhalb der EU, Ausnahmen gelten lediglich noch für Irland, Schweden und das Vereinigte Königreich (→ Info, Seite 31). Im Grunde ersetzt der Tierpass, in dem auch nicht vorgeschriebene Impfungen und tierärztliche Untersuchungen notiert werden können, den bisher bekannten Impfpass. Der Vorteil für den Hundehalter liegt in einer Vereinheitlichung der EU-weiten Einreiseregeln und der Anerkennung des Dokuments in allen Mitgliedsländern. Jeder Heimtierpass hat eine individuelle Nummer, der die Nummer des Mikrochips oder Tätowierung des Hundes angehängt ist. Ausgehändigt wird der Pass vom Tierarzt.

**20. Heimtierpass: Brauche ich den EU-Heimtierpass unbedingt?**

Nein. Der neue Ausweis ist nur notwendig, wenn Sie mit Ihrem Hund ins europäische Ausland reisen möchten, in anderen Ländern kann er die Einreise vereinfachen. Bleibt Ihr Hund innerhalb Deutschlands, können Sie die Impfungen Ihres Hundes auch weiterhin im bisher üblichen Impfpass eintragen lassen, das ist völlig ausreichend.

**21. Hundesteuer: Stimmt es, dass man für Tierheimhunde keine Hundesteuer zahlen muss?**

Das kommt auf Ihre Stadt- bzw. Gemeindeverwaltung an, da die Festsetzung der Hundesteuer Sache der Kommunen ist. Einige Verwaltungen sind so fortschrittlich und erlassen denjenigen, die einen Hund aus dem Tierheim aufnehmen, z. B. für ein Jahr befristet die Steuer. Andere besteuern jeden Hund, meist mit Ausnahme von Blindenführhunden, Hunden zum Schutz blinder, tauber oder sonst hilfloser Personen sowie Rettungshunden. Hunde, die nicht von der Steuer befreit sind, müssen meist im Alter von drei Monaten angemeldet werden.

## 22. Hundesteuer: Wie hoch ist die Hundesteuer? ?

Die Höhe der Hundesteuer wird von den Kommunalverwaltungen in eigenem Ermessen bestimmt und ist deswegen sehr unterschiedlich. Den für Sie gültigen Satz können Sie bei Ihrer Stadt- oder Gemeindeverwaltung erfragen. In Städten wird meist mehr verlangt als in ländlichen Regionen. In Düsseldorf z. B. kostet der erste Hund aktuell 96 € im Jahr, bei zweien jeder 150 € und wenn man mehr hält, jeder Vierbeiner 180 €. In Kleve kostet der erste Hund 54 €, zwei jeweils 81 € und drei und mehr 96 € je Hund. In Stuttgart müssen für den ersten Vierbeiner 108 € und für jeden

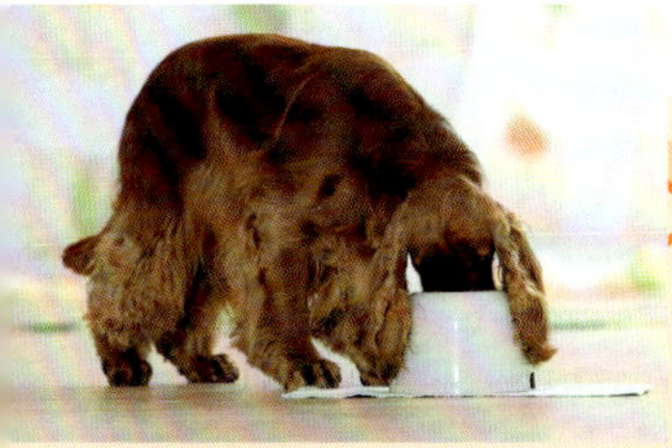

1 *Ein hoher und schmaler Futternapf verhindert bei Cocker und Kollegen, dass die langen Ohren schmutzig werden.*

2 *Eine praktische Alternative ist der Snood. Diese Mütze lassen sich die Hunde nach der Gewöhnung daran gern überziehen.*

weiteren 216 € bezahlt werden. Garching bei München ist im Gegensatz dazu preiswert: 35 € für den ersten Hund, 70 € für den zweiten und 105 € für jeden weiteren. Kassel liegt mit 90 € für den ersten, 120 € für den zweiten und 150 € für jeden weiteren Hund schon wieder höher. Am günstigsten für Halter mehrerer Hunde ist in dieser Aufzählung neben Kleve die Stadt Herborn mit 60 € für den ersten, 75 € für den zweiten und 96 € für jeden weiteren Hund. Für so genannte Kampfhunde muss der Halter in vielen Kommunen dagegen richtig tief in die Tasche greifen; das können pro Jahr schon 600 € für den ersten und wenn man zwei hält, für jeden 900 € sein. Im Jahr 2002 betrug das gesamte Hundesteueraufkommen 211,6 Mio. € (Quelle: Bundesministerium der Finanzen).

## 23. Kastration: Wann ist eine Kastration erlaubt?

Das Tierschutzgesetz verbietet es, einem Tier ohne vernünftigen Grund Schmerzen, Leiden oder Schäden zuzufügen. Speziell für die Kastration trifft § 6 zu, wonach es verboten ist, Organe oder Gewebe vollständig oder teilweise zu entnehmen oder zu zerstören. Dazu gibt es aber Ausnahmen, z. B. wenn der Eingriff im Einzelfall nach der tierärztlichen Indikation geboten ist, zur Verhinderung der unkontrollierten Fortpflanzung oder – soweit tierärztliche Bedenken nicht entgegenstehen – wenn zur weiteren Nutzung oder Haltung des Tieres eine Unfruchtbarmachung vorgenommen wird oder dem Tier durch die Kastration erhebliche Leiden erspart werden. Der Eingriff (→ Seite 115) ist also nur erlaubt, wenn ein vernünftiger Grund vorliegt. Das kann z. B. der Fall sein, wenn ein Hund „hypersexed“ ist, eine durch gesteigerte sexuelle Motivation verursachte Aggressivität besitzt und ein normaler Kontakt mit Artgenossen nicht möglich oder er deswegen sogar gefährlich ist oder ungewollter Hundenachwuchs verhindert werden soll.

Rechtlich nicht vorgesehen wäre der Eingriff, wenn dem Halter die Läufigkeit seiner Hündin und die damit verbundenen Blutungen einfach unangenehm sind. Zur Beurteilung, ob ein Hund kastriert werden sollte, müssen deswegen auch immer der Tierarzt und eventuell der Hundetrainer beteiligt werden.

## 24. Kauf: Gibt es „Alarmzeichen", die ich beim Hundekauf beachten muss?

Ja, unbedingt! Ich rate Ihnen vom Kauf ab, wenn ...

- die Mutter oder die Welpen scheu, ängstlich oder gar aggressiv sind;
- die Hunde ungepflegt oder krank wirken;
- die Hundekinder in einer Umgebung aufwachsen, die ihnen keinerlei Anregung und Spiel- und Auslaufmöglichkeiten im Freien bietet, mit Hundekot verdreckt ist oder unangenehm riecht;
- die Hunde ohne intensiven menschlichen Kontakt aufwachsen;
- der Züchter nichts über Ihre Lebensumstände und Kenntnisse in Sachen Hund erfahren will, nicht auf Ihre Fragen eingeht und Sie zum Kauf drängt;
- der Züchter nicht kompetent erscheint und viele verschiedene Rassen züchtet;
- er nicht bereit ist, Ihnen die Mutter der Welpen und die Umgebung, in der die Kleinen aufwachsen, zu zeigen;

**INFO**

**Einreise**
**Für eine Übergangszeit bis 01. 07. 2010 gelten für Reisen mit Hund aus einem Mitgliedsstaat der EU nach Irland, Schweden und das Vereinigte Königreich gesonderte Bestimmungen. Für Reisen in ein Land außerhalb der EU erhalten Sie Infos über die Einreisebestimmungen von Ihrem Veterinäramt, der zuständigen Auslandsvertretung oder z. B. unter www.partner-hund.de.**

- er Ihnen die Welpen wahlweise mit oder ohne Ahnentafel zum Kauf anbietet;
- er Sie nicht auffordert, die Welpen bis zur Abgabe mehrmals zu besuchen;
- Sie keine Nachweise über Impfung und Entwurmung erhalten und nicht den Bericht des Zuchtwartes einsehen können;
- der Preis eines Rassehundes weit unter dem empfohlenen Preis des Zuchtvereins liegt.

**25. Kettenhaltung: Unser Nachbar hält seinen Schäferhund den ganzen Tag ohne Aufsicht an einer zwei Meter langen Kette. Ist das erlaubt?**

Nein, diese Kettenhaltung ist laut der Tierschutz-Hundeverordnung verboten!
§ 7 der Hundeverordnung regelt die Anforderungen an die Anbindehaltung. Die Anbindung muss an einer mindestens sechs Meter langen Laufvorrichtung frei gleiten können, dem Hund einen seitlichen Bewegungsspielraum von mindestens fünf Metern bieten und es ihm ermöglichen, ungehindert seine Schutzhütte aufzusuchen. Die Schutzhütte muss so groß sein, dass sich der Hund darin hinlegen und umdrehen kann. Weiterhin muss ausgeschlossen sein, dass sich der Hund durch im Laufbereich liegende Gegenstände, einen nicht geeigneten Laufboden, Brustgeschirr, Halsband oder die Anbindung verletzen kann. Die Anbindehaltung ist immer verboten bei Hunden bis zu einem Alter von zwölf Monaten, tragenden Hündinnen im letzten Drittel der Trächtigkeit, säugenden Hündinnen und kranken Hunden, wenn sie dadurch Schmerzen leiden oder ihnen Schäden zugefügt werden.
Sie sollten Ihren Nachbarn über diese Bedingungen informieren. Hält er seinen Hund weiterhin an der Kette, sollten Sie dies unbedingt dem zuständigen Ordnungs- bzw. Veterinäramt oder dem örtlichen Tierschutzverein melden.

**26. Kinder: In einem Monat holen wir unseren Welpen ab. Wie bereite ich unsere Kinder am besten darauf vor?**

?

Es ist wichtig, dass Sie Ihren Kindern die Bedürfnisse und das Verhalten des Hundes erläutern. Dazu gehört auch, dass Anfassen nicht erlaubt ist, wenn er schläft, frisst, an einem Kauknochen oder einem Spielzeug kaut. Näpfe, Spielzeug und Kauknochen müssen für das Kind tabu sein – umgekehrt die Kinderspielzeuge auch für den Vierbeiner.
Kinder sind für Hunde in der Regel keine Respektspersonen, sondern werden als ihresgleichen angesehen. Deswegen können die vorher genannten Situationen im Extremfall eskalieren, wenn das Kind den Hund „stört" – und sei es lediglich, weil der Vierbeiner sich erschreckt.
Natürlich müssen die Kinder lernen, dass sie dem Hund keine Schmerzen zufügen dürfen, etwa durch das Ziehen an Schwanz oder Ohren oder dem Kneifen in das Fell. Ihre Sprösslinge sollten auch keine Spiele mit dem Hund spielen, wobei Kräfte gemessen werden, z. B. Zerrspiele.
Sie dürfen zudem niemals darauf bestehen oder gar mit Zwang umsetzen, dass der Hund von Kindern gegebene Kommandos befolgt. Kinder können ihn zwar je nach Reifegrad unter Ihrer Aufsicht durchaus um ein „Sitz" oder „Platz" bitten und bei ordentlicher Ausführung mit einem Leckerchen belohnen. Folgt der Hund aber nicht, muss das akzeptiert werden, denn dies ist keine Übung mit dem Chef, sondern für den Hund nur ein Spiel mit einem Kumpel.
Das beste Mittel, um die Kinder mit dem Umgang mit dem neuen Hausgenossen vertraut zu machen, ist, wenn Sie mit gutem Beispiel vorangehen und einen verantwortungsbewussten Umgang vorleben. In vielen Hundeschulen werden auch spezielle Kurse für Kinder angeboten. Lassen Sie aber bitte die Kinder niemals mit dem Hund ohne Aufsicht!

**27. Kinder: Welche Hunderasse ist für Kinder besonders gut geeignet?**

Ich halte es immer für bedenklich, eine Rasse als generell kinderfreundlich zu bezeichnen, da jeder Vierbeiner eine eigene Persönlichkeit hat. Dazu kommt, dass das Verhalten des Hundes immer von seinen früheren und aktuellen Erfahrungen beeinflusst wird. Macht ein Hund vom Welpenalter an häufig positive Erfahrungen mit Kindern, wird er diesen in der Regel freundlich gesinnt sein. Es gibt aber tatsächlich Rassen, die im Allgemeinen als nervenstark, geduldig, anhänglich und spielfreudig gelten und dadurch gern als „Kinderhunde" genommen werden. Oft genannt werden in diesem Zusammenhang Labrador, Golden Retriever und Beagle; doch auch sie müssen die entsprechenden positiven Erfahrungen gemacht haben – durch negative Erlebnisse können auch diese Rassehunde genau wie alle anderen gefährlich werden. Deshalb ist es sehr wichtig, den zukünftigen Kinderhund bei einem verantwortungsbewussten und engagierten Züchter zu kaufen (→ Seite 57).

**28. Kleidung für Hunde: Meine Dalmatinerhündin ist jetzt neun Jahre alt. Braucht sie im Winter einen Mantel, damit sie nicht friert?**

Nein, solange Ihre Hündin gesund ist und im Winter gern nach draußen geht, braucht sie das nicht. Ein Mantel, ob zum Schutz vor Kälte oder Nässe, ist nur bei

*Mäntel für Hunde gibt es in verschiedenen Ausführungen, z. B. leicht und Wasser abweisend oder kuschelig gefüttert.*

kranken Hunden notwendig, die z. B. unter Arthrose, Spondylose oder einer Herzerkrankung leiden, sowie alten Vierbeinern, die die Körperwärme nicht mehr richtig halten können – besonders kleine Rassen frieren schneller (→ Seite 44). Auch für einige Hunde ohne Unterwolle, die aus wärmeren Klimaregionen importiert wurden, kann ein Mäntelchen sehr sinnvoll sein. Wenn ein Hund bei Kälte oder Nässe nicht mehr gern nach draußen geht oder dann nur bibbert, ist dies ein Hinweis dafür, dass er einen Mantel braucht. Im Zweifelsfall den Tierarzt fragen.

**29. Kupieren: Der Züchter will unserem Boxerwelpen nicht die Ohren kupieren. Wo können wir das machen lassen?** ?

In Deutschland ist das Kupieren verboten. Ihr Züchter hat also verantwortungsbewusst gehandelt und sich an die bestehenden Gesetze gehalten. Dem Hund würden durch das Kupieren ohne vernünftigen Grund Schmerzen zugefügt, was nicht erlaubt ist. Kupieren schränkt auch sein Ausdrucksverhalten und seine Kommunikation mit Artgenossen ein (→ Seite 166). Hundehalter, die zum Kupieren ins Ausland fahren, machen sich nach dem Tierschutzgesetz ebenfalls strafbar, da nach der Rechtsprechung Schmerzen im Inland fortwirken. Weiterhin ist nach dem Tierschutzgesetz das vollständige oder teilweise Amputieren von Körperteilen verboten. Ausnahmen gibt es bei jagdlich zu führenden Hunden, wenn es für die vorgesehene Nutzung unerlässlich ist und keine tierärztlichen Bedenken bestehen.

**30. Leine: Was muss ich beim Kauf einer Hundeleine beachten?** ?

Nylonleinen sind robust und lassen sich in der Waschmaschine prima reinigen. Lederleinen kosten

zwar etwas mehr, halten bei entsprechender Pflege durch regelmäßiges Einfetten aber ein Hundeleben lang. Nehmen Sie die Leine in die Hand und prüfen Sie, ob sie sich angenehm anfühlt und Sie den Eindruck haben, dass sie Ihnen auch bei starkem Zug nicht aus der Hand rutscht oder in die Handflächen einschneidet – besser sind runde Modelle.
Qualitativ hochwertige Lederleinen sind weich, bestehen aus einem Stück und sind genäht, nicht genietet – da lohnt sich auch eine Reparatur. Nieten rosten manchmal und sehen dann unschön aus, außerdem kann die Leine an dieser Stelle reißen. Dies kann aber auch bei sprödem Leder passieren, das nicht „gewartet" wird. Sehr praktisch sind etwa zwei Meter lange Leinen, die an beiden Enden je einen Karabiner besitzen: Der größere wird am Halsband befestigt, den kleineren können Sie an einem von mehreren Metallringen einhaken und so die Leine in der Länge verstellen oder ihn am Halti befestigen (→ Seite 210). Schauen Sie sich die Karabinerhaken genau an. Sie müssen stabil sein und dürfen sich nicht zu leicht öffnen lassen. Das Öffnen darf aber auch nicht zu einem schweißtreibenden Kraftakt ausarten. X-förmige Klemmverschlüsse hakeln oft leicht oder schließen sich nicht mehr richtig. Das kann zu gefährlichen Situationen führen, wenn sie vom Halsbandring rutschen.

## EXTRATIPP

**Hunde in der Mietwohnung**

**Ob Sie einen Hund halten dürfen, hängt vom Mietvertrag ab. Hundehaltung ist erlaubt: Sie dürfen einen Hund ohne das gesonderte Einverständnis des Vermieters halten. Zustimmung ist erforderlich: Sie müssen sich die Hundehaltung vorher genehmigen lassen – am besten schriftlich. Die Erlaubnis darf nur mit triftigem Grund verweigert werden. Hundehaltung ist verboten: Da bleibt nur ein Umzug. Nähere Infos im Internet z. B. unter www.partner-hund.de.**

31. **Mietwohnung: Wir wohnen im zweiten Stock und haben zwei West Highland Terrier, mit denen wir züchten wollen. Muss unser Vermieter das extra erlauben?** ?

Auch wenn die Hundehaltung an sich erlaubt ist, übersteigt die Zucht von Hunden den normalen Gebrauch einer Wohnung, da Lautstärke, Geruch und Verschmutzungen stark zunehmen können. Aus diesen Gründen kann der Vermieter die Zucht ablehnen. Deswegen sollten Sie sich unbedingt vorher das schriftliche Einverständnis geben lassen. Grundsätzlich ist es aber nicht sinnvoll, Hunde im zweiten Stock eines Mietshauses zu züchten.

32. **Mietvertrag: In meinem Mietvertrag ist die Hundehaltung nicht geregelt. Kann mein Vermieter mir einen Hund verbieten?** ?

Da gibt es unterschiedliche Meinungen und Gerichtsurteile. Während einige Richter das Einverständnis des Vermieters für unverzichtbar halten, sehen andere es als nicht notwendig an. Berücksichtigt werden müssen im Einzelfall aber auch die Größe der Wohnung und die des Hundes, ob es sich um ein Mehrfamilien- oder ein Einfamilienhaus handelt und der Hund eventuell zu den so genannten Kampfhunden (→ Seite 47) gehört. Sie sind auf der sicheren Seite, wenn Sie sich vorher die Genehmigung des Vermieters schriftlich geben lassen.

33. **Mikrochip: Der Züchter hat uns angeboten, den Welpen „chippen“ statt tätowieren zu lassen. Sollen wir das machen lassen?** ?

Dieses Angebot sollten Sie annehmen. Der Chip ist ein reiskorngroßer Transponder, der eine weltweit einmalige Identifikationsnummer besitzt und mit einer Kanüle unter die Haut gesetzt wird. Die Nummer kann mit einem speziellen Gerät gelesen werden, das Tierheime, Tierärzte und viele Rassehundvereine besitzen. Wenn Sie die Nummer registrieren lassen (→ Adressen, Seite 254), sind die Chancen viel höher, dass Sie Ihren Hund wiederbekommen, wenn er sich einmal aus dem Staub macht. Für Hunde bestimmter Rassen, mit einer bestimmtem Größe oder einem bestimmten Gewicht ist der Mikrochip heute schon in einigen Bundesländern vorgeschrieben, auch bei Reisen in die EU-Mitgliedsländer (→ Seite 28). Es ist anzunehmen, dass bald alle Hunde bundeseinheitlich gekennzeichnet werden müssen. Auf jeden Fall sind Sie und Ihr Hund dann gerüstet.

### 34. Mischling: Wir wollen einen Hund haben, wissen aber nicht, ob es ein Rassehund oder Mischling sein soll. Was ist besser?

Wenn Sie sich für einen Rassehund entscheiden, können Sie sich anhand der Rassebeschreibung bereits ein Bild machen, sowohl von seiner Größe, seinem Aussehen und den gewünschten Wesenszügen. Rassehunde wurden ursprünglich zu einem bestimmten Zweck gezüchtet, und viele dazu notwendige Eigenschaften stecken auch heute noch in den Hunden. Allerdings ist jeder Hund eine Persönlichkeit, und auch bei den Rassevertretern

**EXTRATIPP**

**Laufende Kosten**
Neben den Kosten für die Grundausstattung und die Hundeschule können Sie mit folgenden Ausgaben für einen mittelgroßen Hund rechnen:
Futter: 25-80 € im Monat;
Steuer: 35-150 € im Jahr;
Haftpflicht: ab 70 € im Jahr;
Tierarzt: 100-200 € im Jahr;
Zubehör: 30-200 € im Jahr.
Hinzu kommen noch eventuell anfallende Kosten im Rahmen einer Urlaubsreise oder einer Erkrankung.

gibt es Tiere, die die geforderten Eigenschaften nicht besitzen. Eine Garantie, dass z. B. ein Hütehund immer kooperativ ist, ein Retriever das Wasser liebt oder ein Jagdhund eine gute Nase hat, gibt es also nicht. Mischlinge sind meistens Überraschungspakete. Größe und Aussehen lassen sich kaum vorhersehen, und welche Veranlagungen der Eltern durchschlagen, ist auch noch offen. Der Mix ist dafür ein absolutes Unikum. Sie werden kaum einen zweiten Vierbeiner treffen, der ihm gleicht. Rassehunde werden im besten Fall (leider ist das nicht immer so) von einem engagierten Züchter aufgezogen, der sie nach allen Regeln der Kunst auf ihr künftiges Leben vorbereitet und den Haltern ein Hundeleben lang mit Rat zur Seite steht. Mischlinge wachsen selten unter solch optimalen Bedingungen auf. Trotzdem werden die meisten liebe Familienhunde, die ihren Haltern viel Freude bereiten. Ob Sie sich für einen Rassehund oder Mischling entscheiden, hängt von Ihren Vorstellungen des künftigen Hausgenossen ab.

*Ob reinrassig mit langer Ahnenreihe oder kunterbunter Mix – Sie tragen viel zur Entwicklung Ihres Welpen bei.*

## 35. Mischling: Sind Mischlinge immer gesünder als Rassehunde?

Mischlinge waren früher wegen der härteren Auslese vielleicht gesünder, heute trifft das kaum noch zu. Allerdings gibt es bei einigen Rassen Krankheiten, die gehäuft vorkommen. Das hängt meist mit der eingeschränkten genetischen Vielfalt der eingesetzten

Zuchthunde zusammen. Da Mischlinge von mindestens zwei Rassen abstammen, ist die Wahrscheinlichkeit geringer, dass sie diese rassespezifischen Erkrankungen bekommen. Ausgeschlossen ist dies jedoch nicht, z. B. wenn die Eltern unter der gleichen „Krankheitsveranlagung“ leiden – auch viele große Mischlinge erkranken z. B. an HD (→ Seite 110). Ob ein Hund gesund ist oder nicht, hängt aber nicht nur von seinen Genen ab. Auch die Aufzucht spielt eine wichtige Rolle, und da schneiden zumindest verantwortungsvoll gezüchtete Rassehunde meist besser ab. Natürlich haben auch die späteren Haltungsbedingungen einen großen Einfluss auf die Gesundheit der Hunde.

**36. Namensgebung: Wir bekommen in zwei Wochen einen Welpen. Worauf sollten wir bei der Wahl des Rufnamens achten?** ?

Sie sollten einen Namen wählen, der sich leicht rufen lässt. Ideal sind kurze zweisilbige Namen, für Hündinnen z. B. Paula, Kira, Fina, Bella oder Emma, für Rüden z. B. Hajo, Gordon, Nicky, Oskar oder Bodo. Schön ist es auch, wenn der Name zur Persönlichkeit Ihres Welpen passt. Zu einem stattlichen Rottweilerrüden passt sicher nichts Niedliches wie Putzi. Andererseits kann man aber einen kleinen Westi mit einem „Löwenherzen“ durchaus Tiger nennen; das ist lustig, aber ohne zu veralbern. Lange Namen, wie Beethoven oder Tabaluga, sind beim Rufen viel zu umständlich. Bis sie ausgesprochen sind, hat der Hund längst die Kurve gekratzt oder eine andere interessante Beschäftigung gefunden.
Wichtig: Wählen Sie einen Namen für Ihren Vierbeiner, der Ihnen nicht peinlich ist und den Sie, ohne rot zu werden, auch in der Öffentlichkeit rufen können.

**37. Namensgebung: Unsere Malteserhündin heißt laut Ahnentafel Isabell. Ich habe gehört, dass die Rufnamen in alphabetischer Reihenfolge nach der Anzahl der Würfe vergeben werden. Hatte ihre Mutter schon neun Würfe?** ?

Nein, hoffentlich nicht. Sie haben zwar Recht, neben dem so genannten Zwingernamen, einer Art Familiennamen, der zu jeder Zucht gehört, hat jeder Welpe einen individuellen Namen. Dessen Anfangsbuchstabe hängt tatsächlich von der Anzahl der Würfe ab. Allerdings werden dabei alle Würfe von allen Hündinnen berücksichtigt. Beim ersten Wurf, der bei dem Züchter zur Welt kommt, beginnen die Namen der Welpen mit „A“, beim nächsten Wurf (auch von einer anderen Hündin) fangen die Namen mit „B“ an, beim dritten Wurf mit „C“, usw.

**38. Papiere: Welche Papiere sind beim Kauf eines Rassehundes wichtig?** ?

Wichtig sind Impfpass bzw. EU-Heimtierpass (→ Seite 28) und Ahnentafel. Achten Sie darauf, dass die Identifikationsnummer Ihres Hundes (gespeichert auf dem Mikrochip bzw. als Tätowierung meist im Ohr) auf beiden Dokumenten vermerkt ist. Wird die Ahnentafel nicht gleich mitgegeben, empfiehlt es sich, dies im schriftlichen Kaufvertrag ausdrücklich festzuhalten und eine Frist zur Übergabe zu setzen. Weiterhin sollte Ihnen der Züchter einen Fütterungsplan und Infos für die nächsten Wochen mitgeben. Ist er über seinen Rasseverein z. B. dem VDH angeschlossen, wurden die Welpen von einem Zuchtwart „abgenommen“. Dieser ist vom Rasseverein autorisiert, schaut sich die Zuchtanlage genau an, prüft die Haltungsbedingungen und wirft einen kritischen Blick auf den Zustand der Welpen, z. B. ob zuchtausschließende Fehler (wie Zahnfehler oder Einhodigkeit bei Rüden) vorliegen.

Das Ergebnis seiner Prüfung wird in einem Protokoll vermerkt, das der Züchter Ihnen zeigen sollte. Müssen die Elterntiere für eine Zuchtzulassung auf be-stimmte Krankheiten untersucht werden, sollten Sie auch diese Untersuchungsergebnisse auf jeden Fall einsehen können.

**39. Pärchen: Wir wollen uns zwei Hunde anschaffen. Was ist die beste Geschlechterkombination?** ?

Als ideal gilt die Haltung eines Pärchens – vorausgesetzt, die Nachwuchsfrage ist geklärt (→ Kastration, Seite 115). Dabei ist das Zusammenleben meist sehr harmonisch, und viele Rüden benehmen sich wie ein Gentleman, wenn ein hübsches Mädchen an ihrer Seite ist. Dies kann bei einigen Machos aber auch dazu führen, dass sie draußen immer klarstellen müssen, dass dies ihre Freundin ist, was Anlass zu Auseinandersetzungen geben kann – meist hatten diese Machos als Welpen nicht ausreichenden Kontakt mit Artgenossen. Zwei Rüden sind in der Regel besser als ihr Ruf. Wichtig ist dabei nur, dass die Männer untereinander eine Hierarchie entwickeln können, bei der die Rangfolge eindeutig geklärt ist und vom Menschen auch akzeptiert wird. Auseinandersetzungen

EXTRATIPP

**So klappt es mit zwei Hunden**
Ihre Wohnung sollte so groß sein, dass beide sich auch einmal aus dem Weg gehen können. Achten Sie bei der Auswahl des Neuen darauf, dass dieser ihrem vorhandenen Hausgenossen gegenüber deutlich mehr oder weniger dominant ist. Auf jeden Fall sollte der vorhandene Hund bereits gut erzogen sein, damit der neue sich keine Unarten abschaut und Sie nicht beiden Vierbeinern Grundgehorsam beibringen müssen. Jeder braucht sein eigenes Körbchen und einen eigenen Futternapf.

sind dann relativ selten. Auch bei einem Damen-Duo ist eine geklärte Rangfolge sehr wichtig, damit es harmonisch zugeht. Trotzdem kann es in den Phasen der Läufigkeit oder Scheinträchtigkeit zu Konflikten kommen. Ein ernster Kampf zwischen zwei Hündinnen wird häufig unerbittlicher geführt als zwischen Rüden, und mit dem Frieden ist es dann meist für immer vorbei. Falls Sie noch nicht viel Hundeerfahrung besitzen, sollten Sie lieber zuerst nur einen Vierbeiner bei sich aufnehmen (→ Hundeduo, Seite 212).

### 40. Passung: Wie finde ich den Hund, der am besten zu mir passt? ?

Indem Sie Ihre Erwartungen und Möglichkeiten mit den Bedürfnissen von verschiedenen Rassen oder den ins Auge gefassten Mischlingen miteinander vergleichen und nach einer möglichst hundertprozentigen Übereinstimmung suchen. Dazu erstellen Sie ein Profil von sich und Ihrer Familie.
Klären Sie beispielsweise ab, über wie viel Zeit Sie verfügen; wie viel Konsequenz Sie bei der Erziehung aufbringen können; wie die Wohnverhältnisse und die Umgebung aussehen; wie groß Ihr Auto ist; ob Sie gern Sport treiben oder lieber auf der Couch liegen; Freude an der Mitgliedschaft in einem Verein haben; Sie den Hund als vollwertiges Familienmitglied sehen; Sie Wert auf einen „Kuschelhund" legen, sich einen Beschützer oder doch lieber ein Schoßhündchen wünschen, einfach einen Kumpel haben wollen oder der künftige Hausgenosse bestimmte Fähigkeiten haben soll; Ihnen hundertprozentiger Gehorsam wichtig ist oder Sie über die „Ideen" eines Hundes lachen können; inwieweit der Vierbeiner auch für die Kinder da sein soll; ob Sie zu Hause viel Besuch bekommen; Sie an Ausstellungen oder Turnieren teilnehmen wollen; Ihnen Hundehaare in der Wohnung nichts ausmachen; Sie Freude an Pflegemaßnahmen (z. B. Bürsten) haben etc.

## RASSEN UND IHRE EIGENSCHAFTEN

Alle Angaben sind Durchschnittswerte und können variieren.
✔ unterdurchschnittlich, ✔✔ durchschnittlich,
✔✔✔ überdurchschnittlich

| RASSE | GRÖSSE cm | GEWICHT kg | LEBENSALTER | BEWEGUNG | ERZIEHUNG |
|---|---|---|---|---|---|
| Afghane | 68 | 25 | 12 | ✔✔ | ✔✔✔ |
| Beagle | 37 | 13 | 13 | ✔✔ | ✔✔✔ |
| Border Collie | 52 | 17 | 12 | ✔✔✔ | ✔✔✔ |
| Briard | 65 | 30 | 11 | ✔✔✔ | ✔✔✔ |
| Cairn Terrier | 30 | 6 | 13 | ✔✔✔ | ✔✔✔ |
| Cocker Spaniel | 40 | 13 | 13 | ✔✔ | ✔✔ |
| Dackel, Zwerg- | 27 | 4 | 13 | ✔✔ | ✔✔ |
| Dalmatiner | 58 | 27 | 12 | ✔✔✔ | ✔✔ |
| Dt. Boxer | 59 | 28 | 8 | ✔✔✔ | ✔✔ |
| Dt. Schäferhund | 60 | 31 | 12 | ✔✔✔ | ✔✔ |
| Golden Retriever | 58 | 32 | 12 | ✔✔✔ | ✔ |
| Hovawart | 65 | 33 | 11 | ✔✔✔ | ✔✔ |
| Jack Russell Terrier | 28 | 6 | 13 | ✔✔✔ | ✔✔✔ |
| Labrador | 58 | 30 | 12 | ✔✔✔ | ✔ |
| Neufundländer | 68 | 55 | 10 | ✔✔ | ✔✔ |
| Pudel, Klein- | 40 | 12 | 14 | ✔✔ | ✔ |
| Rottweiler | 62 | 46 | 11 | ✔✔✔ | ✔✔ |
| Spitz, Mittel- | 33 | 7 | 14 | ✔✔ | ✔✔ |
| West Highland White Terrier | 28 | 8 | 13 | ✔✔✔ | ✔✔✔ |
| Whippet | 47 | 11 | 14 | ✔✔✔ | ✔✔ |
| Yorkshire Terrier | 18 | 3 | 12 | ✔✔ | ✔✔ |

Dieses Profil vergleichen Sie nun mit den üblichen Bedürfnissen und Eigenschaften potenzieller Kandidaten. Allerdings sollten Sie immer bedenken, dass auch ein Rassehund andere Eigenschaften und Charakterzüge besitzen kann, als erwartet.
Ein Vierbeiner ist nicht nur das Produkt seiner Gene, mindestens genauso wichtig sind auch die Erfahrungen, die er in seinem Leben gemacht hat und macht. Viele Hundetrainer bieten Beratung bei der Auswahl des künftigen Hausgenossen an; dies wird leider noch viel zu selten in Anspruch genommen.

**41. Rassehund: Wir wollen einen Rassehund kaufen, wissen aber noch nicht, welcher zu uns passt. Wo können wir uns informieren?** ?

Rassebücher geben einen guten Überblick, erste Informationen und können Ihnen vielleicht schon einmal eine Tendenz zeigen. Eine gute Gelegenheit, um sich verschiedene Rassen live anzuschauen, sind größere Ausstellungen, die „CACIB-Schauen", wie z. B. die Bundes- und Europasiegerzuchtschauen jährlich in Dortmund. Wann und wo eine Ausstellung in Ihrer Nähe stattfindet, erfahren Sie vom VDH (www.vdh.de). Dort haben Sie die Möglichkeit, sich die Hunde in Ruhe anzuschauen und mit ihren Haltern und Züchtern ins Gespräch zu kommen.
Oft lohnt sich auch ein genauer Blick auf typischen „Hundestrecken", also dort, wo Halter mit ihren Hunden spazieren gehen. Hier können Sie sich die Hunde und ihr Verhalten im „echten" Leben anschauen. Deren Halter freuen sich meist, wenn Sie mehr über ihre Gefährten wissen wollen. Wichtig bei der Auswahl des Hundes ist, dass seine Bedürfnisse, Ihre Erwartungen, Möglichkeiten und Lebensumstände zueinander passen (→ Seite 43) – das Aussehen des Vierbeiners sollte zweitrangig sein. Auch ein guter Hundetrainer kann Ihnen dabei helfen, den richtigen Hund für Sie zu finden.

### 42. Rassestandard: Was hat es mit dem Rassestandard auf sich?

Der Rassestandard beschreibt für jede Rasse den „perfekten“ Hund in Aussehen und Wesen und somit auch das Zuchtziel des Rassevereins. Gäbe es diesen Standard nicht, würde ein Hund, der auf einer Hundeausstellung als Einziger in seiner Klasse vorgestellt wird, automatisch gewinnen. Da aber der Richter den Hund mit dem Modell des Standards vergleicht, kann es passieren, dass der als Einziger vorgeführte Hund nicht die Bestnote erhält, wenn er nicht den Anforderungen entspricht. Für die Hundevereine, die dem VDH angeschlossen sind, werden die Rassestandards bei der Fédération Cynologique Internationale geführt. Die Standards können sich z. B. von denen Amerikas oder Großbritanniens unterscheiden und werden manchmal geändert.

### 43. Scheidung: Mein Mann und ich werden uns scheiden lassen. Wer bekommt nun unseren Golden Retriever?

Das lässt sich pauschal nicht sagen, da dies von vielen Faktoren abhängt. Rein rechtlich gesehen fällt Ihr Golden Retriever – genauso wie die Stereoanlage und der Fernseher – unter die „Hausratsverordnung“, und ein Richter muss über den Verbleib entscheiden, wenn Sie sich nicht einigen können. Er wird sich Ihre Argumente anhören und dann z. B. Lebensverhältnisse, Einkommen und zur Verfügung stehende Zeit bei seiner Entscheidung berücksichtigen. Einige Richter gestehen der „leer ausgegangenen“ Partei ein Umgangsrecht mit dem Hund zu, andere sehen dafür allerdings keine Rechtfertigung. Sofern also Ihr Ehemann nicht behauptet, dass er der alleinige Eigentümer des Hundes ist (was dann geprüft würde), müssen Sie sich im Falle einer gerichtlichen Auseinandersetzung auf das Ermessen des Richters verlassen.

Wenn Sie einen Ehevertrag abschließen, können Sie darin den Verbleib des Vierbeiners im Falle einer Scheidung und etwaige Umgangsregeln aufnehmen.

**44. Schlafplatz: Braucht unser Hund ein Körbchen, obwohl er auf dem Sofa liegen darf?** ?

Ja, auf jeden Fall. Das Körbchen hat mehrere wichtige Funktionen. Einerseits ist es der Platz, der dem Hund ganz allein gehört. Dorthin kann er sich zurückziehen und weiß, dass er ungestört bleibt, z. B. wenn Besuch anwesend ist. Andererseits ist es aber auch der Platz, auf den Sie den Vierbeiner schicken können, wenn Sie das Sofa für sich allein haben wollen.

**45. Schutz für Welpen: Wie können wir die Treppe so sichern, dass unser Welpe nicht abstürzt?** ?

Im Fachhandel gibt es Schutzgitter (geeignet sind auch Kinderschutzgitter), die verhindern, dass Ihr Welpe die Treppe hinunterstürzt oder hinaufläuft. Sichern Sie auch Verandatüren, Terrasse und Balkon mit Schutzgittern, damit Ihr Welpe nicht auf Abwege gerät. Decken Sie ebenfalls eventuell vorhandene Kellerschächte ab und sichern Sie den Gartenteich oder Swimmingpool (→ Gefahren, Seite 22).

> **INFO**
>
> **Kampfhunde**
> In fast allen Bundesländern müssen die Halter so genannter Kampfhunde besondere Auflagen erfüllen. Diese Vorschriften weichen oft erheblich voneinander ab. Ob für Ihren Hund aufgrund seiner Rasse, Größe oder seines Gewichts besondere Regelungen gelten, erfahren Sie bei Ihrer Kommunalverwaltung. Informationen im Internet z. B. unter www.hunde.yellopet.de.

## SCHLAFPLÄTZE

**Der Schlaf- und Ruheplatz ist für Ihren Hund sehr wichtig. Dort kann er gemütlich schlummern oder ungestört einen Kauknochen bearbeiten. Im Zoofachhandel wird eine reichli-**

### SCHLAFHÖHLE

Ideal für kleinere Hunde. Sie gibt dem Vierbeiner ein Gefühl der Geborgenheit. Besonders die etwas schüchternen Gesellen schätzen es sehr, ein schützendes Dach über dem Kopf zu haben. Wichtiger Pluspunkt: Die Wände halten eventuell vorhandene Zugluft ab.

### HUNDESOFA

Unsere tierischen Mitbewohner liegen gern erhöht. Der Vorteil: Das Bett liegt nicht auf dem kalten Boden, was besonders bei Hunden mit Arthrose günstig ist. Gibt es jedoch ein Rangordnungsproblem mit Ihrem Vierbeiner, sollte er nicht erhöht liegen.

### MATRATZENBETT

Gut gebettet kann Ihr Gefährte auf dieser bequemen Matratze sein Nickerchen halten. Praktisch an diesem Bett ist, dass es sich zusammenklappen und Platz sparend mitnehmen lässt. Die dicke Polsterung beugt Liegeschwielen bei großen und schweren Hunden vor.

che Auswahl verschiedener Hundebetten angeboten. Welches Modell sich eignet, ist letztendlich Geschmackssache. Achten Sie beim Kauf darauf, dass es sich leicht reinigen lässt.

### KUSCHELROLLE

So gemütlich gepolstert, wird das Körbchen schnell zum Lieblingsplatz Ihres vierbeinigen Hausgenossen. Besonders viele kleine Vierbeiner lieben es, sich beim Schlummern an den dicken weichen Rand anzuschmiegen und ihren Kopf bequem aufzulegen.

### HUNDEDECKE

Diese leichte gesteppte Decke dient als Ruheplatz in allen „Lebenslagen“. Ob als Einlage für ein Körbchen, Unterlage im Auto, Liegeplatz im Restaurant oder Hotel, die Decke lässt sich Platz sparend überall mitnehmen, gut waschen und ist meist auch trocknergeeignet.

### KUNSTSTOFFKÖRBCHEN

Das Kunststoffbett lässt sich leicht reinigen, und es gibt keine Ritzen, in denen sich Ungeziefer verstecken kann. Die Einlage lässt sich leicht austauschen und waschen. Dieses Körbchen ist besonders gut für Welpen und Hunde mit einem Inkontinenzproblem geeignet.

**46. Schutzgebühr: Warum geben Tierheime Hunde nicht kostenlos ab – sie müssen doch froh sein, neue Besitzer zu finden?**

Sicher freuen sich die Tierheime für jeden Insassen, der ein neues Zuhause findet. Doch bei der Betreuung der Tiere fallen hohe Kosten an, z. B. für Futter oder tierärztliche Betreuung. Die meisten Tierheime finanzieren sich hauptsächlich über Spenden und sind auf die Abgabegebühren angewiesen. Die Schutzgebühr ist auch wörtlich zu verstehen, denn dadurch wird es für Hundehändler oder Ankäufer für Versuchslabors unattraktiv, sich ihre „Ware" aus dem Tierheim zu besorgen. Im Schnitt sind es 100 bis 250 €, die für einen Hund bezahlt werden müssen. Das sollte Ihnen Ihr neuer Freund wert sein. In den Übergabeverträgen ist manchmal festgehalten, dass das Tierheim Eigentümer des Hundes bleibt und der Übernehmer nur Tierhalter wird. Das heißt, dass der neue Hundehalter bei Beanstandung den Hund wieder an das Tierheim abgeben muss.

**47. Senioren und Hunde: Mein Vater ist Rentner und hatte einen Herzinfarkt. Nun möchte ich ihn zum Geburtstag mit einem Hund überraschen, damit er wieder mehr spazieren geht. Wäre ein Schäferhund richtig dafür?**

Ihr Ansatz ist prima, gerade bei herzkranken Menschen konnte durch wissenschaftliche Studien der positive Einfluss eines Hundes nachgewiesen werden. Ich empfehle Ihnen aber, Ihren Vater nicht zum Geburtstag mit einem Hund zu überraschen, das wäre für beide kein guter Start – Ihr Vater ist nicht vorbereitet, und der Hund verbringt seinen ersten Tag im größten Trubel. Ob es ein Schäferhund sein soll, sollten Sie der Entscheidung Ihres Vaters überlassen. Schenken Sie ihm doch einen Gutschein und ein Buch, das verschiedene Hunderassen beschreibt.

Schließlich wird Ihr Vater mit dem Hund leben, und da sollte er schon ein Wörtchen mitreden dürfen, wie er sich seinen tierischen Gefährten vorstellt. Denken Sie bitte auch daran, was mit dem Hund passiert, falls Ihr Vater nicht mehr in der Lage ist, ihn zu versorgen – würden Sie ihn dann übernehmen?

**48. Senioren: Meine 70-jährige Mutter möchte wieder einen Hund haben. Wäre da ein Welpe oder ein erwachsener Hund besser?** ?

Das kommt darauf an, wie fit Ihre Mutter ist und wie viel Unterstützung sie von Ihnen bekommt. Ein Welpe erfordert ganzen körperlichen Einsatz, man muss sich z. B. während der Erziehung häufig bücken, um ihn zu korrigieren, ihm etwas wegzunehmen, ihm ein Leckerchen zu geben usw. Das kann gerade bei kleinen Rassen zulasten der Knie und des Rückens gehen. Ist Ihre Mutter so mobil, um mit einem Welpen regelmäßig eine Hundeschule aufzusuchen, damit er an den Welpenspielstunden teilnehmen kann? Häufig ist für ältere Menschen ein ausgewachsener, ruhiger und gut erzogener Hund besser, der es schätzt, mit seinem Menschen zusammen auf dem Sofa zu liegen, und der sich bei den Spaziergängen bereits manierlich benimmt. Sie sollten auch rechtzeitig Vorsorge treffen, was mit dem Hund passiert, wenn Ihre Mutter nicht mehr in der Lage ist, sich um ihn zu kümmern.

**49. Spielzeug: Worauf müssen wir beim Kauf von Spielzeug achten?** ?

Das Spielzeug darf nicht gefährlich für den Hund sein. Plastikaugen bei Plüschtieren oder das Quietschteil bei einigen Quietschtieren können z. B. leicht verschluckt werden. Die „Augen“ sollten also möglichst aufgemalt sein oder aus ungefährlichen Materialien bestehen, und das Quietschteil muss fest sitzen und darf vom Hund nicht „herausgepult" werden können. Wichtig ist auch die Größe der Spielsachen. Sie muss der Größe des Hundes angepasst sein. Spielzeuge dürfen nicht zu klein sein, damit der Hund sie nicht verschlucken kann, sollten aber auch nicht so groß sein, dass sie dem Vierbeiner keinen Spielreiz mehr bieten. Achten Sie darauf, dass sie gut gereinigt werden können. Spielzeuge aus Stoff sollten am besten mit 60 °C waschbar sein.

Die Spielsachen sollten dem Spielverhalten des Hundes angepasst sein – nicht jeder Vierbeiner mag Bälle. Liegt der größte Spaß des Vierbeiners darin, sein Spielzeug zu zerlegen, bieten sich robuste Spielzeuge aus Hartgummi an, die keine Angriffsfläche zum Knabbern bieten, ideal sind dann auch Sisal- oder Baumwollkordel. Weichgummi oder -plastik eignet sich genauso wenig wie andere Materialien, die den Hundezähnen nichts entgegenzusetzen haben. In Ihrem Interesse sollten Sie bei Quietschtieren darauf achten, dass sie „erträgliche" Töne von sich geben und nicht eine Lautstärke haben, die nach zwei Minuten nervt: Quietschen Sie lieber vorher im Geschäft zur Probe. Mit etwas Fantasie können Sie auch selbst herrliche Spielsachen für Ihren Hund basteln, z. B. aus zusammengeknoteten Handtüchern oder einem Ball in einer alten Baumwollsocke.

## EXTRATIPP

**Den Tierschutz unterstützen**

**Einem Tierheimhund ein neues Zuhause zu geben kann eine große Aufgabe sein, die sich aber fast immer lohnt. Sie holen sich dadurch nicht nur einen neuen Gefährten ins Haus, sondern unterstützen auch die Tierschutzarbeit aktiv: Es wird ein Platz für einen anderen „bedürftigen" Hund frei, und durch die Spende in Form der Schutzgebühr kann vielleicht ein verletztes Tier operiert werden. Viele Tierheimhunde erweisen sich ihrem neuen Besitzer gegenüber als überaus anhänglich.**

**50. Tennisball: Stimmt es, dass Hunde nicht mit Tennisbällen spielen dürfen?** ?

Auf jeden Fall sollten Sie Ihrem Hund nicht erlauben, ständig mit einem Tennisball zu spielen oder gar auf diesem herumzukauen. Der Filzbelag kann zu erheblichem Zahnabrieb führen und das Hundegebiss ruinieren, abgebissene und verschluckte Stücke können Darmverschluss verursachen. Wenn Ihr Hund gern mit Bällen spielt, sollten Sie ihm lieber einen für Vierbeiner geeigneten im Zoofachhandel kaufen. Diese sind ungefährlich und machen genauso viel Spaß.

**51. Tierheimhund: Worauf muss ich bei der Auswahl eines Hundes aus dem Tierheim achten?** ?

„Gebrauchte“ Hunde haben eine Vorgeschichte – und je mehr Sie darüber erfahren, desto besser können Sie einschätzen, ob der Vierbeiner und Sie ein gutes Team werden. Versuchen Sie deswegen, so viel wie möglich über ihn in Erfahrung zu bringen.
Wichtig sind die Bedürfnisse des Hundes, z. B. ob er eher lebhaft oder ruhig ist, ob er einen „Dickkopf“ hat und bei der Erziehung viel Sachverstand und Erfahrung gefragt sind, er bereits den Grundgehorsam kennt und ob er allein bleiben kann. Ganz oben auf der Info-Liste sollte stehen, wie sein Verhalten Kindern, anderen Menschen und Artgenossen gegenüber ist. Fragen Sie auch nach möglichen Krankheiten und in diesem Zusammenhang anfallenden Medikamenten- oder Behandlungskosten. Die Mitarbeiter des Tierheims werden Ihnen dabei helfen, den passenden Hund zu finden.
Ist ein Kandidat in der Auswahl, sollten Sie mehrmals allein und mit der ganzen Familie mit ihm spazieren gehen, um ihn live zu erleben. Lassen Sie sich nicht davon abschrecken, wenn ein Hund sich am Gitter nicht optimal präsentiert: Viele tolle Tierheimhunde haben nur geringe Chancen auf Vermittlung, weil sie

aufgeregt bellen oder sich verkriechen. Gibt es keine Informationen über das Vorleben des Auserwählten oder zeigt er nach einigen Wochen der Eingewöhnung im neuen Zuhause plötzlich ein verändertes Verhalten, sollten Sie sich bei seiner Erziehung von einem Hundetrainer beraten lassen.

52. **Transportbox: In zwei Wochen holen wir unseren Cockerwelpen ab. Der Züchter hat uns geraten, ihn zu Hause an eine Box zu gewöhnen. Ist es nicht grausam, so ein kleines Kerlchen darin einzusperren?**

Nicht, wenn die Gewöhnung behutsam vor sich geht (→ Seite 234). Die meisten Hunde lieben es, ihren Ruheplatz in einer kuscheligen Höhle zu haben, und ziehen diese sogar oft einem offenen Körbchen vor. Sie ist auch auf Reisen besonders praktisch, weil der Hund im Auto sicher untergebracht ist und seine vertraute Wohnhöhle immer dabei hat. Zu Hause kann die Tür der Box z. B. geschlossen werden, wenn mit Reinigungsmitteln hantiert wird.

1 *Wenn Ihr Hund sich in der Box wohl fühlt, erleichtert das nicht nur das Autofahren, auch nachts ist er darin gut untergebracht.*

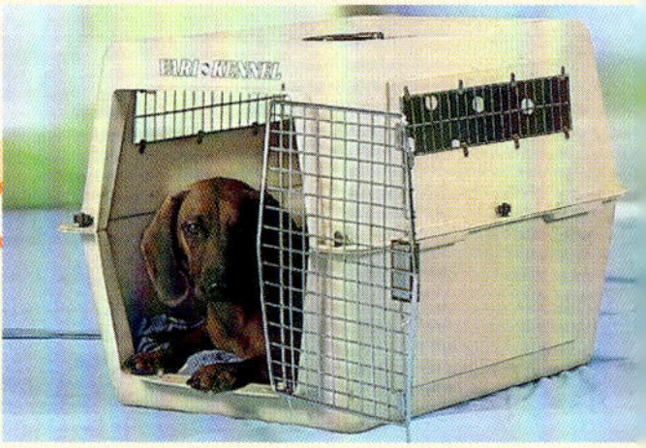

2 *Den Hund zur Gewöhnung in der Box füttern und Spielzeug hineinlegen. Die Tür kurz schließen, wenn er sich sicher fühlt.*

**53. Weidenkörbchen: Warum sind Weidenkörbchen für Hunde weniger gut geeignet?** ?

Körbchen aus Naturmaterial sehen zwar sehr hübsch aus, haben aber vier Nachteile. Erstens lassen sie sich nicht so leicht reinigen wie Plastikkörbchen oder solche aus Stoff, die man in die Waschmaschine geben kann. Zweitens bieten die Ritzen ein gutes Versteck für Flöhe. Bei einem Befall bleibt oft nur noch die Entsorgung des Weidenkörbchens, da die Plagegeister sich dort hartnäckig verbergen. Drittens wird das Holz besonders von Welpen gern angenagt. Das sieht nach einer Weile nicht schön aus, und der Hund kann sich an scharfen Kanten, beim Kauen oder an verschluckten Stückchen verletzen. Viertens kann das Knirschen Ihnen den Schlaf rauben, wenn das Körbchen neben Ihrem Bett steht und der Vierbeiner unruhige Träume hat.

**54. Weimaraner: Ich finde Weimaraner so toll, doch alle meine Bekannten raten mir davon ab, weil diese so anstrengend sein sollen. Ist da was Wahres dran?** ?

Weimaraner und andere „eingefleischte" Jagdhunde in Nichtjägerhänden sorgen für viel Diskussionsstoff. Diese Hunde, die fast ausschließlich an Jagdscheininhaber abgegeben werden, brauchen sehr viel Bewegung und anspruchsvolle, geistige Beschäftigung, um ausgelastet und ausgeglichen zu sein. Als reine Familienhunde, die dreimal am Tag ausgeführt werden und einmal in der Woche auf den Hundeplatz gehen dürfen, eignen sie sich absolut nicht! Der Halter muss sehr viel Engegement besitzen und viel Zeit aufwenden, um einen Jagdhund wie den Weimaraner artgerecht auszulasten. Wenn Sie über Erfahrung mit der Ausbildung von Hunden verfügen und bereit sind und auch dauerhaft die Zeit haben, sich jeden Tag mehrere Stunden intensiv mit Ihrem Hund zu beschäftigen, ihn konsequent zu erziehen und entsprechend seiner Veranlagung jagdlich zu führen oder z. B. zum Rettungshund auszubilden, können Sie viel Freunde an einem Jagdhund haben. Sie sollten sich mit Züchtern, Haltern und Notvermittlungsstellen über deren Erfahrungen unterhalten und erst dann nach reiflicher Überlegung eine Entscheidung treffen.

## 55. Welpenkauf: Ist es besser, einen Welpen im Sommer oder im Winter zu kaufen?

Wenn Sie den Welpen bei einem guten Züchter kaufen, gibt es in Sachen Gesundheit keine Unterschiede und bleibt eher Ihrer persönlichen Zeitplanung überlassen. Allerdings müssen Welpen häufig schnell nach draußen, um sich zu lösen, auch nachts. Das ist im Sommer sicherlich angenehmer als im Winter bei Schnee und Minustemperaturen. Im Sommer werden Sie wahrscheinlich auch mehr Spaß an der Ausbildung des Kleinen haben, und er hat mehr Möglichkeiten, unterschiedliche Dinge und Situationen kennen zu lernen, z. B. Rasenmäher, Fahrradfahrer, Inline-Skater, Tiere auf der Weide usw.

## 56. Welpentest: Ist es sinnvoll, einen Welpen nach einem Test auszuwählen?

Bei den sogenannten Welpentests geht es darum, die Hundekinder in einem neutralen Umfeld zu testen. Ihre Reaktionen, z. B. auf bestimmte Geräusche, das Drehen auf den Rücken, das Locken oder Weggehen des Menschen, sollen Aussagen unter anderem über Veranlagungen zu Dominanz und Ängstlichkeit geben. Eine einmalige Testsituation kann zwar wichtige Hinweise geben, muss aber korrekt durchgeführt und kompetent analysiert werden. Dabei spielen viele Faktoren eine Rolle, z. B. müssen die Testbedingungen für jeden Welpen absolut identisch sein, was in der

Praxis gar nicht immer einfach ist. Es gibt sowohl Züchter als auch Hundetrainer, die diese Tests für sehr sinnvoll halten, andere lehnen diese strikt ab. Ich habe mich bei der Wahl meines Dackelwelpen lieber auf den Rat der Züchterin und meinen Eindruck und mein Gefühl bei den wöchentlichen Besuchen des Welpen verlassen.

**57. Wesensstärke: Was versteht man in Zusammenhang mit einem Hund unter Wesensstärke bzw. Wesensschwäche?**

Das Wesen eines Hundes setzt sich aus angeborenen und erworbenen Anlagen, Fähigkeiten und Eigenschaften zusammen. Umgangssprachlich bezeichnet man als wesensstark einen sehr ausgeglichenen Vierbeiner mit hoher Toleranz, als wesensschwach einen ängstlichen, verunsicherten oder aggressiven Hund.

**58. Züchter: Wie finde ich einen guten Züchter?**

Ich empfehle Ihnen, sich an einen Züchter zu wenden, dessen Rasseverein an den Verband für das Deutsche Hundewesen (VDH) angeschlossen ist. Diese Züchter müssen bestimmte Auflagen zum Wohl der Tiere bei der Zucht erfüllen. Adressen von Rassevereinen bekommen Sie im Internet unter www.vdh.de. Die Rassevereine wiederum können Ihnen Züchter und Ausstellungstermine nennen. Auf diesen Hundeschauen sind viele Züchter vertreten – und es ist ein erster Eindruck möglich. Auch anwesende Halter Ihrer Wunschrasse können Ihnen von ihren Erfahrungen mit ihrem Züchter berichten. Besuchen Sie auf jeden Fall mehrere Züchter, vergleichen Sie kritisch und treffen Sie Ihre Entscheidung zu Hause. Denn die Welpen sind alle süß, und schnell hat man sich spontan für eines der tapsigen kleinen Kerlchen entschieden. Wägen Sie die Vor- und Nachteile eines jeden

Züchters genau ab. Er sollte am Telefon beispielsweise auch freundlich sein, wenn er momentan keine Welpen abzugeben hat.
Wichtig sind ebenso Sympathie und Kompetenz und die umfassende Beratung zur Rasse und zu seinen Schützlingen (→ Seite 31). Natürlich möchte der Züchter auch viel über Sie erfahren um herauszufinden, ob die Rasse zu Ihnen passt. Er sollte Ihnen auch glaubwürdig darstellen können, dass gesunde und wesensfeste Hunde sein Zuchtziel sind; erst dann sollten Eignung für sportliche Aktivitäten, Schönheit usw. genannt werden und seine Hunde diesen Eindruck bestätigen.
Bei allen Preisen und Pokalen, die seine Zimmer zieren: Sie müssen spüren, dass er sich für seine Hunde und die Rasse begeistert und mit ganzem Herzen bei der Sache ist. Dies kann nicht der Fall sein, wenn er seine Hunde ausschließlich im Garten hält und sich in seiner Wohnung kein einziger Vierbeiner findet.
Beobachten Sie den Züchter im Umgang mit seinen und möglichst auch anderen Hunden. Geht er mit ihnen herzlich und liebevoll um, ohne Rücksicht auf Rasse und Auszeichnungen? Aussagekräftig ist auch sein Umgang mit Hunden auf einer Ausstellung. Wird der Vierbeiner nach der Vorführung gelobt und geherzt, auch wenn er keinen Preis gewonnen hat?
Für den Züchter sollte es Ehrensache sein, Ihnen umfassendes Informationsmaterial und ein Futterpaket in die Hand zu geben, alle Ihre Fragen geduldig und verständlich zu beantworten und sich auch weiterhin für den Lebensweg seines Zöglings zu interessieren.

*So ein Kerlchen braucht Zuwendung, Engagement und Grenzen, um eine ausgeglichene Hundepersönlichkeit zu werden.*

Für Ihren Welpen sollte es Ihnen wert sein, weite Wege oder lange Wartezeiten in Kauf zu nehmen.

59. **Zwei Welpen: Wir können uns nicht zwischen zwei Welpen eines Wurfes entscheiden. Sollen wir beide nehmen?** ?

Davon rate ich Ihnen ab. Der Aufwand, der mit der Erziehung eines Welpen verbunden ist, wird häufig unterschätzt. Bei zwei Welpen geht das nicht „in einem Rutsch", sondern Sie werden mindestens die doppelte Arbeit haben. Kommandos sollten mit jedem Hundekind einzeln trainiert werden, und auch der andere muss währenddessen beschäftigt werden. Auch der Aufbau einer Bindung zwischen Ihnen und den Kleinen kann sehr schwierig werden, da die beiden Racker meist aufeinander fixiert sind. Das kann sich durch den Umzug in die neue Umgebung noch verstärken, da in dieser Zeit das Geschwisterchen der einzige konstante Faktor ist. So schwer es auch fällt, Sie sollten nur einen Welpen aus dem Wurf auswählen und erst dann, wenn der erste Hund sich bei Ihnen eingelebt hat und den Grundgehorsam beherrscht, einen zweiten dazuholen (→ Seite 42).

60. **Zwingerhaltung: Wie groß muss ein Hundezwinger sein?** ?

In der Tierschutz-Hundeverordnung ist dies detailliert aufgeführt. Für einen Hund mit einer Widerristhöhe bis 50 cm muss die Bodenfläche 6 $m^2$ betragen, bei 50 bis 65 cm Höhe 8 $m^2$ und bei noch größeren Hunden 10 $m^2$. Weitere Voraussetzungen können Sie z. B. nachlesen unter http://bundesrecht.juris.de/bundesrecht/tierschutzhuv/inhalt.html. Gegen den gelegentlichen stundenweisen Zwingeraufenthalt von einem oder mehreren Hunden, die engen Familienanschluss haben, ist meist nichts einzuwenden.

# Rund um die Ernährung

Hunde haben unterschiedliche Ernährungsansprüche, abhängig von ihrem Alter, ihrer Größe und dem Grad ihrer Aktivität. Dieses Kapitel gibt Antworten zu ausgewogener Fütterung, gesunden Leckerchen und Fütterungstabus.

**61. Alleinfutter: Mein Hund bekommt ein Alleinfutter. Muss ich ihm zusätzlich Vitamintabletten geben?**

Nein, bei einem gesunden Hund reicht ein Premium-Alleinfutter (→ Seite 86) aus, um ihn ausgewogen zu ernähren. Die Zusammenstellung des Futters ist sehr wichtig für seine Gesundheit und wird mit einer komplizierten Formel berechnet. Wenn Sie zusätzlich Ergänzungsfuttermittel geben, bringen Sie dieses Gleichgewicht durcheinander, und es kann zu einer Überversorgung kommen, die der Gesundheit Ihres Vierbeiners schadet. Geben Sie ihm lieber regelmäßig etwas Obst, das schadet nicht (→ Seite 85).

**62. Allergie: Woran erkenne ich, ob mein Hund eine Futtermittelallergie hat?**

Diese Allergie macht sich zuerst meist durch häufige Ohrenentzündungen und dann durch juckende und schuppende Haut bemerkbar, im Extremfall kann es sogar zu Haarausfall kommen. Seltener treten bei einer Futtermittelallergie Durchfall oder andere Beschwerden auf. Oft handelt es sich dann eher um eine Unverträglichkeit des Futters. Wenn Ihr Hund diese Beschwerden zeigt, sollten Sie vom Tierarzt gründlich abchecken lassen, was die Ursache ist. Häufig wird die Diagnose „Futtermittelallergie" recht schnell gestellt, Spezialisten weisen aber darauf hin, dass viel häufiger z. B. Milben für die Hautbeschwerden verantwortlich sind. Erst wenn alle anderen Ursachen ausgeschlossen sind, sollten Sie durch einen Futtertest unter Aufsicht des Tierarztes herausfinden, ob und auf welche Nahrungsmittel Ihr Hund allergisch reagiert. Dazu wird der Hund über mehrere Wochen z. B. nur mit Kartoffeln und einem Eiweißspender gefüttert, der in den gängigen Futtersorten nicht vorhanden ist, wie etwa exotische Fischarten. Während des Futtertests sind Leckerchen oder jede Art von Beifütterung tabu.

**63. Antioxidanzien: Auf der Futterpackung steht der Begriff Antioxidanzien. Was ist das?** ?

Dies sind Stoffe, die Fette und Fettsäuren des Futters stabilisieren und somit haltbarer machen – sie verhindern, dass die Fette ranzig werden. „Gekippte" Fette verringern nicht nur die Akzeptanz des Futters, sondern haben eventuell auch gesundheitliche Probleme zur Folge, da sie giftige Stoffe enthalten können. Bei hochwertigen Futtermitteln werden meist nur natürliche Antioxidanzien verwendet, z. B. Bioflavonoide und die Vitamine E (Tocopherole) und C. Diese Antioxidanzien wirken sich auch positiv auf den Körper des Hundes aus, da sie den Zellverfall verlangsamen.

**DAS RICHTIGE FUTTER FÜR DEN HUND**

| | |
|---|---|
| Alleinfutter/ Komplettnahrung | Damit ist ein gesunder Hund ausgewogen ernährt, Ergänzungen sind überflüssig. Wird als Trocken-, Halbfeucht- oder Feuchtfutter angeboten. |
| Ergänzungsfutter | Für eine ausgewogene Ernährung muss es mit anderen Komponenten gemischt werden. Es gibt kohlenhydratreiches Ergänzungsfutter (z. B. Flocken), solches mit hohem Proteingehalt (z. B. tiefgefrorenes Fleisch) und Mineral- oder Vitaminfutter (meist als Tabletten oder Pulver). |
| Leckerchen (Beifutter) | Sie sind das Extra für den Hund, z. B. zur Belohnung oder zum Kauen, sollten aber nicht zusätzlich verfüttert werden, sondern auf den Bedarf des Hundes angerechnet werden. |
| Wassergehalt | Er beträgt bei Feuchtfutter im Schnitt 75 % Wasser, bei Halbfeuchtfutter etwa 15 bis 30 % und bei Trockenfutter in der Regel 7 bis 10 %. |

64. **Arthrose: Mein Hund hat Arthrose. Kann ich diese Krankheit durch die Fütterung positiv beeinflussen?**

?

Ja, Sie können durch die Fütterung viel für Ihren arthrosekranken Hund tun. Achten Sie unbedingt darauf, dass er eine schlanke Linie behält. Jedes Gramm Übergewicht belastet die Gelenke zusätzlich, kann den degenerativen Prozess beschleunigen und die Beschwerden verstärken. Weiterhin können Sie Ihrem Hund zusätzlich Grünlippenmuschelextrakt-Produkte geben. Dieser Extrakt wirkt sich positiv auf die Knorpelbildung aus und der Arthrose entgegen. Es gibt auch mit Grünlippenmuschelextrakt angereicherte Futtermittel. Futter und Zusätze können die Arthrose aber nicht rückgängig machen.

65. **Aufbewahrung: Muss ich das Futter bei der Aufbewahrung luftdicht verschließen?**

?

Ja, das ist wichtig. Futter sollte möglichst dunkel, kühl und luftdicht verschlossen aufbewahrt werden. Im Feuchtfutter vermehren sich bei höheren Temperaturen Keime, die es verderben lassen und beim Hund Verdauungsprobleme auslösen können. Licht, Wärme

## EXTRATIPP

**Geschmacksrichtungen**
Hundefutter gibt es in verschiedenen Sorten wie etwa Rind, Lamm, Huhn oder Lachs. Wird die Geschmacksrichtung auf der Packung angegeben, heißt das nicht, dass der Fleischanteil des Futters nur aus dieser Sorte besteht (auf die Deklaration achten). Es ist durchaus üblich und erlaubt, das Futter mit anderen Fleischnebenprodukten und pflanzlichen Eiweißen „aufzufüllen". Das müssen Hundehalter bedenken, deren Hunde auf eine bestimmte Eiweißart allergisch reagieren.

und der Kontakt mit Luft zerstören zudem wichtige Inhaltsstoffe, z. B. Vitamine. Diese bauen sich im Lauf der Zeit sowieso ab, doch wenn ein Futter nicht optimal aufbewahrt wird, sinkt deren Gehalt umso schneller, und das Futter wird für den Hund „wertloser". Futtersäcke sollten z. B. in Kunststofftonnen aufbewahrt werden, so dass sich keine Mäuse und anderen Nager daran zu schaffen machen können. Dadurch gelangen auch keine Futtermilben an das Futter, und das Fett wird nicht ranzig. Achten Sie auch darauf, das Haltbarkeitsdatum nicht zu überschreiten.

**66. Aufzucht: Unsere Hündin hat ihre Jungen bekommen, kümmert sich aber nicht um die Kleinen. Wie müssen wir sie ernähren?** ?

Zuerst sollten Sie Mutter und Kinder dem Tierarzt vorstellen. Das Desinteresse kann auch durch eine Erkrankung der Hündin (z. B. Gesäugeentzündung) oder der Welpen (z. B. offener Rachen) verursacht werden. Der Tierarzt kann den Kleinen zudem wichtige Aufbauspritzen geben.
Gut ist es, wenn die Kleinen nach der Geburt mindestens fünfmal trinken, um das Kolostrum aufzunehmen. Dieses Sekret wird während der Geburt in den Milchdrüsen gebildet und versorgt die Neugeborenen mit wichtigen Antikörpern. Sind alle Welpen gesund, lassen sich aber auch nicht durch das Anlegen an die Zitzen zum Trinken animieren, sollten Sie sie mit einer Ersatzmilch ernähren, die es bei Ihrem Tierarzt oder im Zoofachhandel gibt. Diese besteht aus Pulver, das mit Wasser zu einer Milch vermischt und körperwarm erhitzt wird – sie muss immer frisch angerührt werden. Verabreicht wird die Milch mit einer kleinen Saugflasche. Sobald das Sauggummi vorsichtig in das Maul des Welpen eingeführt wird, beginnt er meist zu nuckeln. Nach der Geburt müssen die Kleinen noch alle zwei Stunden gefüttert werden (→ Extratipp, Seite 67). Mit vier Wochen (bei großen

Würfen drei Wochen) sollten Sie dann anfangen zuzufüttern. Dazu mischen Sie spezielles Welpenfutter mit der Ersatzmilch zu einem dünnflüssigen Brei. Mit zunehmendem Alter wird der Anteil der Milch am Futter immer weiter reduziert, während aber zusätzlich noch die Flasche gegeben wird. In der sechsten Woche müssen Sie mit der Entwöhnung beginnen. Neben der Fütterung sind noch zwei wichtige Punkte zu beachten: Gerade in der ersten Woche können die Kleinen ihre Körperwärme schlecht halten und sollten mit einer Rotlichtlampe gewärmt werden. Welpen brauchen auch noch die Hilfe der Mutter, um Kot und Urin abzusetzen; dazu leckt die Mutter Bauch und Analbereich der Kleinen. Diese Aufgabe müssen Sie übernehmen, indem Sie vorsichtig mit einem weichen Waschlappen Bauch und Analbereich „massieren", bis alle „Geschäftchen" erledigt sind.

### 67. BSE: Können Hunde durch das Futter BSE bekommen? ?

Ob Hunde an BSE erkranken können, wurde bisher noch nicht nachgewiesen. Das Fleisch, das für die Herstellung von Hundefutter verwendet wird, unterliegt jedoch den gleichen strengen Kontrollen wie Fleisch, das für unseren Verzehr vorgesehen ist. Es werden also keine Bestandteile genutzt, die BSE auslösen können, z. B. Hirn von Schafen oder Rindern. Hunde sind daher keinem größeren Risiko, an BSE zu erkranken, ausgesetzt als wir Menschen.

### 68. Diätfutter: Die Eltern meines Hundes waren beide herzkrank. Soll ich ihm vorbeugend ein spezielles Diätfutter geben? ?

Nein, davon rate ich Ihnen ab. Diätfutter, das für spezielle Krankheiten entwickelt wurde, ist ganz auf die Bedürfnisse des kranken Hundes abgestimmt. Wenn

Sie Ihren gesunden Vierbeiner damit füttern, kann es zu einer Fehlernährung kommen, die wiederum andere Erkrankungen zur Folge haben können. Geben Sie Ihrem Hund ein „normales", qualitativ hochwertiges Futter, das auf seine Bedürfnisse abgestimmt ist. Die Mitarbeiter des Zoofachhandels oder Ihr Tierarzt werden Sie gern beraten. Vorsorglich sollten Sie Ihren Hund halbjährlich vom Tierarzt untersuchen lassen, um eine eventuell auftretende Herzerkrankung frühzeitig zu erkennen und zu behandeln. Die Wahrscheinlichkeit, dass Ihr Hund am Herzen erkrankt, ist aufgrund der Vorgeschichte zwar höher, trotzdem muss es nicht zwangsläufig eintreten.

## 69. Eier: Sind rohe Eier gut für das Hundefell?

Eier enthalten zwar einen hohen Anteil an essenziellen Fettsäuren, die tatsächlich den Glanz des Fells positiv beeinflussen. Rohes Eiklar kann aber zu Verdauungsbeschwerden führen, und das darin enthaltene Avidin hemmt die Aufnahme von Biotin, was sich wiederum gegenteilig auswirkt und zu Mangelerscheinungen führt und unter anderem stumpfes Fell verursacht. Diese Nebenwirkungen können durch Kochen des Eies aber beseitigt werden. Gekochte Eier enthalten

### EXTRATIPP

**Die optimale Fütterung mutterloser Welpen**

1. Woche: Alle zwei Stunden Ersatzmilch.
2. Woche: Alle drei Stunden Ersatzmilch.
3. Woche: Alle vier Stunden Ersatzmilch.
4. Woche: Etwa fünfmal täglich Ersatzmilch und einmal Beifutter.
5. Woche: Dreimal Ersatzmilch, dreimal Beifutter.
6. Woche: Sechsmal täglich füttern. Futtermenge erhöhen und dafür die Milch reduzieren.
7. Woche: Etwa fünfmal täglich Welpenfutter.

zudem gut verdauliche Eiweiße und Fette. Es schadet Ihrem Hund also nicht, wenn Sie ihn einmal in der Woche mit einem gekochten Ei verwöhnen. Speziell für den Glanz des Fells ist die tägliche Gabe von Lachsölkapseln oder eines Teelöffels Nachtkerzen- oder Distelöl sicherlich wirksamer.

**70. Energiebedarf: Warum brauchen denn kleine Hunde pro Kilogramm Gewicht mehr Energie als große?**

Kleine Vierbeiner haben im Verhältnis zu größeren mehr Körperoberfläche – je kleiner der Hund, desto größer ist diese. Dadurch verlieren sie auch mehr Körperwärme und müssen dementsprechend mehr Energie aufbringen, um ihre Körpertemperatur konstant zu halten. So braucht ein normal aktiver Hundewinzling mit 2,5 kg Gewicht täglich etwa 1040 kJ (250 Kalorien), während ein genauso aktiver Artgenosse, der 60 kg auf die Waage bringt, jeden Tag etwa 10.000 kJ (2.400 Kalorien) benötigt.

**71. Erhaltungsbedarf: Ich habe in einem Buch den Begriff „Erhaltungsbedarf" gelesen. Was ist damit gemeint?**

Das bezieht sich auf den Energiegehalt des Futters, den ein Hund benötigt, um sein Gewicht (seine Körpermasse) konstant zu halten – er nimmt weder zu noch ab. Durch regelmäßiges Wiegen kann der Halter ermitteln, ob das Gewicht seines Hundes gleich bleibt und ihm sein Erhaltungsbedarf an Energie zugeführt wird. Dies ist gewöhnlich der Fall, wenn sich weder der Energieverbrauch des Hundes, z. B. durch Bewegung, noch Menge und Qualität des Futters und die damit aufgenommene Energie ändern.

## 72. Ernährungszustand: Wie kann ich erkennen, ob mein Hund optimal ernährt ist?

Wenn Sie es ganz genau wissen wollen, müssen Sie Ihren Hund vom Tierarzt gründlich checken lassen, einschließlich Blut-, Kot- und Urinuntersuchung. Für den „Hausgebrauch" ist es aber durchaus ausreichend, wenn Sie auf folgende Punkte achten:

- Ihr Hund ist munter und hat Spaß an Bewegung.
- Sein Gewicht ist normal. Wiegen Sie Ihren Hund und vergleichen Sie sein Gewicht mit den Idealwerten seiner Rasse bzw. Größe und seinem Typ (→ Extratipp, Seite 70).
- Er setzt ein- bis dreimal täglich Kot ab. Dieser sollte nicht übermäßig riechen, gut geformt und nicht zu hell oder zu dunkel sein.
- Ihr Hund hat selten Blähungen.
- Sein Fell ist glänzend, schuppenfrei und für seine Rasse typisch.

## 73. Essensreste: Dürfen Hunde Essensreste bekommen?

Grundsätzlich nicht. Wenn Sie Ihrem Hund gelegentlich einige Nudeln, Kartoffeln, etwas Reis oder Karotten unter sein Futter mischen, ist nichts dagegen einzuwenden. Andere Essenreste sind jedoch zu fett und in der Regel viel zu stark gewürzt. Ihr Hund wäre damit nicht ausgewogen ernährt und könnte massive Verdauungsprobleme bekommen.

*Gelegenheit macht Diebe. Essen sollte für den Hund außer Reichweite stehen. Tadeln Sie, wenn Sie ihn beim Klauen ertappen!*

## 74. Fastentag: Soll ich meinen Hund einmal in der Woche hungern lassen?

Nein, das brauchen und sollten Sie nicht. Früher war es häufig üblich, einen Fastentag wöchentlich für den Hund einzulegen. Begründet wurde dies gern damit, dass Wölfe ja auch nicht jeden Tag Beute erlegen und deswegen regelmäßig Hungertage einlegen. Aus Sicht einer optimalen Fütterung ist das für unsere Hunde jedoch überflüssig. Zwar sind unsere Vierbeiner wie Wölfe Fleischfresser, haben sich aber an eine regelmäßige Fütterung angepasst. Bei der Haltung von zwei oder mehr Hunden können diese durch den Futterentzug gereizter werden und Auseinandersetzungen sich häufen. Sollte Ihr Vierbeiner jedoch gelegentlich einen Tag lang nichts fressen, ist das auch kein Grund zur Besorgnis, solange er fit und munter ist.

## 75. Fell: Kann falsche Ernährung die Ursache für stumpfes Fell sein?

Auf jeden Fall. Einseitige oder minderwertige Ernährung kann zu einem Mangel an essenziellen Fettsäuren, Vitaminen, Spurenelementen und Mineralstoffen führen, was glanzloses Fell zur Folge hat. Häufig kann

### EXTRATIPP

**Gewichtskontrolle**

Der Brustkorb kann wichtige Anhaltspunkte über den Ernährungszustand geben. Treten die Rippen deutlich hervor, ist der Hund zu mager. Sind sie dagegen gerade noch oder nicht mehr erkennbar, lassen sich aber leicht fühlen, ist das Gewicht prima. Können die Rippen nur mit Mühe oder gar nicht mehr ertastet werden, wird es höchste Zeit, das Gewicht zu reduzieren. Der Hund ist stark übergewichtig. Je nach Rasse kann es zu Abweichungen kommen.

schon die zusätzliche Gabe von Ölen, die reich an diesen essenziellen Fettsäuren sind, für ein schönes Haarkleid sorgen (→ Seite 68). Allerdings sollte dann auch immer die Fütterung überprüft und gegebenenfalls umgestellt werden, um den Hund optimal mit allen notwendigen Nährstoffen zu versorgen. Ihr Tierarzt wird Sie zu diesem Thema gern beraten.

**76. Fleischfresser: Hunde gehören ja zu den Fleischfressern. Soll ich meinem Tibet Terrier nur Fleisch füttern?** ?

Nein, auf keinen Fall. Der Begriff „Fleischfresser" führt zugegebenermaßen etwas in die Irre. Ein Karnivore (Fleischfresser) frisst nicht ausschließlich Fleisch, sondern Beutetiere – mit allem Drum und Dran, samt pflanzlichem Mageninhalt, und lässt sich gelegentlich auch einmal Wurzeln oder Beeren schmecken. Dadurch wird er in einem optimalen Nährstoffverhältnis mit allem versorgt, was der Hundekörper braucht. Würde ein Hund nur mit Fleisch ernährt, wären Mangelzustände die Folge, die Krankheiten verursachen, z. B. eine gestörte Zahn- und Knochenbildung und daraus resultierend schwere Skelettschäden. Auch in einem guten Trockenfutter sind nur etwa 15 bis 25 % Fleisch enthalten, das reicht völlig aus.

**77. Fressgewohnheiten: Mein Hund schlingt sein Futter immer so gierig herunter. Wie kann ich das ändern?** ?

Wenn Ihr Hund zu schnell frisst, können Sie ihn sich sein Futter erarbeiten lassen, das sorgt für zusätzliche Auslastung. Eine Möglichkeit ist, dass Sie die Fütterung mit Erziehungsübungen kombinieren und ihm für jede erfolgreiche Ausführung eines Kommandos ein Trockenfutterstück geben. Die andere Variante sind Futterspiele. Sie können z. B. Trockenfutter in einen Futterball füllen (gibt es im Zoofachhandel). Ihr Hund muss diesen Ball dann hin und her kullern, damit die Brocken herausfallen. Gerade für Hunde mit jagdlichen Ambitionen können Sie auch eine Futterspur legen und nebenbei Fährtenarbeit üben. Alternativ können Sie auch lauwarmes Wasser über die Futterbrocken geben, dann dauert das Fressen länger.

## 78. Frischfleisch: Brauchen Hunde Frischfleisch?

Nein, Hunde brauchen kein Frischfleisch. Im Gegenteil, durch dessen Fütterung kann ein Hund sich sogar Krankheiten einhandeln, z. B. bei der Fütterung von rohem Schweinefleisch die durch ein Virus übertragene Aujeszky-Krankheit (auch Pseudo-Wut genannt, weil sie in ihrem Krankheitsbild der Tollwut ähnelt), bei rohem Hähnchenfleisch auch Salmonellen. Durch Erhitzen werden die Viren jedoch ausreichend abgetötet und das Fleisch leichter verdaulich.

## 79. Futterbrocken: Muss die Krokettengröße der Größe des Hundes angepasst sein?

Die Hersteller bieten für die unterschiedlichen Hundegrößen auch verschieden große Kroketten an. Allerdings wird auch ein großer Hund mit kleinen Bröckchen satt und ein kleiner beißt sich große Stücke schon passend. Dennoch sollten Sie darauf achten, dass die Kroketten so groß sind, dass der Hund sie nicht einfach herunterschlingt und beim Fressen etwas kaut; das beugt der Zahnsteinbildung vor.

## 80. Füttern: Ist es besser, erwachsene Hunde einmal oder mehrmals am Tag zu füttern?

Im Grunde kommen Hunde mit nur einer Fütterung täglich aus. Ihr sehr dehnbarer Magen nimmt die

Futtermenge ohne Probleme auf. Es ist für sie allerdings verträglicher, wenn sie zwei Mahlzeiten am Tag bekommen. Durch häufigere Fütterung und dementsprechend kleinere Portionen wird der Magen des Hundes entlastet, und es bilden sich weniger Gase beim Verdauungsprozess. Das kommt besonders älteren oder kranken Vierbeinern zugute. Morgens sollte zumindest ein kleines Frühstück im Napf sein und am späten Nachmittag oder frühen Abend die Hauptmahlzeit. Gerade Hunden mit tiefem Brustkorb bekommen mehrere Mahlzeiten besser, da die Aufteilung der Tagesration die Gefahr einer gefährlichen Magendrehung reduziert (→ Seite 122). Hinzu kommt, dass Vierbeiner, die morgens gefrühstückt haben, nicht den ganzen Tag Heißhunger haben.

## WIE OFT FÜTTERN?

| | |
|---|---|
| 3. Lebensmonat | Die Kleinen brauchen noch fünf Mahlzeiten am Tag. |
| 4. Lebensmonat | Es kann auf vier Mahlzeiten täglich reduziert werden. |
| 5. Lebensmonat | Kleine Rassen kommen nun schon mit dreimaliger Fütterung aus, große sollten weiterhin viermal gefüttert werden. |
| 6. bis 8. Lebensmonat | Bei kleinen Rassen kann auf zwei Mahlzeiten täglich umgestellt werden, große brauchen drei. |
| 9. Lebensmonat | Bei sehr frühreifen kleinwüchsigen Hunden reicht eine Mahlzeit täglich – verträglicher sind aber zwei. Großwüchsige Hunde müssen zweimal gefüttert werden. Das sollte auch so bleiben, wenn sie erwachsen sind.<br>Kranke Hunde, „Hochleistungssportler" oder säugende Hündinnen brauchen immer mehrere Mahlzeiten täglich. |

**81. Futtermenge: Kann ich mich nach den Angaben der Futtermenge auf der Futterpackung richten?**

Diese Fütterungsempfehlungen sind Richtwerte und oft etwas großzügig bemessen. Meist kann man 10 % dieser Menge abziehen und dann prüfen, ob Ihr Vierbeiner mehr oder weniger benötigt. Jeder Hund hat einen individuellen Stoffwechsel, und selbst Wurfgeschwister, die unter denselben Bedingungen leben und beide gleich viel Bewegung bekommen, können einen unterschiedlichen Futterbedarf haben. Wenn Sie ein bis zwei Wochen gefüttert haben, erkennen Sie, ob mehr oder weniger im Napf sein darf.

**82. Futterpackung: Welche Angaben sind auf der Futterpackung wichtig?**

Vorgeschrieben sind Angaben über die Art des Futtermittels, also ob es sich um ein Allein- oder ein Ergänzungsfutter handelt. Weiterhin müssen, außer bei Trockenfutter, der Feuchtigkeitsgehalt, die Inhaltsstoffe, die Zusatzstoffe, die Zusammensetzung und das Gewicht sowie Angaben zur Haltbarkeit angegeben sein. Es muss auch der Hersteller bzw. Vertreiber mit Anschrift aufgedruckt sein sowie die Bezeichnung der Produktionsserie.
Bei den Inhaltsstoffen sind besonders die Angaben über ihre Zusammensetzung sowie die Zusatzstoffe relevant. Der Rohproteingehalt gibt an, wie viel Eiweiß ein Futter enthält. Rohfett steht für den Fettanteil, Rohfaser gibt Auskunft über schwer oder nicht verdauliche Anteile, die Ballaststoffe. In Rohasche sind die Mineralien zusammengefasst. Das sind die anorganischen Bestandteile der Hundenahrung, also jene, die nicht verbrannt werden können, z. B. Eisen, Zink, Selen, Magnesium, und Silikate. Bei den Zusatzstoffen müssen z. B. die Menge der Vitamine A, D und E sowie der Kupferanteil ausgewiesen sein. Ferner sind

Antioxidanzien, Konservierungs- und Farbstoffe mit Namen zu nennen. Werden Aromastoffe verwendet, reicht ein allgemeiner Hinweis. Die Reihenfolge der Zutaten entspricht ihrer anteiligen Menge. Bei der Bewertung der Angaben muss man immer bedenken, dass sich der Inhalt auf die gesamte Masse des Produkts bezieht und sich deswegen bei Feuchtfutter von Trockenfutter unterscheidet, selbst wenn es in der Trockenmasse identisch ist.

## 83. Futterplatz: Wo füttere ich meinen Podenco am besten?

Ideal ist ein ruhiger Platz, nicht zu nahe am Esstisch. Ihr Vierbeiner sollte nicht durch ständig geöffnete Türen, Trubel oder laute Geräusche gestört werden. Ganz abseits, z. B. im Keller, wäre aber auch nicht sinnvoll, dann fühlen die Tiere sich abgeschoben. Ihr Hund sollte möglichst auch nicht dort gefüttert werden, wo sich Ihr Besuch normalerweise aufhält. Einige könnten sich dann veranlasst sehen, ihren Futterbereich gegen diese „Eindringlinge" verteidigen zu müssen. Die Distanz zum Esstisch ist notwendig, damit der Vierbeiner Ihre Mahlzeiten nicht mit seiner in Verbindung bringt, den Tisch verteidigt oder bettelt.

### EXTRATIPP

**Unpässlichkeiten vermeiden**

**Geben Sie Futter nie direkt aus dem Kühlschrank, sondern erwärmen Sie es auf Zimmertemperatur, um Verdauungsprobleme zu vermeiden. Vor langen Autofahrten sollte der Vierbeiner nüchtern bleiben, das bekommt ihm besser. Einige Trockenfutterstückchen, in Abständen gegeben, vertreiben den größten Hunger. Füttern Sie immer zu gleichen Zeiten, morgens ein kleines Frühstück und am frühen Abend die Hauptmahlzeit. Das sorgt für eine regelmäßige Verdauung.**

**84. Futtersorten: Warum gibt es Futter für Welpen, erwachsene Hunde, Hundesenioren, kleine und große Rassen?**

Hunde haben in den verschiedenen Altersphasen unterschiedliche Ansprüche an ihr Futter. Welpen brauchen für das Wachstum ein auf ihre Bedürfnisse angepasstes Nährstoffverhältnis (besonders Vitamine und Mineralien) im Futter, bei erwachsenen Hunden könnte dieses Futter aber zu einer Überversorgung und gesundheitlichen Problemen führen. Alte Hunde haben einen langsameren Stoffwechsel und brauchen weniger Energie als Artgenossen in ihren Blütejahren. Würden sie das gleiche Futter bekommen, wäre meist Übergewicht die Folge. Kleine Hunde benötigen mehr Energie für ihren Stoffwechsel als die großen Kollegen (→ Seite 68). Es ist sogar wichtig, beim Welpenfutter darauf zu achten, ob man einen Hund hat, der später zu den großen oder kleinen Vierbeinern gehört, um für ein optimales und nicht zu schnelles Wachstum zu sorgen (→ Seite 94). Das Futter erwachsener Hunde muss ebenfalls an deren Aktivitätsgrad angepasst sein; Leistungshunde, die täglich Sport treiben, brauchen eine andere Ernährung als „Couchpotatoes" oder „Durchschnittshunde". Lassen Sie sich von Ihrem Tierarzt, im Zoofachhandel oder Ihrem Züchter beraten, welches Futter das richtige für Ihren Hund ist.

**85. Futterumstellung: Was muss ich bei einer Futterumstellung beachten?**

Es ist vor allem wichtig, dass Sie nicht „von einem Tag auf den anderen" plötzlich das Futter wechseln. Die meisten Hunde quittieren das mit Durchfall und Blähungen – und das ist für keine Seite angenehm. Sie sollten die Futterumstellung über einen Zeitraum von etwa fünf Tagen strecken und den Verdauungstrakt des Hundes schrittweise an das neue Futter gewöhnen. Am ersten Tag sollten 80 bis 85 % der Portion aus dem gewohnten und der Rest aus dem neuen Futter bestehen. An den folgenden Tagen können Sie den Anteil des bisherigen Futters täglich um etwa 20 % reduzieren, bis nur noch die neue Sorte im Napf ist. Stellen sich zwischendurch aber Durchfall oder starke Blähungen ein, ist es besser, die Dauer der Futterumstellung zu verlängern.

**86. Fütterung: Ich habe einen Westi und einen Schäferhund. Der Kleine frisst dem Großen immer das Futter weg. Was kann ich tun?** ?

Am einfachsten wäre es für Sie, wenn Sie Ihre Hunde in verschiedenen Räumen füttern. Auch wenn es nicht zu Auseinandersetzungen zwischen den Vierbeinern kommt, darf Ihr Westi auf Dauer nicht zwei Portionen futtern, das geht zulasten der schlanken Linie. Ihr Schäferhund hat dann auch endlich Ruhe und Muße, um seine Mahlzeit einzunehmen. Der Kleine kann ja hinterher den anderen Napf auslecken und bekommt auf diese Weise trotzdem etwas ab. Die schwierigere Variante wäre, dem Kleinen zu verbieten, sich am Napf des Großen zu bedienen. Dies geht nur durch konsequente Erziehung und Aufsicht beim Füttern.

**87. Fütterungsart: Ist es besser, einen Hund mit Dosen- oder Trockenfutter zu füttern?** ?

Für viele Zweibeiner ist das eine Glaubenssache, und sowohl mit einem hochwertigen Dosen- als auch mit einem qualitativ guten Trockenfutter ist ein Hund gut ernährt. Viele Hunde fressen lieber Dosenfutter, das mag nicht zuletzt am Zucker liegen, der in vielen Sorten enthalten ist. Dosenfutter hat folgende Vorteile: Es wird gern gefressen, ist ungeöffnet lange haltbar, gut zu portionieren und versorgt schlecht trinkende Hunde mit Flüssigkeit. Der Nachteil ist die relativ hohe Menge an „Füllstoffen", wie etwa pflanzliche

Fasern. Dadurch muss man mehr füttern, was nicht nur die Futterkosten erhöht, sondern manchmal auch eine geringere Verträglichkeit bedingt. Außerdem nimmt die Kotmenge zu, und es fallen größere Mengen Müll an. Trockenfutter hat den Vorteil des niedrigeren Preises, der besseren Verwertung und der dadurch niedrigeren Kotmenge. Es ist Platz sparend zu lagern, verdirbt geöffnet nicht so schnell und ist besonders unterwegs sehr praktisch. Trocken gefüttert beugt es auch der Bildung von Zahnstein vor und lässt sich prima für Futterspiele verwenden. Premium-Trockenfutter hat keinen nennenswerten Nachteil. Für mich überwiegen die Vorteile des Trockenfutters.

### 88. Futterwechsel: **Ist es sinnvoll, die Futtersorte häufiger zu wechseln?**

Nein, davon rate ich Ihnen ab. Wenn Ihr Hund das gewohnte Futter gut verträgt und gern frisst, gibt es keinen Grund, das Produkt zu wechseln. Vielmehr könnte ein häufiger Wechsel zu Verdauungsproblemen führen und Ihr Vierbeiner es sich angewöhnen, etwas „Besseres" zu verlangen, wenn ihm danach ist. Sie müssen auch keine Mangelerscheinungen befürchten, solange Sie Ihrem Hund ein qualitativ hochwertiges Futter geben.

### 89. Gras fressen: **Warum fressen Hunde Gras?**

Der Grund konnte abschließend noch nicht nachgewiesen werden. Häufig wird vermutet, dass das Grasfressen mit einer Mangelernährung zusammenhängt, doch auch optimal ernährte Hunde scheinen sich gelegentlich gern ein paar Halme „zu gönnen" – gerade die zarten grünen Hälmchen im Frühjahr schmecken einigen Vierbeinern offensichtlich einfach gut. Auch ein Zusammenhang mit der Fütterung von Trockenfutter konnte noch nicht bestätigt werden.

Auffällig ist jedoch, dass einige Hunde grasen, wenn sie Magen-Darm-Probleme haben und ihr Bauch „grummelt". Viele leiten damit Erbrechen ein, das ihre Beschwerden lindert. Andere behalten das Gras bei sich und scheiden es auf natürlichem Weg wieder aus. Interessanterweise werden bei Verdauungsbeschwerden sehr oft die Gräser der Quecke gefressen. Die Volksmedizin wendet dieses Gras als Teezubereitung traditionell unter anderem gegen Magen-Darm-Katarrh an – vielleicht haben Vierbeiner auch ihre Hausmittelchen. Bei Hunden, die über einen längeren Zeitraum und in großen Mengen Gras gefressen haben, wurden nicht selten Erkrankungen des Magen-Darm-Trakts festgestellt.

**90. Hausmannskost: Ich koche für meinen Hund. Nun habe ich gehört, dass Fertigfutter besser sein soll. Stimmt das?** ?

Hochwertiges Fertigfutter ist ausgewogen und versorgt den Hund mit allem, was er braucht (→ Seite 76). Der Halter kann dabei kaum etwas falsch machen, es sei denn, er füttert zu viel oder zu wenig. Trotzdem ist selbst zubereitetes nicht grundsätzlich schlechter als fertiges Futter. Wenn Sie sich intensiv mit der Zusammenstellung der Nahrung beschäftigen, wissen, in welchem Verhältnis Nährstoffe, Vitamine und Mineralien gegeben werden müssen, und dies in der Praxis auch umsetzen können, ist gegen Hausmannskost nichts einzuwenden. Im Gegenteil:

*Die Fütterung des Hundes muss an Alter und Aktivität angepasst werden, um ihn optimal mit allen Nährstoffen zu versorgen.*

Ihr Hund wird dann gesund und lecker ernährt. Doch nur wenige Halter, die das Futter selbst zubereiten, machen sich diese Mühe. Stimmt dann die Zusammensetzung nicht, kann das schwerwiegende Folgen für den Hund haben. Wenn er als hauptsächliche Eiweißquelle z. B. Rindfleisch ohne die zusätzliche Gabe von Kalk bekommt, wird unter anderem das Kalzium-Phosphor-Verhältnis gestört (dies sollte bei ausgewachsenen, normal belasteten Hunden 1,3:1 betragen), indem ein Phosphor-Überschuss entsteht. Da Phosphor aber nur zusammen mit Kalzium aus dem Körper ausgeschieden werden kann, wird das wichtige Kalzium den Knochen entzogen, die in der Folge brüchig werden können. Wer seinen Hund mit Hausmannskost verwöhnen möchte, muss Vieles berücksichtigen. Es gibt aber auch gute Kochbücher, in denen viele leckere Rezepte für Hunde in ei-nem ausgewogenen Nährstoffverhältnis aufgeführt sind. Dabei wird sogar auf unterschiedliche Bedürfnisse eingegangen, z. B. Wachstum oder Hundesenioren.

### 91. Hunger: Mein Hund hat ständig Hunger. Soll ich ihm mehr Futter geben?

?

Wenn Ihr Hund ein optimales Gewicht hat, würde ich an Ihrer Stelle nicht mehr füttern. Es gibt verschiedene Gründe, warum einige Vierbeiner ständig hungrig sind. So sind einige Rassen (z. B. der Labrador) „von Natur aus“ verfressen. Der Labrador wurde ursprünglich gezüchtet, um Enten aus dem Wasser zu apportieren. Da war es natürlich von Vorteil, wenn eine relativ üppige Fettschicht im Wasser warm hielt. Eine Kastration verändert den Stoffwechsel und führt oft auch zu mehr Hunger (→ Seite 116). Vielleicht enthält das Futter Ihres Hundes auch nicht genug Energie, dann sollten Sie die Sorte wechseln. Um die Futtermasse zu erhöhen, können Sie auch zusätzlich Gemüse unter das Futter mischen – gut eignen sich rohe Karotten – oder ein Light-Futter geben.

## 92. Inhaltsstoffe: Was darf alles im Hundefutter verarbeitet werden?

Verantwortungsbewusste und namhafte Futtermittelhersteller verwenden nur Rohstoffe für ihr Futter, die auch für den menschlichen Verzehr geeignet wären. Diese Betriebe lassen sich bei einer Führung auch gern über die Schulter schauen und erläutern Ihnen, was verarbeitet wird. Die Liste aller Rohstoffe, die im Futter für unsere Vierbeiner verarbeitet werden dürfen, ist sehr lang. Diese hier vollständig zu nennen würde den Rahmen sprengen, deshalb nachfolgend nur einige Beispiele: Für den Proteinanteil kann Fleisch von sämtlichen üblicherweise zur Schlachtung vorgesehenen Säugetieren verwendet werden sowie Fleisch- und Knochenmehl. Um die Übertragung von Krankheiten zu verhindern, muss das Fleisch bei der Verarbeitung ausreichend erhitzt werden. Bierhefe, Maiskleie und Sojamehl sind häufig verwendete Eiweißspender. Als Kohlenhydrate kommen z. B. Gerste, Reis, Weizen, Leinsamen, getrocknete Algen, Mais, Hafer, Gerste und Molkepulver infrage. Zur Fettanreicherung werden unter anderem verschiedene pflanzliche Öle und tierische Fette verwendet. Die Faserstoffe können z. B. aus Rübenschnitzeln, Cellulose, Erdnussschalen oder Haferkleie bestehen.

## 93. Katzenfutter: Unser Hund frisst so gern das Futter unserer Katzen. Ist das in Ordnung?

Nein, das sollten Sie unterbinden. Katzenfutter hat im Vergleich zu Hundefutter einen wesentlich höheren Proteingehalt, der dauerhaft zu einer Überversorgung und in der Folge zu Erkrankungen Ihres Hundes führen kann: Unter anderem können Leber und Niere belastet werden, und in Blut und Harn zeigen sich erhöhte Harnstoffwerte. Sie sollten also darauf achten, dass Ihr Hund den Katzen nicht regelmäßig die Näpfe leer frisst. Im Alltag kann sich das schwierig gestalten, da Katzen das Futter ja häufig so bekommen, dass sie sich jederzeit bedienen können. Nach Möglichkeit sollten die Näpfe mit dem Katzenfutter deshalb in einem für den Hund nicht zugänglichen Raum stehen oder auf einer Anrichte etc., die der Hund nicht erreichen kann.

**94. Karotten: Mein Labrador frisst rohe Karotten so gern. Können die ihm schaden?**

Nein, Karotten sind ein gesundes und kalorienarmes Beifutter für Ihren Hund, und Sie können sie z. B. prima für Futterspiele verwenden. Dadurch sparen Sie die herkömmlichen, meist energiereichen Leckerchen ein und achten so auf die schlanke Linie Ihres Labradors – Hunde dieser Rasse neigen ja leicht zu Übergewicht. Karotten enthalten auch viel Vitamin A, was sich positiv auf das Sehvermögen auswirkt. Da Vitamin A aber zu den fettlöslichen Vitaminen gehört, kann der Hundekörper es nur verwerten, wenn es zusammen mit Öl gegeben wird. Sie können z. B. gelegentlich das Futter Ihres Labradors aufwerten, indem Sie einige Karottenstückchen und einen Teelöffel Distelöl dazugeben. Das sorgt zusätzlich für einen schönen Glanz des Fells.

## EXTRATIPP

**Auf gute Tischmanieren achten**

Sie bestimmen Ort und Zeit der Fütterung. Gehen Sie nicht auf die Forderungen Ihres Hundes oder seinen hungrigen Blick ein. Bringen Sie Ihrem Hund mit Hilfe von Tauschgeschäften bei, dass Sie sein Futter mit dem Kommando „Aus“ (Seite 90) wegnehmen können. Das ist auch wichtig, wenn er am Wegesrand Unrat fressen will. Damit Sie sich keinen mäkeligen Fresser heranziehen, sollte Ihr Hund 20 Minuten Zeit für seine Mahlzeit haben. Was er dann nicht gefressen hat, kommt weg!

**95. Kinder und Füttern: Darf unsere achtjährige Tochter unseren Hund füttern?** ?

Das hängt von Ihrer Tochter und Ihrem Hund ab. Wenn Ihre Tochter schon verantwortungsvoll ist und weiß, wie sie sich in Gegenwart eines Hundes verhalten muss, ist es in Ordnung, wenn sie dem Hund den Napf hinstellt. Der Hund sollte sich währenddessen unter Ihrer Aufsicht brav hinsetzen und warten, bis Sie ihm den Zugang zum Napf gestatten. Allein sollten Sie Ihrer Tochter das Füttern aber noch nicht erlauben. Kinder sind in der Regel keine Autoritätspersonen für Hunde, und da kann es wegen des Futters schon einmal zu einer Auseinandersetzung kommen. Bei sehr „futterneidischen" Hunden sollte die Fütterung immer Erwachsenen vorbehalten bleiben – zu groß ist das Risiko, dass dem Kind etwas passiert. Erst ab einem Alter von etwa 14 Jahren können hundeerfahrene Kinder die Fütterung eines gut erzogenen und verlässlichen Vierbeiners in eigener Verantwortung übernehmen. Wichtig ist aber immer die Reife des Kindes, damit gewährleistet ist, dass es sich an abgesprochene Verhaltensregeln hält.

**96. Knochen: Dürfen Hunde Knochen zum Kauen bekommen?** ?

Da scheiden sich die Geister. Knochen enthalten Nähr- und Mineralstoffe und reinigen beim Kauen die Zähne. Die Gefahren: Splitter können den Darm verletzen, größere Stücke sich im Enddarm festsetzen, oder der Kalk kann den Knochen so verhärten (weißer Knochenkot), dass es zu Verstopfung bis hin zum Darmverschluss kommt. Daher muss der Hund langsam und mit weichen Knochen (z.B. Kalbsrippen) daran gewöhnt werden. Röhrenknochen und gekochte Knochen splittern leicht; Schweineknochen niemals roh geben. Fragen Sie vorher den Tierarzt.

**97. Lebererkrankung: Bei meinem Hund wurde eine Lebererkrankung festgestellt. Braucht er nun eine besondere Fütterung?**

In den meisten Fällen schon, das sollten Sie mit Ihrem Tierarzt besprechen. Welche Ernährung konkret angebracht ist, hängt von der Art der Lebererkrankung ab. Grundsätzlich sollte bei Funktionsstörungen der Leber versucht werden, dieses Organ, das für die Entgiftung des Körpers zuständig ist, zu unterstützen. Dies geschieht einerseits durch die häufigere Gabe kleiner Portionen, die die Verdauung entlasten. Wichtig ist eine leicht verdauliche Nahrung, was unter anderem durch hochwertige Eiweiße gewährleistet ist (→ Premiumfutter, Seite 86). Bei der Auswahl des Futters sollte auf den Kupfergehalt geachtet werden, zu hohe Mengen davon können eine angegriffene Leber zusätzlich schädigen. Viele Futtermittelhersteller bieten inzwischen spezielle Diätnahrungen für zahlreiche Erkrankungen an; auch für Lebererkrankungen gibt es Fertigprodukte als Dosen- oder Trockenfutter, die Sie bei Ihrem Tierarzt bekommen.

**98. Leckerchen: Welche Leckerchen kann ich meinem Hund zur Belohnung geben?**

Wenn Sie neue Kommandos mit Ihrem Hund einüben, sollten es ganz begehrte und leckere Häppchen sein, z. B. kleine Käse- oder Putenfleischstückchen. Diese stehen bei vielen Vierbeinern besonders hoch im Kurs und sind echte Motivationswunder. Die Happen sollten so klein sein, dass der Hund sie schnell herunterschluckt und sich nicht lange mit Kauen aufhält. Später eignen sich Fleischstangen oder Fleischstreifen aus dem Zoofachhandel gut. Sie lassen sich leicht in kleine Stücke teilen und können gut portioniert werden. Trockenfutterbrocken eignen sich nur bedingt, da der Hund dabei meist zu lange kaut.

**99. Milch: Darf ich meinem Hund Milch geben?**

Nein, Milch sollte nicht zum Speiseplan Ihres Hundes gehören. Geringe Mengen werden zwar meist gut vertragen, doch die wenigsten erwachsenen Hunde können den darin enthaltenen Milchzucker (Laktose) ausreichend verdauen. Starke Blähungen und Durchfall können die Folge sein. Es reicht völlig, wenn Ihr Hund frisches, zimmerwarmes Wasser bekommt, um seinen Flüssigkeitsbedarf auszugleichen.

**100. Obst: Dürfen Hunde auch Obst fressen?**

In kleinen Mengen dürfen Hunde Obst bekommen. Apfel- und Birnenstückchen eignen sich besonders gut. Vor allem Äpfel enthalten viele Pektine. Bei Magen-Darm-Problemen wirken geriebene Äpfel, unter das Futter gemischt, regulierend auf die Verdauung. Steinobst, z. B. Pflaumen, sollte eher die Ausnahme bleiben, da es verdauungsanregend und abführend wirkt – die Kerne unbedingt entfernen. Gern gefressen werden oft auch Bananen. Sie enthalten viel Kalium und bieten sich zerdrückt, nach Absprache mit dem Tierarzt, als Futterbeimischung an, wenn ein Hund unter Durchfall leidet. Auch als Leckerbissen zwischendurch sind Bananen geeignet, dabei muss jedoch der hohe Energiegehalt berücksichtigt werden. Viele Hunde freuen sich gelegentlich auch über ein Stück Melone, Kiwi, eine Himbeere oder Brombeere.

**101. Pfützenwasser: Mein Hund hat zu Hause immer einen Napf mit frischem Wasser. Trotzdem trinkt er aus Pfützen, wann immer er kann. Ist das in Ordnung?**

Vielen Hunden scheint Pfützenwasser hervorragend zu schmecken, wahrscheinlich weil es weniger Kalk enthält und dadurch „weicher“ ist. Doch gerade im

Sommer kann das Wasser in Pfützen erheblich mit Keimen und Parasiten belastet sein und Ihrem Hund schaden. Besonders groß ist dann die Gefahr, dass Ihr Hund sich Giardien einhandelt. Das sind Einzeller, die Verdauungsbeschwerden verursachen. Nicht immer sind die Beschwerden massiv. Oft äußern sie sich nur durch starke Blähungen und unangenehm riechenden Kot. Giardien können aber auch schwere Durchfälle verursachen. Wie auch immer die Verlaufsform des Befalls ist, stets ist die Verdauung und damit die Nährstoffaufnahme des Hundes gestört. Es gibt bestimmte Entwurmungsmittel, die gut gegen diesen Parasiten wirken. Gelegentlich ein Schluck aus einer frischen Regenpfütze ist dagegen meist unbedenklich. Da Ihr Hund aber nicht zwischen „guten und schlechten" Pfützen unterscheiden kann, ist es besser, ihm grundsätzlich zu verbieten, daraus zu trinken.

### 102. Premiumfutter: Was ist der Unterschied zwischen normalem und Premiumfutter?

Premiumfutter enthält mehr Fleisch und weniger pflanzliche Eiweiße als herkömmliches Markenfutter (tierische Eiweiße stehen an erster Stelle). Grundsätzlich zeichnen sich Premiumprodukte dadurch aus, dass besonders hochwertige Rohstoffe verwendet werden, die sehr gut verdaulich sind und den Hund optimal mit Nährstoffen versorgen. Premiumfutter gibt es in verschiedenen Varianten, angepasst an die jeweilige Bedarfssituation, z. B. für Welpen, adulte (ausgewachsene) oder alte Vierbeiner, große und kleine Hunde, „Leistungssportler" und auch schon für bestimmte Rassen, z. B. Schäferhund oder Labrador. Ein weiterer Aspekt ist die konstante Zusammensetzung des Futters. Bei herkömmlichen Produkten kann sich die Zusammensetzung ändern, je nachdem, wie hoch der Preis für bestimmte Rohstoffe ist, ohne dass sich dies auf das Verhältnis von Rohprotein, -faser, -asche etc. auf der Inhaltsangabe der Packung auswirkt (→ Seite

74). Wegen der guten Verdaulichkeit und der hochwertigen Inhaltsstoffe (höhere biologische Wertigkeit) braucht ein Hund kleinere Portionen und setzt auch weniger Kot ab als bei „normalem" Futter. Meist ist es nur im Zoofachhandel oder beim Tierarzt erhältlich.

## 103. Schokolade: Stimmt es, dass Schokolade für Hunde giftig ist?

Ja. Schokolade enthält Theobromin, und dieser Stoff ist für Hunde giftig. Schon kleine Mengen, die vom Hund über einen längeren Zeitraum regelmäßig gefressen werden, können schädlich sein. Besonders in Bitterschokolade ist der Gehalt an Theobromin sehr hoch. Aus diesem Grund sollten Vierbeiner nicht mit Schokolade „verwöhnt" werden, auch wenn sie noch so gern davon naschen. Sie ist auf dem Speiseplan des Hundes zudem vollkommen fehl am Platz, da sie keine wichtigen Nährstoffe zuführt, viel zu energiereich ist und dadurch zu Übergewicht und Verfettung führen kann. Der hohe Zuckergehalt von Schokolade ist zudem schlecht für die Zähne.

1 *Käse ist ein prima Motivationsmittel im Rahmen der Hundeerziehung – aber bitte nur kleine Häppchen verwenden.*

2 *Für große Vierbeiner, besonders solche mit Gelenk- oder Rückenproblemen, bieten sich beim Füttern erhöhte Näpfe an.*

**104. Seniorfutter: Ab welchem Alter sollte die Ernährung eines Hundes auf Seniorfutter umgestellt werden?** ?

Das hängt von der Größe Ihres Hundes ab. Grundsätzlich gilt die Faustregel: Je größer ein Hund ist, desto früher zählt er zu den betagten Herrschaften. Ein Dackel gilt mit etwa acht Jahren als alt, ein Berner Sennenhund ist bereits mit sechs Jahren ein Senior (→ Tabelle, Seite 44). Dann sollte die Ernährung auf ein energieärmeres Futter umgestellt werden.

**105. Steine fressen: Fehlt meinem Boxer etwas, weil er Steine frisst?** ?

Man weiß bis heute nicht, warum Hunde Steine fressen. Es konnte auch kein Zusammenhang zwischen dem Fressen von Steinen und der Art der Fütterung hergestellt werden. Eines steht aber fest: Die Steine können schwere Schäden im Verdauungstrakt anrichten. Meist hat dies eine Operation zur Folge. Auch die Zähne können dabei in Mitleidenschaft gezogen werden. Um dem vorzubeugen, sollten Sie alle infrage kommenden Steine vom Grundstück entfernen. Wenn Hunde Steine apportieren oder fressen, ist ihnen das meistens nur schwer wieder abzugewöhnen. Nehmen Sie die Hilfe eines Hundetrainers in Anspruch.

**106. Trockenfutter: Kann ich auch schon meinem Welpen Trockenfutter geben?** ?

Ja, das ist möglich. Es gibt viele Trockenfutterprodukte speziell für Welpen. Hundekinder brauchen kein Feuchtfutter (Dosenfutter), sondern können auch die trockenen Brocken gut kauen und verdauen. Zudem trainiert das Kauen der Kroketten die Kaumuskulatur. Wenn Sie möchten, können Sie das Trockenfutter aber auch in warmem Wasser einweichen (→ Seite 89).

**107. Trockenfutter: Muss Trockenfutter vor der Fütterung in Wasser eingeweicht werden?**

*Übergewicht mindert die Lebensqualität und die Lebenserwartung. Achten Sie bei Ihrem Hund auf die schlanke Linie.*

Nein, das ist nicht nötig. Einer der Pluspunkte des Trockenfutters ist ja gerade das Kauen der Brocken. Dies beugt der Bildung von Zahnbelägen vor, die sich zu Zahnstein mineralisieren, wenn sie nicht entfernt werden. Trocken gegeben ist das Futter auch unterwegs viel praktischer. Wenn ein Hund allerdings Probleme bei der Nahrungsaufnahme hat und nicht mehr gut kauen kann, was gerade bei alten Hunden gelegentlich vorkommt, erleichtert das Einweichen der Kroketten das Fressen. Auch „schlechte Fresser", also Hunde mit geringem Appetit, lassen sich eher von Trockenfutter überzeugen, wenn es vorher mit warmem Wasser übergossen wurde. Durch die Erwärmung riecht es intensiver und die Akzeptanz ist größer. Trockenfutter kann aber auch kurz in der Mikrowelle trocken erwärmt werden. Auf keinen Fall Trockenfutter mit kochendem Wasser übergießen, sonst werden wichtige Nährstoffe und Vitamine zerstört!

**108. Übergewicht: Woran kann es liegen, dass mein Hund trotz optimaler Fütterung zu dick ist?** ?

Das kann verschiedene Gründe haben. Die einfachste Erklärung: Er bedient sich nebenbei woanders, z. B. am Katzenfutter, bei Nachbarn, am Kompost, oder er bekommt zu viele Leckerchen. Es kann auch daran liegen, dass Ihr Hund weniger Bewegung bekommt, als er braucht, um die aufgenommene Energie zu verwerten. Das würde bedeuten, dass Sie mit ihm mehr spazieren gehen und Sport treiben müssen. Sie können aber auch mit Ihrem Tierarzt besprechen, ob Ihr Hund eventuell ein Futter mit niedrigerem Energiegehalt benötigt. Häufig sind auch die Fütterungsempfehlungen auf den Futterpackungen sehr großzügig bemessen, so dass Sie oft getrost 10 % davon abziehen können. Es kann aber auch eine Unterfunktion der Schilddrüse vorliegen, die verursacht, dass Ihr Hund durch den veränderten Stoffwechsel vermehrt Fett aufbaut. Ein weiteres Symptom für eine Schilddrüsen-Unterfunktion ist Haarausfall.

### 109. Übergewicht: Mein Hund muss viel abnehmen. Wie mache ich das am besten?

Sie müssen Ihr Dickerchen mehr bewegen. Beraten Sie mit Ihrem Tierarzt, welche Sportarten sich für Ihren Vierbeiner eignen, und lassen Sie vorher seine Gelenke, Herz und Kreislauf untersuchen. Wichtig ist, die Leistung langsam zu steigern, damit Ihr Hund beim Sport nicht überfordert wird.
Zusätzlich muss seine Ernährung umgestellt werden. Beim Tierarzt gibt es spezielles kalorienreduziertes Futter für stark übergewichtige Hunde. Die Diät erfolgt unter Aufsicht des Tierarztes mit regelmäßigen Gewichtskontrollen. Um den Erfolg dieser Diät nicht zu gefährden, müssen Sie darauf achten, dass Ihr Hund sich nicht anderweitig versorgt, sei es, dass er Essen stibitzt oder sich am Napf von anderen Tieren des Haushalts bedient. Auch gehaltvolle Extras müssen vom Speiseplan gestrichen werden. Als Leckerchen für zwischendurch eignen sich Anteile der täglichen Diät-Trockenfutterration sowie Obst und Gemüse, z. B. rohe Karotten, Kohlrabi oder leckere Reiskekse, die kaum Kalorien enthalten.

**110. Umgebung: Kann die Umgebung den Futterbedarf eines Hundes beeinflussen?** ?

Auf jeden Fall. Besonders die Umgebungstemperatur hat einen großen Einfluss auf den Futterbedarf. Wird ein Hund ganzjährig draußen gehalten, führt die kalte Witterung dazu, dass sein Körper mehr Energie benötigt, um die Körpertemperatur zu halten: Er braucht mehr Futter. Übrigens kann auch das Verhalten Auswirkungen haben. Nervöse und häufig aufgeregte Hunde haben ebenfalls einen erhöhten Stoffwechsel und brauchen etwas mehr Futter als ein ruhiger und gemütlicher Artgenosse.

**111. Ungeduld: Mein Hund ist eine Stunde vor der Fütterung schon immer sehr aufgeregt und bellt so lange, bis ich ihm seinen Napf gebe. Ist das normal?** ?

Viele Vierbeiner haben ständig Appetit und können es kaum abwarten, dass es endlich was zu futtern gibt. Vielleicht entspricht das Futter aber auch nicht den Bedürfnissen des Hundes, so dass er ständig Kohldampf schiebt. Besprechen Sie am besten mit Ihrem Tierarzt die Ernährung Ihres Vierbeiners und passen Sie sie gegebenenfalls an. Füttern Sie Ihren Hund zweimal täglich, damit er nicht einen solchen Heißhunger hat. Zudem ist ein Erziehungsprogramm angesagt. Gehen Sie nicht auf die Forderung Ihres Hundes ein, wenn er sein Futter haben will. Sonst bestätigen Sie ihn für sein Verhalten und trainieren ihm die Bellerei an. Geben Sie ihm seinen Napf nur, wenn er sich ruhig verhält. Probieren Sie, ob Sie ihn dazu bringen können, dass er die Kommandos „Sitz" oder „Platz" befolgt. Er bekommt seinen Napf nur, wenn er die Kommandos richtig ausführt und sich einige Minuten ruhig und manierlich verhält. In dem Moment, wo er erneut energisch seinen Napf fordert, wird die Übung wiederholt.

**112. Vegetarier: Ich bin Vegetarier und möchte meinen Hund auch fleischlos ernähren. Ist das möglich?**

Hunde gehören zu den Karnivoren, sind also Fleischfresser. Eine vegetarische Ernährung ist nicht artgerecht. Im Gegensatz zu Katzen, die überhaupt nicht fleischlos ernährt werden können, ist das beim Hund möglich, wenn durch die Auswahl der Eiweiße und Futterzusätze eine ausreichende Versorgung mit allen Nährstoffen, Vitaminen, Mineralien und Spurenelementen garantiert werden kann. Es ist aber sehr schwierig und setzt viel Fachkenntnis über die Ernährungsphysiologie des Hundes voraus. Wer nicht die optimale Zusammenstellung findet, riskiert Mangelerscheinungen und in deren Folge Krankheiten. So sehr die Gründe nachvollziehbar sind, warum man sich vegetarisch ernähren möchte, sollte man seinem Hund diese für ihn nicht artgerechte Lebensweise nicht aufzwingen. Es ist für Ihren Vierbeiner weder gesünder noch liegt es in seiner Veranlagung, sich fleischlos zu ernähren.

**113. Verdorbenes Futter: Neulich habe ich eine Dose geöffnet, deren Inhalt verdorben war. Worauf muss ich achten, damit dies nicht mehr vorkommt?**

Letzte Sicherheit gibt es nur nach dem Öffnen, die meisten Hersteller nehmen verdorbene Ware aber anstandslos zurück. Ursachen können Fehler in der

*Viele Hunde können es kaum erwarten, bis es etwas in den Napf gibt. Bestimmen sollten Sie, wann gefüttert wird.*

Herstellung, der Verpackung, dem Transport oder der Lagerung sein. Dosen dürfen nicht rostig sein, auch Beulen im Blech sind Alarmzeichen – der Inhalt ist dann meist gegärt. Ist das Futter in Säcken oder Beuteln verpackt, sind Fettflecke, Löcher oder Risse auf der Packung sichere Hinweise, dass mit dem Inhalt etwas nicht stimmt. Bei jeder Hundefutterpackung stets das Verfallsdatum prüfen (→ Seite 64).

### 114. Verhalten: Kann die Ernährung das Verhalten meines Hundes beeinflussen?

Ja, das ist möglich. Nur ein optimal ernährter Hund kann sich auch seiner natürlichen Veranlagung nach verhalten. Ist ein Hund übergewichtig, wird er meist bewegungsunfreudiger und nimmt oft auch nicht mehr so rege am Geschehen seiner Umgebung teil. Ist er zu dünn und bekommt er nicht die benötigte Energie, sinkt seine Leistungsfähigkeit. Leidet ein Hund ständig Hunger, können sich Auseinandersetzungen mit Artgenossen häufen, auch bei der Fütterung mit minderwertigem Eiweiß kann gesteigerte Aggression die Folge sein. Bei hyperaktiven Vierbeinern sollte das Futter genau unter die Lupe genommen werden, vielleicht enthält es zu viel Energie und putscht den Powerhund zusätzlich auf.

### 115. Verwöhnen: Mein Hund frisst sein normales Futter nicht, sondern wartet, bis er Leckerchen bekommt. Was kann ich dagegen tun?

Ihr Hund scheint ein kleiner Gourmet und schon häufiger mit dieser Masche durchgekommen zu sein. Aus Sicht des Hundes ist sein Verhalten nachvollziehbar: Warum sollte er sich mit gewöhnlichem Futter abfinden, wenn er auch eine Delikatesse bekommen kann. Aber natürlich darf man ihm sein Verhalten nicht durchgehen lassen, einerseits, weil er mit

Leckerchen allein nicht ausgewogen ernährt ist, und andererseits würde er für sein forderndes Verhalten immer wieder bestätigt. Streichen Sie Ihrem Hund einfach die Leckerchen für einige Wochen komplett und bieten Sie ihm nur sein normales Futter an. Wenn Sie es etwas erwärmen (→ Seite 89), schmeckt es intensiver, und Ihr Feinschmecker lässt sich vielleicht eher davon begeistern. Nach 20 Minuten sollten Sie den Napf wegstellen, egal ob und wie viel er gefressen hat. Irgendwann wird sein Hunger siegen und er fressen. Das kann aber einige Tage dauern, in dieser Zeit ist Ihre Konsequenz gefragt. Solange Ihr Hund fit und munter ist, brauchen Sie sich keine Gedanken darüber zu machen, dass es ihm an etwas fehlt. Bitte verkneifen Sie sich auch jegliches Mitleid für den „armen", hungrigen Gesellen – das würde ihn nur anspornen, es weiter mit der bewährten Masche zu versuchen.

### 116. Wachstum: Kann ich durch die Ernährung beeinflussen, wie groß mein Hund wird?

Nein, das geht nicht. Die Größe, die ein Hund erreichen wird, ist genetisch festgelegt. Wenn Sie Ihren Welpen nicht seinem Bedarf entsprechend füttern, kommt es lediglich zu Mangelerscheinungen oder einer Überversorgung mit Nährstoffen, Vitaminen, Mineralien und Spurenelementen – beides ist schädlich für Ihren Vierbeiner (→ Seite 96).

### 117. Wasser: Wie viel Wasser trinkt eigentlich ein Hund am Tag?

Pro Kilogramm Körpergewicht trinkt ein Hund im Schnitt etwa 55 ml Wasser täglich: Bei einem 5 kg schweren Hund wären das 275 ml und bei einem 25 kg schweren 1.375 ml. Die Menge der normalen Flüssigkeitsaufnahme kann aber um etwa 20 % plus oder minus variieren. Dies ist abhängig von verschiedenen Faktoren. Beispielsweise können Klima und Raumtemperatur eine Rolle spielen. Hechelt ein Hund viel, verliert er durch die Verdunstung mehr Flüssigkeit, die er durch trinken wieder ausgleichen muss. Auch die Art der Fütterung kann eine Ursache für vermehrten Durst sein. Hunde, die Feuchtfutter bekommen, nehmen einen Teil der benötigten Flüssigkeit bereits über die Nahrung auf. Wird Trockenfutter gefressen, ist der Wasserverbrauch höher. Die Zusammenstellung des Futters kann sich ebenfalls auf den Flüssigkeitsbedarf auswirken. Hundehalter sollten regelmäßig kontrollieren, wie viel ihr Vierbeiner trinkt, indem sie die Wassermenge abmessen. So kann man leicht erkennen, ob der Bedarf plötzlich stark abnimmt oder ansteigt. Beides kann auf eine Erkrankung schließen lassen. Vermehrtes Trinken kann beispielsweise auf Diabetes oder bei der Hündin auf eine Gebärmutterentzündung hinweisen.

**118. Welpenfutter: Wie lange müssen wir warten, bis wir unserem Welpen ein anderes Futter geben können, als er es beim Züchter bekommen hat?** ?

Sie sollten den Kleinen mindestens noch zwei bis drei Wochen mit seinem gewohnten Futter ernähren. Der Umzug in eine neue Umgebung, das Kennenlernen vieler neuer Menschen, ein komplett anderer Tagesrhythmus und die Trennung von Mutter und Geschwistern machen ihm schon genug zu schaffen. Muss sich sein kleiner Körper dann auch noch auf ein neues Futter umstellen, stresst das den Welpen zusätzlich. Wenn Sie den Eindruck haben, dass er sich in seinem neuen Zuhause gut eingewöhnt und sich die erste Aufregung gelegt hat, können Sie das Futter behutsam umstellen (→ Seite 76).

**119. Welpenfutter: Unser drei Monate alter Malteser bekommt Welpenfutter. Ab wann braucht er Futter für erwachsene Hunde?**

Es gibt unterschiedliche Ansichten bei den Fachleuten, wie lange Welpenfutter gegeben werden sollte. Immer häufiger wird die Meinung vertreten, dass nach dem Zahnwechsel, wenn der Hund sein Erwachsenen-Gebiss hat (um den 6.Monat), auch die Ernährung auf Futter für ausgewachsene Hunde umgestellt werden sollte. Andere empfehlen den Futterwechsel erst, wenn der Hund ausgewachsen ist: bei kleinwüchsigen Rassen wie einem Malteser mit etwa 6 bis 8 Monaten, bei großen Rassen mit 12 bis 15 Monaten. Wird zu lange Welpenfutter gegeben, kann es zur Überversorgung mit Nährstoffen kommen.

**120. Welpenfütterung: Brauchen Welpen großer Rassen anderes Futter als kleinere?**

Ja. Alle Welpen brauchen eine ausgewogene und individuell abgestimmte Ernährung, um optimal heran-

1 *Die Hundekinder werden in den ersten Lebenswochen an Mamas Milchbar prima versorgt, inklusive Schutz vor Krankheiten.*

2 *Etwa ab der fünften Woche wird Welpennahrung zugefüttert, damit die Kleinen optimal wachsen und gesund bleiben.*

wachsen zu können. Die besonders kritische Phase für das Wachstum liegt zwischen dem dritten und sechsten Lebensmonat. Mit Vollendung des sechsten Monats haben großwüchsige Welpen etwa 60 % und Hundezwerge im Schnitt 80 % ihrer endgültigen Körpermasse erreicht. Je mehr Energie das Futter enthält, desto schneller wächst der Welpe. Bekommt ein Hundekind zu energiereiches Futter oder zu große Mengen, setzt es kein Fett an, sondern „schießt" oft in die Höhe und sieht dann meist sogar eher dünn und nicht wie erwartet moppelig aus. Gerade bei Hunden, die später sehr groß werden, wirkt sich ein zu schnelles Wachstum jedoch negativ auf die Gelenke und die Skelettstruktur aus, was zu bleibenden Schäden führt. Deshalb ist bei der Fütterung eines Welpen einer großwüchsigen Rasse darauf zu achten, dass sein Futter einen geringeren Energiegehalt hat als das eines kleinwüchsigen Artgenossen.

### 121. Welpenfütterung: Muss ich meinem Welpen Kalzium für das Knochenwachstum zufüttern? ?

Das ist bei der Fütterung eines Premiumfutters für Welpen, das seine Endgröße berücksichtigt (also ein entsprechendes Futter für kleine oder große Rassen) nicht nötig. Wenn Sie zu einem hochwertigen Komplettfutter zusätzlich noch Kalzium geben, besteht die Gefahr einer Überversorgung. Dadurch können Störungen bei der Entwicklung des Skeletts auftreten. Denn durch eine überhöhte Kalziumaufnahme wird die Verwertung anderer wichtiger Mineralien im Körper behindert, und es entsteht in der Folge ein Hormonungleichgewicht, das sich auf die Knorpelbildung und das Wachstum des Skeletts auswirkt: Das Skelett kann sich dem Wachstum nicht anpassen und nimmt dauerhaft Schaden. Wenn bei Hunden im Wachstum Kalzium überdosiert wird, kann es sein, dass der Vierbeiner dann sein Leben lang unter schmerzhaften Gelenkproblemen leidet.

# Gesundheit und Pflege

Sie können viel dazu beitragen, damit Ihr Vierbeiner bis ins hohe Alter gut aussieht und gesund bleibt. Auf den folgenden Seiten werden die häufigsten Fragen zu Pflege, Vorsorge und Hilfe bei Erkrankungen beantwortet.

**122. Alter: Muss ich meinen zwölf Jahre alten Mischling besonders pflegen?**

Ältere Hunde sollten keinen großen Belastungen mehr ausgesetzt werden, brauchen aber trotzdem körperliche und geistige Forderung, damit ihre Fähigkeiten nicht zu schnell abbauen. Darum gilt es, ein gutes Mittelmaß bei der Bewegung zu finden. Körperliche Höchstleistungen, wie lange Touren am Fahrrad, sind nun tabu für Ihren Mix. Machen Sie stattdessen häufige Spaziergänge mit Ihrem Hund, die sich nach seiner Leistungsfähigkeit richten. Bei Sport und Spiel sollte Ihr Senior die Möglichkeit haben, ein Päuschen einzulegen, wann immer ihm danach ist. Wichtig sind nach wie vor leichte Erziehungsübungen, damit das Gehirn nicht einrostet. Beim Futter ist leichte Kost angesagt, die den Magen-Darm-Trakt nicht belastet, möglichst mehrmals täglich in kleinen Portionen. Achten Sie auch darauf, dass Ihr Mischling seine schlanke Linie behält, Übergewicht belastet Organe und Gelenke. Bieten Sie ihm warme und kuschelige Ruhe- und Schlafplätze an, ältere Hunde können ihre Körpertemperatur nicht so gut halten und frieren leicht (→ Seite 107). Kleine Wunderlichkeiten sollten Sie ihm nachsehen, das kann im Alter vorkommen. Lassen Sie Ihren betagten Hund zweimal jährlich vom Tierarzt untersuchen, um mögliche Krankheiten frühzeitig zu erkennen.

**123. Analdrüse: Unser Hund riecht am Po so unangenehm und leckt sich dort. Soll ich ihm die Analdrüsen entfernen lassen?**

Nein, diese schwierige Operation ist nur bei einer schwerwiegenden Erkrankung der Analdrüsen, z. B. einem Tumor, und auf tierärztlichen Rat hin sinnvoll. Achten Sie darauf, dass die Analdrüsen nicht verstopfen und sich dann entzünden, das könnte der Grund für den Geruch sein. Die Drüsen entleeren sich in der

Regel von selbst, wenn Ihr Hund festen Kot absetzt. Probieren Sie einfach aus, welche Futtersorte bei Ihrem Hund festen Stuhlgang bewirkt. Sind die Analdrüsen jedoch tatsächlich verstopft, müssen Sie sie regelmäßig ausdrücken (→ Extratipp, unten).

## 124. Augen: Mein zehn Jahre alter Foxterrier hat ganz trübe Augen. Wird er blind?

?

In den meisten Fällen handelt es sich dabei um eine durch das Alter verursachte Trübung, den grauen Star (Katarakt). Auflagen auf der Linse führen zu einer milchigen Trübung, was das Licht vermehrt reflektiert. Inwieweit das Sehvermögen Ihres Foxls dadurch eingeschränkt wird, kann nur der Tierarzt durch eine genaue Untersuchung feststellen. Wenn die Ursache der Augentrübung eine altersbedingte Verhärtung der Linse (Sklerose) ist, wird er zwar im Nahbereich schlechter sehen, die Fernsicht bleibt ihm aber erhalten. Stellen Sie Ihre Möbel möglichst nicht mehr um und sprechen Sie ihn an, bevor Sie ihn streicheln, sonst kann er leicht erschrecken. Grundsätzlich sollte man bei einem Augenproblem, ob es sich nun um eine Rötung, Ausfluss, Juckreiz oder eine Trübung handelt, die Ursache vom Tierarzt abklären lassen.

### EXTRATIPP

**Analdrüsen**

**Sie sitzen in der Afterschleimhaut, links und rechts unterhalb der Afteröffnung, und sondern ein Sekret ab, das beim Pressen des Kots ausgeschieden wird. Bei weichem Kot oder älteren Hunden können die Öffnungen verstopfen und müssen dann ausgedrückt werden, um Entzündungen vorzubeugen. Lassen Sie sich das vom Tierarzt zeigen. Alarmsignale sind häufiges Lecken am After, Schlittenfahren, plötzliches Aufspringen, als ob etwas gezwickt hätte, und Schwellungen am After.**

**125. Baden: Ist es richtig, dass man Welpen nicht baden darf?**

Nein, das stimmt nicht. Eine Dusche mit einem milden Hundeshampoo schadet dem Kleinen überhaupt nicht. Sie sollten ihn aber nur baden, wenn er stark verschmutzt ist oder übel stinkt. Meist reicht sogar eine Dusche ohne Shampoo. Dadurch können Sie Ihren Welpen sogar frühzeitig an die Prozedur gewöhnen. Bei Welpen ist es aber besonders wichtig, sie richtig zu trocknen, damit sie sich nicht erkälten. Meinen Dackelwelpen musste ich bereits drei Tage nach seinem Einzug baden, weil er unter unserem großen Rüden stand, während dieser an einem Busch markierte. Das Bad hat dem Kleinen nicht geschadet.

**126. Baden: Wie oft muss man einen Hund baden?**

Wenn er schmutzig ist. Sie müssen ihn nicht jeden Monat oder gar jede Woche baden, das schadet seiner Haut. Meist können Sie es bei einer Dusche ohne Pflegemittel belassen. Wenn er wirklich stinkt, weil er sich in einem Kuhfladen oder anderen ähnlich „wohl“ duftenden Dingen gewälzt hat, unbedingt ein spezielles Hundeshampoo verwenden. Dies sorgt dafür, dass die Haut nicht austrocknet.

**127. Blähungen: Ist es denn normal, dass mein Rhodesian Rigdeback immer Blähungen hat?**

Gelegentliche Blähungen sind normal. Wenn Blähungen jedoch zum Dauerzustand werden, verträgt Ihr Hund sein Futter vermutlich nicht. Sie sollten sich im Zoofachhandel beraten lassen und seine Ernährung umstellen (→ Seite 76). Zusätzlich ist eine Entwurmung sinnvoll (→ Würmer, Seite 139). Hat er dann immer noch so viele Blähungen, ist ein Tierarztbesuch angebracht, um der Ursache nachzugehen.

## 128. Borreliose: Ist es sinnvoll, meinen Hund gegen Borreliose zu impfen?

Die Wahrscheinlichkeit, von einem Zeckenbiss mit Borreliose infiziert zu werden, ist je nach Region unterschiedlich hoch. Hinzu kommt, dass es verschiedene Erreger gibt und die Impfung nicht gegen alle schützt. Deshalb sollten Sie sich vorher mit Ihrem Tierarzt beraten und gemeinsam mit ihm das Für und Wider abwägen. Eine Impfung ist immer ein Eingriff in das Immunsystem und darf nicht leichtfertig vorgenommen werden. Andererseits kann eine Borreliose-infektion schlimme Folgen haben, von Gelenkbeschwerden bis hin zur Herzerkrankung. Vor einer Impfung empfiehlt es sich immer, durch einen Bluttest untersuchen zu lassen, ob bereits Antikörper vorhanden sind, die die Spritze überflüssig machen.

## 129. Demenz: Können eigentlich auch Hunde Alzheimer bekommen?

Alte Hunde können tatsächlich eine Erkrankung bekommen, die der Alzheimer-Krankheit gleicht. Bei Hunden wird sie jedoch als senile Demenz oder kognitive Fehlfunktion bezeichnet. Die Anfänge sind schleichend und werden oft als normale Alterserscheinungen gewertet: Der Hund scheint manchmal orientierungslos; bellt gelegentlich „einfach vor sich hin“; ist nicht mehr zuverlässig stubenrein; macht die Nacht zum Tag; ist verfressener und scheint

*Vielleicht liebt auch Ihr Hund es, sich im Sommer mit einem erfrischenden Bad abzukühlen? Bieten Sie ihm einen Pool an.*

vergessen zu haben, dass er seine Mahlzeit bereits hatte; weiß nicht mehr, in welche Richtung eine Tür aufgeht; einige Hunde werden aggressiver, andere cooler, und manche scheinen für kurze Zeit „weggetreten“ zu sein. Anfänglich treten diese Verhaltensänderungen meist nur kurzzeitig und selten auf. Schreitet die Krankheit aber voran, werden die Verhaltensveränderungen häufiger und heftiger, und im Endstadium kann der Hund ein völlig anderes Persönlichkeitsprofil aufweisen. Durchblutungsstörungen, Stress und Veränderungen des Umfelds oder Tagesablaufs können sich negativ auswirken, vermutlich manchmal auch der Auslöser bei potenziellen Demenz-„Kandidaten“ sein. Anfänglich fallen diese kleinen „Ticks“ gar nicht weiter auf oder sorgen noch für Heiterkeit. Je fortgeschrittener die Verhaltensänderung ist, desto schwieriger und belastender wird es aber für viele Hundebesitzer, damit umzugehen. Bei hochgradiger Verwirrtheit rät der Tierarzt meist zum Einschläfern. Dieser Entschluss ist an sich schon schwer genug, doch für den Besitzer eines unter starker Demenz leidenden Hundes noch mehr. Nicht selten ist das Tier körperlich kerngesund, nur die Phasen heftiger Verwirrtheit abwechselnd mit klaren Momenten stürzen Hund und Mensch in ein Wechselbad der Gefühle. Dennoch kann der Hund noch viel Lebensfreude zei-

**EXTRATIPP**

**Richtig reagieren bei Durchfall**

**Geben Sie einen Tag lang kein Futter und dann eine Schonkost, z. B. aus 1/3 gekochtem Reis und 2/3 Magerquark. Achten Sie darauf, dass der Hund viel trinkt (Wasser, schwarzen Tee oder Kamillentee mit einer Prise Salz versetzt). Bessert sich der Durchfall nach 24 Stunden nicht, sollte der Hund vom Tierarzt untersucht werden. Er muss sofort ärztlich behandelt werden, wenn der Durchfall heftig oder blutig ist, das Allgemeinbefinden schlechter wird oder Erbrechen hinzukommt.**

gen. Längst nicht alle Hunde leiden im Alter unter Demenz. Um diesen möglicherweise einsetzenden Prozess abzumildern, ist es wichtig, seinen Vierbeiner zeitlebens geistig zu fordern, körperlich fit zu halten, besonders bei alten Hunden die gewohnte Routine beizubehalten und Stress von ihnen fern zu halten. Zeigen sich erste Veränderungen, können Futtersorten mit „Freien Radikalen" und spezielle Medikamente unterstützend wirken, heilen können sie nicht. Einen Hund, der unter fortschreitender Demenz leidet, sollten Sie nicht mehr von der Leine lassen.

## 130. Durchfall: Warum ist Durchfall bei Hunden so gefährlich?

Durchfall ist bei Hunden besonders für Welpen, Junghunde und kleine Rassen gefährlich. Durch deren schnellen Stoffwechsel verliert der Körper sehr rasch an Wasser, und es kann zu einer Dehydration (Austrocknung) kommen, die unbehandelt zu Kreislaufkollaps, Schock und Tod führt, da wichtige Körperfunktionen nicht aufrechterhalten werden können.

## 131. Durchfall: Unser Collie hat öfter mal für einen Tag Durchfall. Woran kann das liegen?

Auf jeden Fall sollte Ihr Tierarzt Ihren Collie gründlich untersuchen. Vielleicht verträgt er einfach sein Futter nicht, dann hilft eine Futterumstellung (→ Seite 76). Es kann aber auch eine Erkrankung, z. B. ein Befall mit Giardien (→ Pfützenwasser, Seite 85), Kokzidien oder eine bakterielle Fehlbesiedlung des Darms vorliegen. Bleibt die Untersuchung des Tierarztes ohne Befund, kann es sich auch um „nervösen" Durchfall handeln. Gerade sensible Hunde, die schnell gestresst sind, können damit auf Aufregung reagieren. Auslöser gibt es viele. Sie sind von Hund zu Hund verschieden, z. B. bei Rüden eine „heiße" Hündin der Nachbarschaft, anstrengender Besuch, eine Auseinandersetzung mit einem Artgenossen, ein Ortswechsel oder eine Abweichung von der Routine. Vorbeugend ist eine leicht verdauliche Nahrung wichtig. Der Durchfall ist mit in Wasser aufgequollenen Möhrenpellets (gibt es im Zoofachhandel) oder geriebenem Apfel meist gut in den Griff zu bekommen. Begleitend sollte man eine gute Hundeschule besuchen, um dem Vierbeiner durch die richtige Erziehung Sicherheit zu geben.

### 132. Erbrechen: Müssen wir zum Tierarzt, wenn unser Hund erbricht?

Ein- oder zweimaliges und gelegentliches Erbrechen ist ganz normal. Hunde erleichtern sich auf diese Weise, wenn sie zu viel oder etwas Unbekömmliches gefressen haben – im Grunde ist das eine ganz gesunde Sache. Wenn Ihr Hund aber mehrmals über den Tag verteilt erbricht, das Erbrochene z. B. nur noch schaumig und gelb ist oder Blut enthält, Durchfall hinzukommt oder sich sein Gesamtzustand verschlechtert, müssen Sie ihn möglichst schnell zum Tierarzt bringen. Dann kann unter anderem eine Infektionserkrankung, z. B. das Rotavirus, eine Magen-Darm-Erkrankung, ein Fremdkörper im Verdauungstrakt, ein Darmverschluss oder eine Nierenerkrankung vorliegen.

### 133. Flöhe: Mein Hund juckt sich ständig. Hat er Flöhe, und wie kann ich das behandeln?

Kämmen Sie Ihren Hund mit einem Flohkamm, z. B. an Kruppe und Schwanzansatz. Klopfen Sie den Kamm dann auf einem weißen Küchenpapier aus. Finden Sie auf dem Tuch schwarzbraune Pünktchen, sollten Sie diese anfeuchten – färben sie sich braunrot, handelt es sich um Flohkot. Die Plagegeister selbst sind schwerer zu entdecken, am ehesten noch bei Hunden mit hellem Haar. Ihr Tierarzt hat wirksame Mittel gegen Flöhe vorrätig, z. B. Spot-on-Präparate, die in den Nacken geträufelt werden, sowie Umgebungssprays. Denn nur die wenigsten Blutsauger halten sich auf dem Hund auf. Der größte Teil versteckt sich z. B. im Hundekörbchen oder in Ritzen im Boden.

### 134. Einschläfern: Hat ein Hund Schmerzen, wenn er eingeschläfert wird?

?

Nein, in der Regel nicht. Abgesehen von dem Einstich der Spritze und einem bei einigen Mitteln möglichen Brennen in der Vene ist dieser Vorgang für den Hund schmerzfrei. Normalerweise wird ein überdosiertes Barbiturat, ein Narkosemittel, dafür verwendet. Dadurch fällt der Hund schnell in eine Bewusstlosigkeit, und das Herz hört bald auf zu schlagen.
Einige Tierärzte verabreichen dem Hund vorher noch ein Sedativum, das zur Erschlaffung von Muskeln führt, den Hund beruhigt und ihn auch das Brennen nicht spüren lässt. Alle Beteiligten sollten versuchen – so schwer das auch fällt –, den Hund nicht durch ihr Verhalten zu verunsichern oder gar zu ängstigen. Dass der vertraute Mensch ihn dabei begleitet und ihm

## EXTRATIPP

**Körpertemperatur**
**Sie wird am besten mit einem digitalen Thermometer gemessen. Dazu Vaseline auf die Spitze geben und diese bei angehobenem Schwanz vorsichtig in den After einführen. Die normale Temperatur eines Hundes beträgt 38 bis 39 °C. Welpen, Junghunde und kleine Rassen haben meist einen Wert an der oberen, ältere und große Vierbeiner oft an der unteren Grenze, abends ist der Wert höher als morgens. Alles was 0,4 °C darüber oder darunter liegt, sollte vom Tierarzt untersucht werden.**

Beistand leistet, ist Ehrensache und ein letzter Freundschaftsdienst für einen treuen und langjährigen Gefährten.

## 135. Graue Haare: Ab welchem Alter bekommen Hunde graue Haare?

Das ist von Hund zu Hund verschieden. Einige zeigen schon mit vier Jahren die ersten grauen Haare an der Schnauze, andere erst mit acht Jahren oder später. Anhaltspunkte können die Eltern eines Hundes im reiferen Alter geben: Werden sie früh grau, ist das bei ihren Nachkommen wahrscheinlich auch der Fall. Bei dunklen Hunden fallen graue Haare natürlich mehr auf als bei hellen. Auch junge Vierbeiner können schon einzelne graue Haare besitzen; diese sind dann pigmentgestört, was harmlos ist. Aus diesem Grund bilden sich auch auf Narbengewebe oft graue Haare.

## 136. Herzerkrankung: Bei meinem siebenjährigen Beagle wurde eine Herzinsuffizienz festgestellt. Darf er jetzt nicht mehr toben?

Zumindest bei fortgeschrittener Krankheit kann starke Anstrengung gefährlich sein und eine Ohnmacht oder einen Kollaps auslösen. Eine Herzinsuffizienz, wie Ihr Beagle sie hat, ist bei alten Hunden keine Seltenheit und mit den richtigen Medikamenten gut in den Griff zu bekommen. Verursacht wird sie meist durch einen Herzklappendefekt, in dessen Folge sich Blut in den Venen staut und so Flüssigkeit z. B. in die Lunge gelangt. Dadurch entsteht auch der für die Erkrankung typische Reizhusten (→ Seite 111).
Sie sollten darauf achten, dass Ihr Vierbeiner im Spiel zwischendurch Pausen einlegt. Die meisten Hunde können ihre körperlichen Grenzen aber recht gut selbst einschätzen und legen sich dann hin. Grundsätzlich sollten Sie keine Höchstleistungen von ihm

fordern und keine langen Touren unternehmen, sondern lieber mehrere kürzere Spaziergänge. Anzeichen dafür, dass der Hund sich ausruhen muss, sind Hecheln, Husten nach Anstrengung und die Blaufärbung der Zunge. Ob Sie Ihren Hund noch toben lassen oder nicht, müssen Sie selbst entscheiden. Es bleibt die Wahl zwischen einem vielleicht etwas längeren, dafür aber langweiligeren Leben oder einem möglicherweise früheren Tod – der aber auf keinen Fall eintreten muss, auch wenn der Hund weiterhin täglich mit Ihnen und seinen Artgenossen nach Herzenslust toben kann. Sieben Jahre sind noch kein Alter für einen Beagle – soll er den Rest seiner Zeit auf Sparflamme leben? Auch bei einem meiner Afghanen wurde in diesem Alter eine Herzinsuffizienz festgestellt. Im Laufe der Jahre musste die Medikamenteneinstellung mehrmals erhöht werden, worauf er aber immer sehr gut angesprochen hat. Wir ließen ihn weiterhin seine geliebten Hetzspiele machen, und er wurde 13 Jahre alt.

*Ab welchem Alter ein Hund eine „weiße“ Schnauze bekommt, ist bei jedem Vierbeiner unterschiedlich.*

**137. Hoden: Bei unserem einjährigen Rüden kann ich nur einen Hoden im Hodensack fühlen. Ist das schlimm?** ?

Bei ihm ist nach der Geburt offenbar nur ein Hoden von der Bauchhöhle in den Hodensack gewandert. Im Normalfall ist dieser Vorgang im Alter von etwa zwölf Wochen abgeschlossen. Bleiben einer oder beide

Hoden in der Bauchhöhle oder Leiste, nennt man das „Kryptorchismus". Grundsätzlich hat Ihr Hund keine Probleme dadurch, er ist sogar nur mit einem Hoden zeugungsfähig. Er darf aber nicht zur Zucht eingesetzt werden. Einhodigkeit ist bei Rassehundvereinen ein zuchtausschließender Fehler, denn Kryptorchismus ist erblich bedingt. Nicht abgewanderte Hoden können entarten, deshalb empfehlen Tierärzte, diese frühzeitig durch einen operativen Eingriff zu entfernen.

## 138. Hüftgelenksdysplasie (HD): Was sind die Ursachen einer Hüftgelenksdysplasie?

Bei einer HD liegt der Kopf des Oberschenkelknochens nicht korrekt in der Beckenpfanne. Dadurch kommt es zu einem Abrieb (Verschleiß) des Knorpels. Anfangs treten noch keine Beschwerden auf. Wenn jedoch der Knorpel stark beschädigt ist, hat der Hund Schmerzen und lahmt. Besonders große Hunde leiden relativ häufig unter HD. Einerseits wird die Erkrankung vererbt, andererseits spielen Aufzucht und Haltung eine wichtige Rolle. Selbst wenn ein Hund die Veranlagung zur HD besitzt, kann in vielen Fällen durch sorgsame Fütterung und Bewegung eine lebenslange Beschwerdefreiheit erreicht werden.

### INFO

**HD-Vorbeugung**

**Viele Zuchtvereine haben für die Zucht spezielle Auflagen für HD-auffällige Rassen erlassen. Dazu gehört die tierärztliche Röntgenuntersuchung für Zuchthunde. Deren Ergebnis entscheidet darüber, ob mit diesem Hund gezüchtet werden darf und wenn ja, welchen HD-Grad der Partner haben darf. In Deutschland wird HD bei den meisten Rassen wie folgt klassifiziert: A1 und A2 HD-frei, B1 und B2 Übergangsform, C1 und C2 leichte HD, D1 und D2 mittlere HD, E1 und E2 schwere HD.**

**139. Husten: Unser Hund hustet so, als ob er etwas verschluckt hätte. Hat er sich erkältet?**

Sie sollten Ihren Hund vom Tierarzt untersuchen lassen. Es kann tatsächlich eine Erkältung vorliegen oder sich ein Fremdkörper im Rachen befinden. Sind diese Ursachen ausgeschlossen, kann der Husten auch andere Gründe haben, besonders, wenn sich zusätzlich der Allgemeinzustand verschlechtert. So liegt möglicherweise eine Herzinsuffizienz vor (→ Seite 108); Reizhusten ist ein typisches Anzeichen dafür.

**140. Impfung: Was muss ich beachten, wenn ich meinen Rüden impfen lasse?**

Damit eine Impfung ihren vollen Schutz entfalten kann, sollte der Hund ganz gesund und frei von Parasiten sein. Etwa eine Woche vor der Impfung sollten Sie Ihren Hund entwurmen, damit sein Immunsystem sich voll und ganz mit der Impfung beschäftigen kann und nicht von Parasiten „abgelenkt" wird. Vermeiden Sie bis zu einer Woche nach der Impfung, dass sich Ihr Hund körperlich zu sehr anstrengt.

**141. Inkontinenz: Was ist der Unterschied zwischen Inkontinenz und Unsauberkeit?**

Ein inkontinenter Hund hat keine Kontrolle über den Abgang des Urins. Ursache sind gesundheitliche Probleme, z. B. Harnwegs- oder Blaseninfektion, Nierenerkrankung oder Hormonstörungen. Bei einem unsauberen Hund liegen keine körperlichen Ursachen vor, vielmehr ist er nicht ausreichend zur Stubenreinheit erzogen. Anders sieht das wieder bei Hunden aus, die z. B. bei großem Stress im Rahmen von Trennungsangst oder aus Unterwürfigkeit urinieren. Diese Vierbeiner sind zwar nicht inkontinent, können den Urinabgang aber trotzdem nicht richtig kontrollieren.

## HAUSAPOTHEKE FÜR HUNDE

**Sie kann den Tierarzt nicht ersetzen, versetzt Sie aber in die Lage, die Erstversorgung Ihres Vierbeiners im Falle vieler Erkrankungen oder einer Verletzung zu übernehmen.**

### ABGERUNDETE PINZETTE

Mit ihr lassen sich für den Hund gefahrlos Fremdkörper entfernen, z. B. aus den Zehenzwischenräumen oder dem äußeren Ohr.

### ABGERUNDETE SCHERE

Sie ist wichtig, um Haare zwischen den Zehen zu entfernen oder bei einer Verletzung das Fell um die Wundstelle zu kürzen. Dann kann auch ein Einmalrasierer gute Dienste leisten.

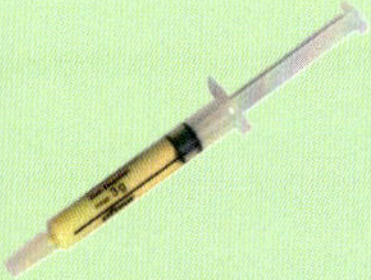

### PLASTIKSPRITZEN

Sie sollten Spritzen in der Größe von 2 bis 20 ml vorrätig haben, um z. B. Medikamente einzugeben und die Augen spülen zu können.

### FIEBERTHERMOMETER

Wählen Sie am besten ein digitales Fieberthermometer mit großer Anzeige. Achten Sie auch darauf, dass es schnell das Ergebnis anzeigt; Hunden ist das Messen sehr unangenehm.

### HUNDESCHUHE

Wasserdicht schützen sie den Hund, wenn er eine Verletzung an den Pfoten hat oder aufgetragene Salbe nicht ablecken soll.

### GEL-PACK

Damit können Sie z. B. Schwellungen, Zerrungen und Insektenstiche kühlen. Für unterwegs gibt es Packs, die nach Drücken kalt werden – ganz ohne Kühlschrank.

**Welche Medikamente sich speziell für Ihren Vierbeiner in der Hundeapotheke befinden sollten, wird Ihnen gern der Tierarzt sagen. Prüfen Sie halbjährlich deren Haltbarkeitsdatum.**

## WUNDSALBE

Damit können Sie kleine Wunden nach der Reinigung versorgen. Verwenden Sie eine handelsübliche Heilsalbe aus der Apotheke.

## ZECKENZANGE

Es gibt verschiedene Modelle, z. B. mit einem Greifer, einer Schlinge oder als Hebelwerkzeug. Testen Sie, womit Sie bequem und schnell zurechtkommen.

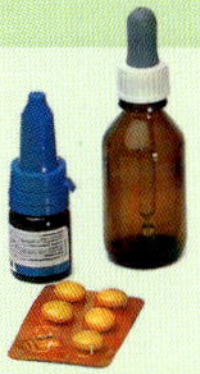

## MEDIKAMENTE

Das können Durchfall- und Allergiemittel, Kreislauftropfen, Augensalbe und -tropfen, homöopathische Mittel und Bachblüten sein.

## EINMALHANDSCHUHE

Damit schützen Sie sich und Ihren Vierbeiner bei der Wundversorgung vor Infektionen und können Salben auf die Haut auftragen, die starke Wirkstoffe enthalten.

## VERBANDMATERIAL

Dazu gehören sterile Kompressen in verschiedenen Größen, Mullbinden, Dreieckstücher, Pflaster und zur Polsterung Baumwollwatte.

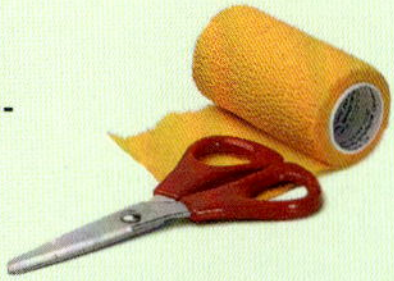

## MAULKORB

Denken Sie auch immer an Ihre Sicherheit; verletzte Hunde reagieren häufig unerwartet und können, im Stress oder vor Schmerz, dann auch ihre Menschen beißen.

## 142. Inkontinenz: Was kann man dagegen tun?

Das kommt auf die Ursache der Inkontinenz an. Sie muss zunächst unbedingt vom Tierarzt abgeklärt werden. Harnwegsinfekte werden in der Regel mit Antibiotika behandelt, Nierenerkrankungen benötigen eine intensive tierärztliche Betreuung, Hormonstörungen sind häufig recht einfach mit Hormonpräparaten zu behandeln. Tritt die Inkontinenz plötzlich auf, sollte der Hund möglichst schnell vom Tierarzt untersucht werden. Geben Sie Ihrem Hund auf jeden Fall die Möglichkeit, sich oft draußen zu lösen.

## 143. Insektenstiche: Warum sind denn Insektenstiche beim Hund so gefährlich?

Insektenstiche sind beim Hund auch nicht gefährlicher als beim Menschen oder anderen Tieren. Ein Stich an sich ist harmlos, solange keine Allergie vorliegt und nicht in den Mund-/Rachenraum gestochen wurde. In beiden Fällen muss der Hund sofort von einem Tierarzt behandelt werden. Eine Allergie kann zu einem lebensgefährlichen anaphylaktischen Schock führen, ein Stich in den Mund-/Rachenraum zu Atemnot und Ersticken. Da viele Hunde nach Insekten schnappen und dann im Maul gestochen werden, ist der Erstickungstod gar nicht so selten. Deshalb

**INFO**

**Impfempfehlung**
8. Woche: Staupe (S), Hepatitis (HCC), Parvovirose (P), Leptospirose (L).
12. Woche: S, HCC, P, L, Tollwut (T).
16. Woche: S, HCC, P, T.
15. Monat: S, HCC, P, L, T.
Auffrischung
T: Nach Herstellerangabe
S, HCC, P: alle 3 Jahre
L: jährlich
Je nach Gefährdungsgrad: Zwingerhusten, Borreliose, Herpes, Babesiose.
Ihr Tierarzt berät Sie gern.

sollten Sie Ihrem Hund das Jagen und Fangen von allen Insekten verbieten – er kann nicht zwischen harmlosen Motten oder Fliegen und gefährlichen Wespen, Bienen und Hornissen unterscheiden.

### 144. Kastration: In welchem Alter sollte man einen Hund kastrieren lassen? ?

Sofern kein medizinischer Grund eine frühere Kastration notwendig macht, empfehlen die meisten Tierärzte, sie im Alter von etwa zwölf Monaten vornehmen zu lassen – in jedem Fall ist aber eine individuelle Beurteilung wichtig. Zu diesem Zeitpunkt hat der Hund seine körperliche Reife in der Regel erreicht. Die Geschlechtshormone haben zudem einen wichtigen Einfluss auf die Verhaltensentwicklung eines Vierbeiners und tragen eine Menge zu einer stabilen Hundepersönlichkeit bei – von einigen Ausnahmen abgesehen, z. B. Hunde mit sexuell verursachter gesteigerter Aggression (→ Seite 146, 164). Diese Zeit der normalen Entwicklung sollte man seinem Hund lassen. In Amerika wird inzwischen häufig die Frühkastration praktiziert, das heißt, dass der Eingriff bereits im Welpenalter vorgenommen wird. Dies lehnen deutsche Tierärzte jedoch weitgehend ab.

### 145. Kastration: Kann die Kastration Krankheiten vorbeugen? ?

Es gibt einige Krankheiten, die nach einer Kastration nicht mehr oder mit geringerer Wahrscheinlichkeit auftreten. Da bei der Hündin die Läufigkeit ausbleibt, wird es natürlich keine Scheinträchtigkeiten (→ Seite 130) mehr geben, auch die Gefahr einer Gebärmutterentzündung (Pyometra) ist gebannt, sofern die Gebärmutter bei dem Eingriff entfernt wurde. Wird eine Hündin vor der ersten Läufigkeit (→ Seite 120) kastriert, bekommt sie mit fast 100-prozentiger

Wahrscheinlichkeit keine Mammatumoren (Tumoren an der Milchdrüse). Hat sie bereits eine Hitze hinter sich, ist das Risiko reduziert, nach der zweiten Läufigkeit aber unverändert gegenüber einer unkastrierten Hündin.

Durch die Entfernung der Hoden bei Rüden entfällt das Risiko, dass die Hoden entarten. Auch einigen Prostataerkrankungen wird vorgebeugt, ebenso Perianaldrüsentumoren im Aftergewebe. Dennoch sollten Sie das Für und Wider gut abwägen. Der Eingriff ist für Tierärzte zwar Routine, trotzdem bleibt immer ein Risiko, z. B. durch die Narkose.

### 146. Kastration: Welche Nebenwirkungen können bei einer Kastration auftreten? ?

Die hormonelle Umstellung kann Veränderungen beim Hund bewirken. Häufig nehmen Hunde nach dieser Operation zu, da sich der Stoffwechsel verändert und der Körper weniger Energie benötigt. Hinzu kommt, dass viele Vierbeiner nach dem Eingriff mehr Hunger haben und einige träge werden. Dies kann

1 *Zu lange Krallen kürzen Sie am besten mit einer speziellen Krallenzange. Achten Sie darauf, keine Ader zu verletzen.*

2 *Pediküre mit Spaßfaktor: Beim Balancieren über Baumstämme werden die Krallen auf ganz natürliche Weise abgenutzt.*

man meist gut durch eine Reduzierung der Futtermenge oder die Umstellung auf ein kalorienreduziertes Produkt und ausreichend Bewegung in den Griff bekommen. Gerade bei langhaarigen Rassen und solchen mit seidigem Fell, wie Langhaardackel, Cocker und Golden Retriever, kann das Haarkleid nach dem Eingriff oft dichter und wolliger werden (Teddyfell). Werden Futterzusätze, z. B. essenzielle Fettsäuren und Biotin, sowie homöopathische Mittel nach Absprache mit dem Tierarzt gegeben, kann dieser Effekt in einigen Fällen zwar mehr oder minder reduziert werden, eine Garantie dafür gibt es aber nicht. Manche Hündinnen großer Rassen können nach einer Kastration im Laufe ihres Lebens den Harn nicht mehr halten, was mit Medikamenten aber gut behandelbar ist.

### 147. Kot fressen: Mein Welpe frisst beim Spaziergang Kot. Ist das schlimm? ?

Schaden wird Ihrem Hund das gelegentliche Kotfressen (Koprophagie) nicht, es ist mehr ein hygienisches Problem. Bei erwachsenen Hunden kann dieses Verhalten viele Ursachen haben, z. B. Mangelerscheinungen (selten bei einem guten Alleinfutter), Langeweile und mangelnde Aufmerksamkeit, einen Befall mit Magen-Darm-Parasiten oder eine Bauchspeicheldrüsenunterfunktion. Werden Erkrankungen ausgeschlossen, können ein Beschäftigungsprogramm oder die Gabe von gut abgehangenem Pansen manchmal helfen. Einige Hundehalter streuen Pfeffer über den Kot, um dem Hund den „Genuss" zu verderben. Dies aber bitte vorher mit dem Tierarzt absprechen.

### 148. Krallen schneiden: Wie oft muss ich meinem Hund die Krallen kürzen? ?

Das hängt in großem Maße davon ab, wo Sie mit Ihrem Hund spazieren gehen. Sind Sie häufig auf asphaltieren Wegen unterwegs, nutzen sich die Krallen mehr ab als auf Wald- und Feldwegen. Kontrollieren Sie die Länge der Krallen einmal wöchentlich. Eine Pediküre ist nur notwendig, wenn die Spitze der Kralle über die Ballenebene hinausragt und dadurch die natürliche Pfotenhaltung des Hundes beeinträchtigt, die Pfote also angehoben oder gespreizt wird (→ Seite 139). Lassen Sie sich das Kürzen der Krallen am besten einmal vom Tierarzt zeigen.

**149. Krankenversicherung: Wir haben einen zwei Jahre alten Dalmatiner. Lohnt es sich, für ihn eine Krankenversicherung abzuschließen?**

Das ist ein Rechenexempel. Wenn Ihr Dalmatiner – hoffentlich – gesund bleibt, legen Sie drauf, wird er krank, können Sie eine Menge Geld sparen. Es gibt in Deutschland mehrere Anbieter von Krankenversicherungen für Hunde, deren Leistungen sehr voneinander abweichen und deswegen nur schwer vergleichbar sind. Sie müssen überlegen, was Sie von einer Versicherung erwarten. Soll der Vorsorgeschutz, wie Impfungen und Entwurmungen, dazugehören? Legen Sie Wert darauf, dass nur Operationen oder auch andere Behandlungen im Krankheitsfall übernommen werden? Oder ist es Ihnen z. B. wichtig, dass auch Kosten bei Verkehrsunfällen getragen werden?
Der Versicherungsbeitrag kann von der Rasse und die Leistung vom Alter des Hundes abhängig sein, bestimmte Erkrankungen sind eventuell komplett von einer Erstattung ausgeschlossen. Meist werden nicht die gesamten Tierarztkosten übernommen, sondern nur bis zu einem bestimmten Höchstbetrag jährlich oder dem zweifachen Satz des Grundhonorars.
Wer eine Krankenversicherung für seinen Hund abschließen will, muss also zuerst genau das Kleingedruckte studieren und dann entscheiden. Eine gute Alternative zur Krankenversicherung: Legen Sie ein „Hundesparbuch“ an und zahlen Sie monatlich z. B.

## KRANKHEITSANZEICHEN

| KRANKHEITS-ANZEICHEN | SYMPTOME/MÖGLICHE URSACHEN/ NÄCHSTE SCHRITTE |
|---|---|
| Plötzliche Apathie, Teilnahmslosigkeit | Ernstes Anzeichen für verschiedene Erkrankungen. Schnell zum Tierarzt. |
| Berührungs-empfindlichkeit | Schmerzen, evtl. Verletzung. Kleine Wunden selbst versorgen. Bei größeren Wunden oder unbekannter Ursache sofort zum Tierarzt. |
| Durchfall | Verdorbenes, unverträgliches Futter, Infekt, innere Erkrankung. Einen Tag fasten. Ohne Besserung schnell zum Tierarzt (→ Extratipp, Seite 104). |
| Vermehrter Durst | Sofern nicht hitze- oder futterbedingt, Anzeichen für eine Infektion, Nieren- oder Lebererkrankung, Diabetes oder Gebärmutterentzündung bei der Hündin. Vom Tierarzt abklären lassen. |
| Erbrechen | Gelegentlich normal. Zwei Stunden nicht füttern. Tritt es häufig auf und/oder kommen Durchfall bzw. schlechtes Allgemeinbefinden dazu, schnell zum Tierarzt. |
| Kahle Stellen im Fell | Parasiten, Infektion, Allergie, Schilddrüsenunterfunktion. Vom Tierarzt abklären lassen. |
| Husten | Trockene Luft, Atemwegserkrankung, Fremdkörper im Rachen, Herzerkrankung. Ursache mit Tierarzt klären. |
| Kopfschütteln | Parasiten oder Fremdkörper im Ohr, Mittelohrentzündung. Vom Tierarzt untersuchen lassen. |
| Verstopfung | Setzt der Hund nach zwei Tagen keinen Kot ab und/oder kommen Erbrechen und/oder schlechtes Allgemeinbefinden dazu, schnell zum Tierarzt. |

30 oder 50 € darauf ein. Weitere Informationen unter www.agila.de, www.uelzener.de, www.fressnapf.de. Infos rund um tierärztliche Gebühren gibt es z. B. unter www.tieraerzteverband.de.

**150. Läufigkeit: Wann ist eine Hündin empfängnisbereit?**

Die meisten Hündinnen machen zweimal jährlich eine Läufigkeit durch (Proöstrus und Östrus). Eingeleitet wird diese durch das Anschwellen der Scheide und blutigen Ausfluss. Die Dauer der Läufigkeit kann von Hündin zu Hündin variieren, durchschnittlich sind es elf Tage bis zum Eisprung (→ Info, Seite 133). Dann tritt heller Ausfluss auf, und die Hundedame ist drei bis acht Tage empfängnisbereit (individuelle Abweichungen sind möglich). Die meisten Züchter lassen die Hündin in dieser Zeit zweimal decken, meist am 10. und 12. oder am 11. und 13. Tag, gerechnet vom ersten Tag der Läufigkeit an. Hündinnen „stehen", wenn sie empfängnisbereit sind, das heißt, sie „bieten" sich dem Rüden an, indem sie ihm ihren Po zuwenden und die Rute wegdrehen. Außerhalb dieser Zeit wehren sie aufdringliche Verehrer meist ab. Der optimale Zeitpunkt für einen Deckakt kann durch einen Scheidenabstrich beim Tierarzt ermittelt werden. Wer keinen Hundenachwuchs möchte, sollte seine „heiße" Hundedame sicherheitshalber vom 3. bis zum 35. Tag der Läufigkeit von unkastrierten Rüden fern halten.

**151. Lecken: Mein Hund wurde operiert und leckt nun ständig an der Wunde. Wie kann ich ihn daran hindern?**

Legen Sie Ihrem Hund einen Kragen oder einen Trichter an (wird am Halsband befestigt und ist vom Tierarzt zu bekommen), damit er die Wunde nicht erreicht. In der Regel dauert es zwei bis drei Tage, bis er sich daran gewöhnt. Alternativ können Sie ihm ein Kinder-T-Shirt, ein Schlafanzugoberteil oder, wenn die Wunde sich im hinteren Bereich des Bauchs oder am After befindet, eine Hose oder Strumpfhose kleiner Größe anziehen. Schneiden Sie ein Loch für den Schwanz in die Hose und befestigen Sie sie mit Hosenträgern, die über der Brust überkreuzt werden. Mit der Kleidung freunden sich die meisten Hunde besser an als mit einer Krause oder einem Kragen. Wichtig: Die Kleidungsstücke sollten aus dünnem Baumwollstoff bestehen. Allerdings nutzen einige Hunde trotzdem einen unbeobachteten Moment, um sich „auszuziehen“. Deshalb ist es wichtig, dass der Vierbeiner möglichst unter Aufsicht bleibt. Einige Patienten lassen sich vom Lecken auch durch das Aufsprühen einer bitter schmeckenden Substanz abhalten, die Sie bei Ihrem Tierarzt bekommen.

**152. Lecken: Mein Setter leckt wie besessen an seinem linken Vorderbein, die Stelle ist schon ganz rot. Was kann das sein?** ?

Lassen Sie vom Tierarzt untersuchen, ob sich eine Ursache für das Lecken findet, z. B. ein Fremdkörper

**INFO**

**Notfall Magendrehung – sofort zum Tierarzt!**
Durch erschlaffte Magenmuskulatur dreht sich der Magen, betroffen sind meist ältere Hunde. Dabei beeinträchtigt er andere Organe, z. B. Herz und Lunge, durch Eindrücken oder Abschnüren der Blutzufuhr, und es gelangen giftige Stoffwechselprodukte in den Kreislauf. In der Folge kommt es zum Schock und dem Versagen aller Organe. Ohne schnelle Kreislaufstabilisierung und Operation stirbt der Hund. Erste Anzeichen sind Versuche zu erbrechen, Stöhnen und Unruhe.

oder eine Infektion. Liegt kein medizinischer Grund vor, handelt es sich vermutlich um ein Leckekzem. Die Ursache ist häufig Langeweile oder Stress – der Hund lenkt sich damit ab. Das Lecken kann zu einer Verdickung der Haut führen, die Stelle kann sich infizieren, und es juckt dann umso mehr – ein Teufelskreis. Auf jeden Fall muss der Hund am Lecken gehindert werden, z. B. durch eine Halskrause. Die Behandlung eines Leckekzems ist meist sehr langwierig und manchmal hilft nur eine Operation. Neben der tierärztlichen Betreuung ist auch ein Trainingsprogramm mit einem Hundetrainer wichtig, um die psychische Komponente in den Griff zu bekommen.

### 153. Magendrehung: Wie kann ich bei meinem Schäferhund einer Magendrehung vorbeugen?

Große, schlanke Hunde mit einem tiefen und schmalen Brustkorb sind häufige Kandidaten für eine Magendrehung (→ Info, Seite 121); Ihr Schäferhund gehört leider zu dieser Risikogruppe. Vorbeugen können Sie, indem Sie ihn nicht nur einmal täglich füttern, sondern seine Ration auf zwei oder drei Mahlzeiten verteilen. Achten Sie auch darauf, dass er nicht zu hastig frisst (→ Seite 71). Nervöse und ängstliche Hunde bekommen häufiger eine Magendrehung als die coolen Typen. Sollte Ihr Schäferhund zu dieser Kategorie gehören, wäre auch ein Verhaltenstraining angebracht, damit er sicherer und entspannter wird. Nach den Mahlzeiten wird eine Ruhephase von zwei bis drei Stunden empfohlen.

### 154. Medikamente eingeben: Mein Akita spuckt seine Entwurmungstabletten immer wieder aus. Was soll ich tun?

Für viele Hundehalter ist die Eingabe der Entwurmungsmittel immer wieder eine nervenaufreibende

Prozedur, weil es ihnen genau wie Ihnen mit Ihrem Akita geht. Auch der Trick mit dem Verstecken in einem Stück Fleischwurst versagt dann. Versuchen Sie es einmal mit einem Stück Brötchen, das mit Leberwurst bestrichen ist, und verstecken Sie die Tablette darin. Bevor Sie Ihrem Hund dies jedoch geben, bieten Sie ihm zuerst einige Stückchen ohne Tablette an, vielleicht ist er beim dritten Happen dann so gierig, dass er die Pille einfach mit hinunterschluckt. Wenn auch das nichts hilft, müssen Sie ihm die Tablette direkt eingeben. Dazu öffnen Sie ihm das Maul, legen die Tablette möglichst weit hinten auf die Zunge und halten dann die Schnauze zu. Streicheln Sie dann über den Hals, das regt den Schluckreflex an. Lassen Sie den Hund erst los, wenn er richtig geschluckt hat.

1 *Beim EIngeben von Medikamenten lassen sich viele Hunde überlisten, wenn Sie die Tablette in etwas Wurst verstecken.*

2 *Klappt das nicht, müssen Sie die Tablette weit hinten auf die Zunge legen. Das Reiben des Halses regt das Schlucken an.*

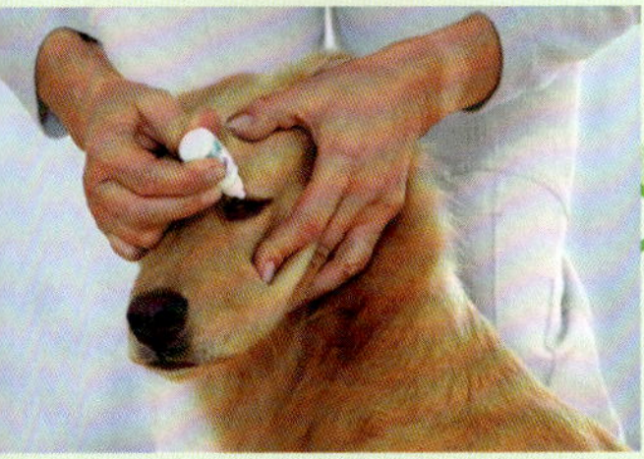

3 *Geben Sie Augentropfen, indem Sie die Lider gleichzeitig mit einer Hand vorsichtig nach oben und unten ziehen.*

**155. Mikrochip: Ich habe das Gefühl, dass der Mikrochip meines Hundes heute an einer anderen Stelle sitzt als früher. Kann das sein?**

Ja, das ist möglich. Der Mikrochip wird vom Tierarzt meist in die linke Halsseite gesetzt, doch wenn ein Hund eine sehr „lose" Haut besitzt, kann er durchaus wandern, z. B. in den Brustbereich. Meine Tierärztin hat mir von einem Rottweiler berichtet, dessen Chip sogar bis zum Ellenbogengelenk gewandert ist. Auch bei meinem Afghanen sitzt der Chip heute an der Brust und ist dort ganz deutlich zu fühlen. Einige Hundehalter befürchten deswegen, dass der Mikrochip durch die Blutbahn in das Herz gelangen kann – aber das ist ausgeschlossen.

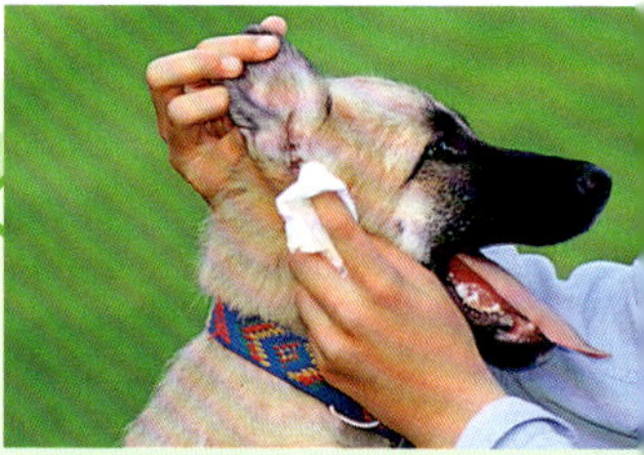

1 *Reinigen Sie immer nur das äußere Ohr. Bei Verschmutzungen oder Geruch des Innenohrs zum Tierarzt gehen.*

2 *Ausfluss an den Augen können Sie vorsichtig mit einem fusselfreien feuchten Tuch entfernen, dabei Richtung Nase wischen.*

3 *Kontrollieren Sie nach jedem Spaziergang, ob sich Fremdkörper, z. B. Erdklumpen, zwischen den Zehen befinden.*

**156. Nachwuchs: Stimmt es, dass eine Hündin keinen Gesäugekrebs bekommt und glücklicher ist, wenn sie einmal Junge hatte?** ?

Nein, aber diese Gerüchte halten sich hartnäckig. Ob eine Hündin diesen Krebs bekommt, ist unabhängig davon, ob sie Welpen zur Welt gebracht hat oder nicht. Hündinnen trauern außerdem nicht unerfüllten Kinderwünschen nach. Übrigens bergen Trächtigkeit und Geburt stets das Risiko gefährlicher Komplikationen für die Hündin.

**157. Nase: Stimmt es, dass ein Hund gesund ist, wenn seine Nase feucht und kühl ist?** ?

Nein. Die Nase ist vielen äußeren Einflüssen ausgesetzt und kein aussagekräftiger Hinweis für das Befinden eines Hundes. Ihre Temperatur ist hauptsächlich davon abhängig, wie nass sie ist (etwa durch Sekretbildung oder Lecken und die Verdunstung dieser Flüssigkeit). So kann z. B. ein erkälteter Hund eine nasse und kühle Nase haben, weil er Nasenausfluss hat, dieser verdunstet und die Nase dadurch kühlt. Wenn man den Gesundheitszustand seines Hundes prüfen will, geben Allgemeinbefinden, Verhalten, Ausdruck in den Augen und die Körpertemperatur (→ Extratipp, Seite 107) bessere Anhaltspunkte.

**158. Ohren: Unser Drahthaar schüttelt ständig den Kopf und hält ihn schief. Die Ohren sind aber sauber. Woran kann das liegen?** ?

Das sind ernst zu nehmende Symptome, und die Ursache muss vom Tierarzt abgeklärt werden. Eventuell hat er einen Fremdkörper, z. B. einen Grassamen, im Ohr, leidet unter einer Mittelohrentzündung oder anderen Infektion. Auf jeden Fall hat Ihr Hund große Schmerzen und sollte schnell behandelt werden.

## ALLES FÜR DIE PFLEGE

**Ist es nicht ein schöner Anblick, wenn Ihr Hund wie aus dem Ei gepellt aussieht und glänzt? Regelmäßige Pflege, je nach Fell täglich oder wöchentlich, trägt eine Menge dazu bei.**

### BÜRSTE MIT ABGERUNDETEN STIFTEN

Schonendes Bürsten für das Fell ab einer mittleren Länge. Sowohl feines als auch krauses Haar kann damit in Form gebracht werden.

### NATURHAARBÜRSTE

Sanfte Pflege für weiches und Seidenhaar. Die Naturborsten mindern den Druck auf die Haut, massieren diese sanft und beugen unschönem Haarbruch vor.

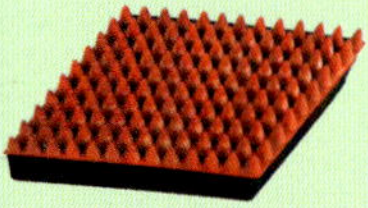

### GUMMINOPPENBÜRSTE ODER -HANDSCHUH

Prima für kurzes bis etwas längeres Fell. Abgestorbene Haare werden effektiv entfernt, und das Bürsten regt die Durchblutung an.

### STRIEGEL

Ihn gibt es in verschiedenen Ausführungen für dichtes kürzeres oder langes Fell, um schonend die abgestorbenen Haare zu entfernen.

### KAMM

Längeres Haarkleid sollte zuerst immer mit einem groben und anschließend mit einem feinen Kamm gepflegt werden.

### TRIMMMESSER

Entfernt schmerzlos abgestorbene Haare aus dem Fell, z. B. bei vielen Terrierrassen und Rauhaardackeln. Beim Kauf das richtige Messer für den Felltyp wählen.

**Welche Bürsten, Kämme oder sonstigen Pflegewerkzeuge Sie benötigen, hängt vom Outfit Ihres Vierbeiners ab. Hier stellen wir Ihnen die wichtigsten Pflegeartikel vor.**

### ENTFILZUNGSKAMM (-MESSER)

Erspart häufig das Abschneiden hartnäckiger Verfilzungen und dem Hund Schmerzen beim Auflösen der Filzknoten.

### KAMM MIT ROTIERENDEN STIFTEN

Leichte Verfilzungen im Fell lassen sich damit meist einfach und schonend auflösen. Auch für schonendes Kämmen von störrischem Haar gut geeignet.

### SCHERE MIT ABGERUNDETEN SPITZEN

Beugt durch runde Spitzen Verletzungen vor. Ideal, um z. B. Haare an den Pfoten oder Filzknoten aus dem Fell herauszuschneiden.

### EFFILIERSCHERE

Bringt natürlichen Look und erlaubt das Ausdünnen oder Schneiden der Haare, ohne unerwünschte Ecken im Fell zu hinterlassen – dabei Schritt für Schritt vorgehen.

### SOFT-ZUPFBÜRSTE

Ideal für Unterwolle oder krauses Fell. Das Gummikissen sollte nachgiebig und die abgewinkelten Metallstifte nicht zu starr sein.

### LEDERTUCH

Ideal für kurzes Haar. Wird damit zwei- bis dreimal wöchentlich über das Fell gestrichen, verteilt sich das Hautfett gut, und das Haar bekommt einen schönen Glanz.

## PFLEGEPLAN

| | |
|---|---|
| Täglich: | ➤ Einen kurzen Blick in die Ohren werfen. Sind sie sauber und rosa? Riechen sie nicht unangenehm?<br>➤ Sekret aus den Augenwinkeln wischen, ggf. mit lauwarmem Wasser lösen. Wichtig: Keine Kamillenzubereitung dafür verwenden, das kann das Auge reizen.<br>➤ Kauknochen o. Ä. zur Zahnreinigung geben.<br>➤ Nach jedem Spaziergang kontrollieren, ob sich Fremdkörper oder Erdklumpen zwischen den Zehen befinden. |
| Zweimal wöchentlich: | ➤ Zähne mit spezieller Zahnpasta putzen.<br>➤ Hautfalten (z. B. bei Mops und anderen faltigen Kollegen) kontrollieren und wenn nötig mit einem weichen Tuch reinigen. |
| Wöchentlich: | ➤ Ohren mit speziellem Pflegemittel reinigen.<br>➤ Bindehäute am Auge auf Rötungen kontrollieren.<br>➤ Länge der Krallen kontrollieren.<br>➤ Einen Blick auf die Geschlechtsteile werfen: Sind sie sauber und riechen nicht unangenehm? |
| Monatlich: | ➤ Den Hund gründlich am ganzen Körper auf Veränderungen untersuchen, z. B. Knoten, Schwellungen, Rötungen und Berührungsempfindlichkeit.<br>➤ Lange Haare zwischen den Zehen kürzen.<br>➤ Lange Haare im äußeren Gehörgang mit einer abgerundeten Pinzette entfernen. |
| Jährlich: | ➤ Hund impfen und dabei vom Tierarzt gründlich untersuchen lassen. |
| Nach Bedarf: | ➤ Bürsten je nach Haartyp des Hundes täglich oder in größeren Abständen.<br>➤ Scheren.<br>➤ Trimmen bzw. Zupfen.<br>➤ Krallen schneiden.<br>➤ Analdrüsen ausdrücken.<br>➤ Wurmkur nach Empfehlung des Tierarztes. |

**159. Pflanzen: Welche Pflanzen sind für Hunde tatsächlich giftig?** ?

Viele Pflanzen sind für Hunde giftig und können zu schweren Erkrankungen führen. Achten Sie deshalb darauf, dass Ihr Vierbeiner nicht mit Ihnen unbekannten Pflanzen spielt, z. B. an deren Ästen kaut. Unterziehen Sie jede Pflanze in Haus und Garten einem „Unbedenklichkeits-Check". Im Haus sind z. B. Jasmin, Azalee, Efeu und draußen Goldregen, Klematis, Efeu, Rhododendron, Fingerhut, Tomatenranken, Oleander, Eibe, Tollkirsche, Zwiebel, Kirschlorbeer und Maiglöckchen giftig. Informationen über giftige Pflanzen erhalten Sie im Internet unter www.vetpharm.unizh.ch/perldocs/toxsyqry.htm.

**160. Pfotenverband: Unser Hund hat eine kleine Wunde am Fuß. Soll ich ihm einen Verband machen?** ?

Nur, wenn Sie einen Erste-Hilfe-Kurs für Hunde belegt haben! Das Anlegen eines Pfotenverbands ist kompliziert. Wichtig ist dabei, die Zwischenräume der Zehenballen gut mit Watte zu polstern, damit diese weder gequetscht noch eingeschnürt werden und die Gelenke nicht aneinander scheuern. Wer keinerlei Erfahrung hat, sollte den Verband dem Tierarzt überlassen. Als erste Maßnahme können Sie Ihrem Hund einen speziellen Schuh zum Schutz der Pfote anziehen, z. B. aus Neopren (aus dem Zoofachhandel).

**161. Potenz: Unser Jack-Russell-Rüde ist verrückt auf jede Hündin und reitet auf. Dabei „fährt" er seinen Penis ganz aus. Ist das normal?** ?

Dass junge Rüden ihre Sexualität entdecken, ist im Grunde altersentsprechend. Wenn sich dieses Verhalten nicht legt, ist er wahrscheinlich sexuell überaktiv.

Sie sollten gemeinsam mit Ihrem Tierarzt besprechen, ob eine Kastration hier sinnvoll ist. Wenn er sich bei jedem Kontakt mit einer Hündin derart verhält, ist kein normaler Umgang – besonders mit weiblichen Artgenossen – möglich. Dieser Zustand der Erregung kann auch gesundheitsschädlich sein: Manchmal kann sich der geschwollene Penis nicht mehr zurückziehen und wird abgeschnürt. Dann müssen Sie sofort einen Tierarzt aufsuchen, da dem Hund akute Lebensgefahr droht.

**162. Scheinträchtigkeit: Meine Hündin hat eine heftig verlaufende Scheinschwangerschaft. Wie kann ich ihr helfen?** ?

Sie sollten sie durch viel Bewegung und Beschäftigung ablenken. Verstecken Sie alle Spielzeuge, damit Ihre Hündin sie nicht an „Kindes statt" annimmt. Auf keinen Fall dürfen Sie an den Zitzen drücken, dies regt die Milchbildung weiter an. Kühlende Umschläge und Salben sind eher angebracht. Bildet die Hündin sehr viel Milch, kann der Tierarzt das mit Hormonen unterdrücken. Grundsätzlich ist der Einsatz von Hormonen sehr umstritten. Es bedeutet nämlich einen schwerwiegenden Eingriff in den Hormonhaushalt

**INFO**

**Scheinträchtigkeit**

**Nach der Läufigkeit (→ Seite 120) verändert sich der Hormonhaushalt jeder Hündin und simuliert eine Trächtigkeit. Die Ausprägung dieser Scheinträchtigkeit variiert und findet für den Halter meist unbemerkt statt. Einige Hündinnen zeigen jedoch die ganze Palette des Verhaltens einer echten Trächtigkeit, z. B. Stimmungsschwankungen, die Produktion von Milch, den Bau eines Nests und danach das Verteidigen ihrer „Babys" in Form ihres Spielzeugs.**

der Hündin und kann in manchen Fällen auch eine Gebärmutterentzündung (Pyometra) begünstigen. Da Ihre Hündin einmal bei einer Scheinträchtigkeit (→ Info, Seite 130) „überreagiert“ hat, wird sich dies nach den nächsten Läufigkeiten wahrscheinlich wiederholen. Deshalb sollten Sie sich mit Ihrem Tierarzt beraten, ob eine Kastration sinnvoll ist.

## 163. Scheren: Ist es sinnvoll, meinen acht Jahre alten Bobtail im Sommer scheren zu lassen? ?

Sie haben Recht, dass Sie sich diese Frage stellen, denn das Fell hat doch im eigentlichen Sinne eine Schutzfunktion. Es hat die Aufgabe, die Körpertemperatur auszugleichen, das heißt, im Winter zu wärmen und im Sommer die Hitze fern zu halten. Im natürlichen Zyklus wird dem durch ein dichteres Winter- und ein dünneres Sommerfell Rechnung getragen. Doch nur noch wenige langhaarige Hunde haben ein ursprüngliches Haarkleid. Üppiges Fell gilt bei vielen Rassen als Schönheitsideal und wurde daher immer dichter und länger gezüchtet. Gerade im Sommer ist es deshalb für viele „Wollknäuel“ sehr belastend, ihre Körpertemperatur zu regulieren. Die Gefahr eines Kreislaufkollapses oder Hitzschlags wird dadurch erhöht. Deswegen ist es bei älteren Semestern oder Hunden mit Herz- und Kreislauferkrankungen durchaus sinnvoll, im Sommer das Fell zu scheren. Wer nicht auf die Haarpracht verzichten will, kann das Fell auch ausdünnen lassen. Es sieht dann immer noch gut aus, lässt aber Luft an die Haut. Wenn Sie selbst Hand an Ihren Hund legen und ihn scheren möchten, müssen Sie ein bis zwei Zentimeter Fell stehen lassen. Andernfalls droht die Gefahr eines Sonnenbrands. Hunde mit heller Haut sollten im Sommer an kahlen Stellen immer mit Sonnencreme geschützt werden, im Gebirge oder an der See mit Lichtschutzfaktor 30. Noch besser: frühmorgens und abends on tour gehen.

**164. Schnee: Unser Bearded Collie hat im Winter immer große Schneeklumpen an den Pfoten und mag dann nicht mehr laufen. Was können wir dagegen tun?**

Das ist ein typisches Problem langhaariger Hunde. Halten Sie besonders im Winter regelmäßig die Haare an den Pfoten und den Zwischenräumen der Zehen und Ballen mit einer abgerundeten Schere kurz. Zusätzlich können Sie die Pfoten vor dem Spaziergang mit Vaseline einreiben, damit der Schnee nicht an den Haaren klebt. Alternativ haben sich auch wasserfeste Schuhe für Hunde aus dem Zoofachhandel bewährt. Sinnvoller Nebeneffekt bei beiden Varianten: Das Streusalz auf der Straße kann den Pfoten nichts anhaben.

**165. Spielzeug: Muss ich das Spielzeug unseres Hundes besonders reinigen?**

Alle ein oder zwei Wochen sollten Sie die benutzten Spielsachen reinigen. Besonders Spielzeuge aus Stoff können wahre „Keimschleudern“ sein und zu immer wiederkehrenden Infektionen im Maulbereich führen. Stoffspielzeuge wandern am besten in die Waschmaschine – bei mindestens 60 °C Waschtemperatur. Die restlichen Spielsachen, wie Quietschtiere, Gummibälle und -ringe, sollten möglichst mit kochendem Wasser übergossen werden und in der Sonne trocknen.

**166. Sterilisation: Was ist der Unterschied zwischen einer Sterilisation und einer Kastration?**

Es hängt, entgegen der landläufigen Meinung, nicht mit dem Geschlecht des Hundes zusammen, ob eine Kastration oder Sterilisation vorgenommen wird, sondern es handelt sich dabei um zwei ganz verschiedene Operationen.

Bei der Kastration werden die Keimdrüsen der Hunde komplett entfernt (→ Seite 115), beim Rüden die Hoden und bei der Hündin die Eierstöcke, zusätzlich meist auch noch die Gebärmutter. Das sexuell motivierte Verhalten der Hunde ändert sich (→ Potenz, Seite 129) und die Hündin wird nicht mehr läufig oder etwa scheinträchtig. Die Sterilisation wird heute bei Hunden kaum noch vorgenommen. Bei diesem Eingriff werden die Samenleiter des Rüden und die Eileiter der Hündin durchtrennt. Da auch nach der Operation weiterhin in vollem Umfang Geschlechtshormone produziert werden, ändert sich das Geschlechtsverhalten der Hunde nicht. Die Sterilisation dient weder der Vorbeugung noch Behandlung von Krankheiten, greift aber nicht so stark in die Sozialordnung einer Hundegruppe wie eine Kastration ein.

**167. Tollwut: Wir wohnen in einem tollwutfreien Bezirk. Müssen wir unseren Hund trotzdem gegen Tollwut impfen lassen?** ?

Eine Impfpflicht gibt es nicht. Die Impfung ist jedoch Voraussetzung, um den Hund im Urlaub mit ins Ausland zu nehmen oder an zahlreichen Veranstaltungen rund um den Vierbeiner teilnehmen zu können.

## INFO

**Sexualzyklus der Hündin**
Der Proöstrus dauert meist 7 bis 13 Tage, Anzeichen sind eine geschwollene Vulva und blutiger Ausfluss. 3 bis 8 Tage dauert der Östrus mit hellem, schleimigem Ausfluss. Nun findet der Eisprung statt, und die Hündin ist deckbereit. Der anschließende Metöstrus dauert 9 bis 12 Wochen, in dieser Zeit ist die Hündin scheinträchtig (→ Seite 130). Danach tritt für etwa 8 bis 20 Wochen eine hormonelle „Pause" ein, der Anöstrus. Die Zeitangaben können im Einzelfall erheblich abweichen.

Doch auch wenn Sie dies niemals beabsichtigen und Ihr Wohnort als tollwutfreier Bezirk gilt, sollten Sie Ihren Hund unbedingt impfen lassen. Allein der Verdacht, dass ein ungeimpfter Hund an dieser anzeigepflichtigen Seuche erkrankt ist, kann sein Todesurteil bedeuten, da eine annähernd 100-prozentige Diagnose nur durch die Untersuchung des Gehirns möglich ist. Auch wenn man für seinen Hund keine Gefährdung durch Infektionen befürchtet, sollte man ihn impfen lassen (→ Seite 111). Dass die früher so gefürchteten Krankheiten wie Staupe und Parvovirose heute ihren Schrecken verloren haben, konnte nur durch einen großflächigen Impfschutz der Vierbeiner erreicht werden. Durch die Öffnung der europäischen Grenzen trat die Tollwut wieder vermehrt auf. Dies zeigt, dass sich Seuchen bei einer Vernachlässigung des Impfschutzes wieder ausbreiten können. Die regelmäßige Spritze schützt also nicht nur den eigenen Vierbeiner, sondern auch seine Artgenossen.

### 168. Trächtigkeit: Wie kann ich feststellen, ob meine Hündin trächtig ist?

Seit noch gar nicht langer Zeit gibt es einen Schwangerschaftstest für Hündinnen. Dabei wird in einer Blutprobe der Wert des Hormons Relaxin bestimmt, das bei der trächtigen Hündin ab der dritten Woche ansteigt, nicht aber bei der scheinträchtigen Hündin (→ Info, Seite 130). Der Tierarzt kann aber durch eine Sonographie-Untersuchung drei Wochen nach einer vermuteten Empfängnis feststellen, ob die Hündin tatsächlich trächtig ist. Mit etwas Fingerspitzengefühl und unter günstigen Bedingungen können etwa um den 27. Schwangerschaftstag herum die Föten ertastet werden. Eine Röntgenuntersuchung ist mit ungefähr sechs Wochen möglich. Auch Verhaltensänderungen der Hündin geben oft wertvolle Hinweise über eine eventuelle Schwangerschaft. Einige werdende Hundemütter sind zärtlicher, anhänglicher oder verschmuster, andere geben sich gereizter. Eindeutig sind diese Hinweise jedoch nicht, da sie auch im Rahmen einer Scheinträchtigkeit auftreten können.

**169. Trächtigkeitsverhütung: Wir haben einen Schnauzerrüden und eine Spanielhündin. Wie kann ich zuverlässig verhindern, dass die Hündin trächtig wird?** ?

Es gibt mehrere Möglichkeiten, Nachwuchs zu verhindern. Sofern Sie die Hunde während der Läufigkeit der Hündin nicht trennen können (was für das „ausgelagerte" Tier – meist den Rüden – auch sehr stressig ist), bleiben nur operative oder hormonelle Eingriffe. Viele Tierärzte raten von der für die Hundedame sehr belastenden hormonellen Läufigkeitsunterdrückung ab. Hinzu kommt, dass dies keine Dauerlösung sein sollte, da es die gefürchtete Gebärmutterentzündung begünstigen kann. Bleibt noch die Kastration (→ Seite 115), die von den meisten Tierärzten als die beste Lösung angesehen wird. Da dieser Eingriff beim Rüden weniger risikoreich ist, empfiehlt es sich meist, den Hundemann zu operieren.

**170. Treppen: Welche Hunde sollten besser keine Treppen laufen?** ?

Grundsätzlich sollten Welpen, Junghunde, Hunde mit langem Rücken (z. B. Dackel oder Bassets)

*Welpen sollten auf Treppen immer getragen werden. Eine Ausnahme ist nur das Treppentraining in der Welpenschule.*

sowie Gelenks- oder Rückenerkrankungen (z. B. Hüftgelenksdysplasie, Spondylose oder Teckellähme) wenn möglich keine Treppen laufen und nicht viel und hoch springen. Bei den jungen Vierbeinern können die noch nicht ausgehärteten Knochen unter dieser Belastung leiden und bei den anderen Risikogruppen eine Erkrankung begünstigen oder eine bestehende verschlimmern. Am gefährlichsten beim Treppenlaufen oder Springen ist das Aufkommen auf dem Boden: Gelenke und Wirbel werden gestaucht und dadurch extrem belastet. Deshalb sollten Sie von Hunden mit langem Rücken auch keine Kunststücke erwarten, die verlangen, sich nur auf den Hinterbeinen zu bewegen.

### 171. Trimmen: Was ist der Unterschied zwischen Trimmen und Scheren?

?

Beim Trimmen werden abgestorbene Haare aus dem Fell entfernt, um es wieder in Form zu bringen. Dies kann man mit den Fingern (zupfen) oder einem speziellen Trimmmesser tun. Dabei zieht man die Haare

1

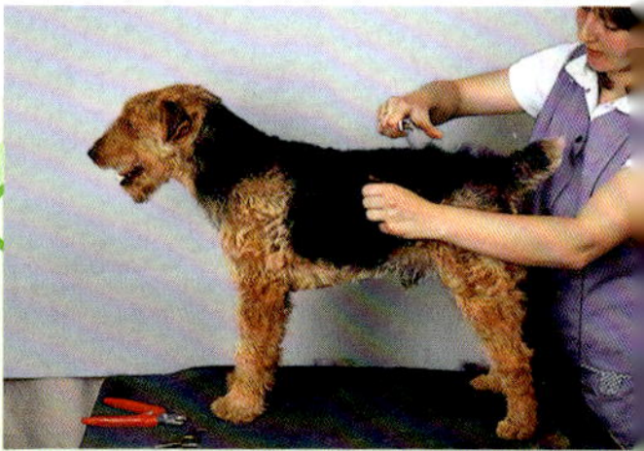

*Airedale Terrier und deren rauhaarige Kollegen werden mit einem speziellen Messer getrimmt, um totes Haar zu entfernen.*

2

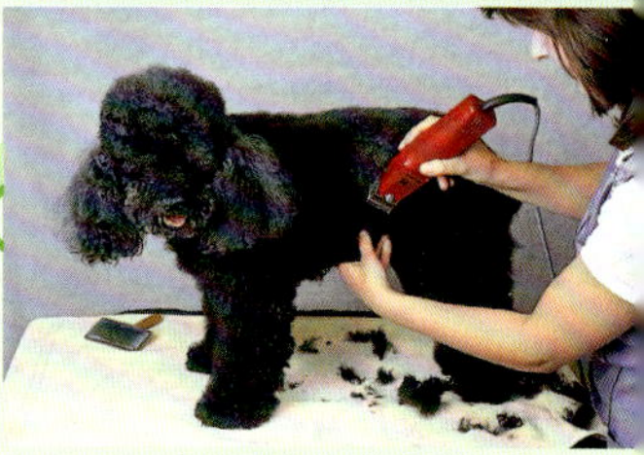

*Pudel und viele andere Vierbeiner müssen regelmäßig geschoren werden, damit ihre Haarpracht wieder in Form kommt.*

in Wuchsrichtung heraus, was dem Hund – wenn es fachmännisch gemacht wird – keine Schmerzen bereitet. Vorwiegend werden Hunde mit rauem Haar getrimmt, z. B. Terrier mit rauem Haar, Schnauzer oder Rauhaardackel. Der Pudel ist das klassische Beispiel für einen Hund, der geschoren wird. Schert man das Fell eines typischen „Trimm-Kandidaten" wie dem Foxterrier, verliert es bald an Farbe.

**172. Tumor: Meine 14 Jahre alte Mischlingshündin hat ein Knötchen am Gesäuge. Ist das Krebs, und muss sie operiert werden?** ?

Bei dem hohen Alter Ihrer Hündin kann es sich durchaus um einen Mammatumor (Gesäugetumor) handeln, vielleicht ist es aber auch ein ganz harmloser Knoten. Sie sollten die Ursache von Ihrem Tierarzt abklären lassen. Er wird Sie auch beraten, wie Ihr altes Mädchen weiter behandelt werden sollte. Häufig ist eine Operation aber die beste Therapie.

**173. Ungezieferhalsband: Ist es sinnvoll, meinem Hund ein Ungezieferhalsband anzulegen?** ?

Davon rate ich Ihnen ab. Diese Halsbänder geben ständig Chemikalien ab, und gerade wenn Kinder im Haushalt leben, die engen Körperkontakt mit dem Hund haben, halte ich das Ungezieferhalsband für bedenklich. Ich bevorzuge für meine Vierbeiner Spot-on-Präparate gegen Flöhe und Zecken, die es beim Tierarzt gibt. Diese werden dem Hund in einen Haarscheitel auf den Nacken geträufelt und bieten nach zwei Tagen recht zuverlässigen Schutz, der je nach Präparat und Art der Parasiten vier bis zwölf Wochen anhält. Wenn das Mittel nach wenigen Stunden vollständig abgetrocknet ist, wird der Wirkstoff nicht mehr an die Umgebung abgegeben.

**174. Urlaub: Wir wollen unseren Hund mit nach Spanien in den Urlaub nehmen. Stimmt es, dass es da Gesundheitsrisiken gibt?**

Ja, im Süden gibt es häufiger als bei uns gefährliche Krankheiten. Dazu gehören die Ehrlichiose, deren Erreger durch Zecken übertragen werden und die unter anderem Fieber, Appetit- und Gewichtsverlust verursachen. Bekannter ist die Leishmaniose, deren Überträger die Sandmücke ist. Es gibt zwei Formen, die eine betrifft hauptsächlich die Haut, die andere innere Organe, z. B. Herz, Nieren, Leber und Milz. Auch die Babesiose wird durch einen Zeckenbiss übertragen und kann zu Leberproblemen führen. Bei der Dirofilariose bzw. Herzwurmerkrankung erfolgt die Infektion über Mücken. Die bis zu 30 cm langen Parasiten setzen sich im Herzen fest und können Fieber, Atemnot, Anämie und Gelbsucht verursachen. Zu Hause wäre Ihr Hund sicherer aufgehoben, doch wenn er mit in den Süden reisen soll, ist das Wichtigste der Schutz vor Mücken und Zecken. Dazu benötigen Sie hochwirksame Mittel für Ihren Hund, die sie nur bei Ihrem Tierarzt bekommen, z. B. spezielle Protektorbänder oder Spot-on-Präparate. Vorbeugend sollten Sie Ihren Hund morgens und abends in der Dämmerung nicht nach draußen lassen und von Büschen und hohem Gras fern halten.

**175. Vergiftung: Woran erkenne ich, ob mein Hund eine Vergiftung hat?**

Das kommt auf die Art der Vergiftung an. Die Symptome sind sehr unterschiedlich und können auch auf andere Erkrankungen hinweisen. Alarmsignale sind z. B. Unruhe, Zittern, Lähmungen, Erweiterung oder Verengung der Pupille, Apathie, Speichelfluss, Durchfall, Atemnot, blasse Schleimhäute oder Herzrhythmusstörungen. Wann immer Ihr Hund plötzlich heftige körperliche Reaktionen oder Verhaltensänderungen zeigt, sollten Sie ihn schnellstmöglich zum Tierarzt bringen, weil eine Vergiftung dann nicht ausgeschlossen werden kann.

**176. Warzen: Meine Labradorhündin hat drei Warzen im Gesicht und am Körper. Ist das gefährlich für meinen Vierbeiner?** ?

In der Regel nicht. Oft handelt es sich dabei um gutartige, durch ein Virus verursachte Warzen (Papillome). Sie müssen nur entfernt werden, wenn sie häufiger bluten und sich entzünden. Auch andere Knötchen am Körper sind meist harmlos. Da einige Knoten jedoch entarten können, sollten Sie Ihren Hund vom Tierarzt untersuchen lassen. Besprechen Sie mit ihm, ob eine Behandlung nötig ist oder es vorerst ausreicht, das Wachstum der Knoten zu beobachten.

**177. Wolfskrallen: Soll ich die Wolfskrallen meines Hundes entfernen lassen?** ?

Als Wolfskrallen oder Afterkrallen werden die fünften Krallen an den Hinterläufen bezeichnet – nur wenige Hunde besitzen diese. An den Vorderläufen nennt man sie Daumenkrallen. Sie berühren beim Laufen nicht den Boden und nutzen sich nicht ab. Es besteht die Gefahr, dass sie rund- und damit einwachsen oder der Hund daran hängen bleibt und sich verletzt. Dem können Sie vorbeugen, wenn Sie die Krallen kurz halten (→ Seite 117). Eine Entfernung ist nur notwendig, wenn Ihr Hund sich häufig daran verletzt.

**178. Würmer: Kann mein Hund auch Würmer haben, wenn ich keine im Kot gesehen habe?** ?

Ja, das kann sein. Leidet Ihr Hund unter Bandwurmbefall, können Sie eventuell einige Bandwurmglieder im Kot erkennen, die wie kleine Reiskörner aussehen und über die der Wurm sich hauptsächlich verbreitet. Rundwürmer (z. B. Haken- und Spulwürmer) verbreiten sich über Eier oder kleine Larven, die mit bloßem Auge nicht oder kaum erkennbar sind, wenn sie mit dem Kot ausgeschieden werden. Erwachsene Rundwürmer werden nur bei sehr starkem Befall ausgeschieden. Ob Ihr Hund Würmer hat, können Sie durch die Untersuchung einer Kotprobe, die über einen Zeitraum von mehreren Tagen gesammelt wurde, bei Ihrem Tierarzt überprüfen lassen. Lassen Sie sich von ihm beraten, wie oft Sie Ihren Hund entwurmen sollten. Leben Kinder im Haushalt, wird dies neuerdings alle drei Monate bis monatlich empfohlen, ansonsten mindestens alle drei Monate oder nach positiven Kotuntersuchungen.

### 179. Zahnstein: Wie kann ich bei meinem Cocker Zahnstein vorbeugen? ?

Das Wichtigste ist, dem Belag auf den Zähnen keine Gelegenheit zu geben, sich zu verhärten und zu mineralisieren, denn so entsteht Zahnstein. Das können Sie erreichen, indem Sie Ihrem Spaniel jede Menge Kaumaterial anbieten, z. B. Trockenfutter, Kauknochen, spezielle Zahnreinigungsstreifen, Spielseile und andere geeignete Spielsachen. Durch den Abrieb beim Kauen wird der Belag entfernt. Zusätzlich sollten Sie Ihrem Cocker zweimal wöchentlich die Zähne putzen. Verwenden Sie dazu eine spezielle Zahnpasta, die gibt es sogar mit Hähnchengeschmack.

### 180. Zahnstein: Kann ich meinem Hund selbst Zahnstein entfernen? ?

Üblicherweise wird dessen Beseitigung dem Tierarzt überlassen. Der Eingriff erfolgt meist in Narkose, dabei werden die Zähne nach der Reinigung ordent-

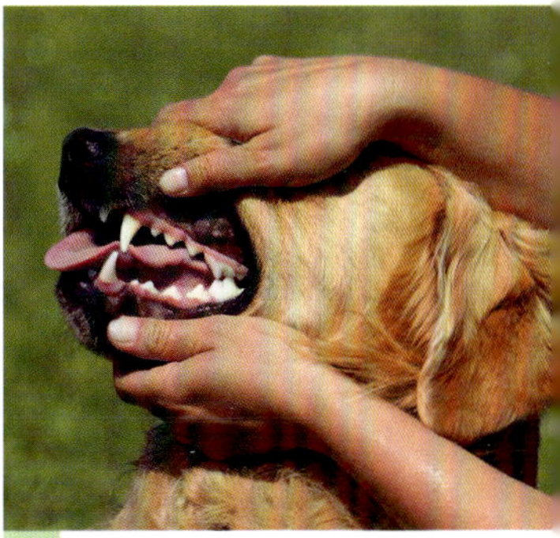

Üben Sie bereits mit dem Welpen die Gebisskontrolle. Dann lässt der erwachsene Hund das ohne Probleme zu.

lich poliert und halten so besser neuem Zahnstein stand. Wenn Sie Ihren Hund frühzeitig daran gewöhnen, er sich dabei brav verhält und Sie ein spezielles zahnärztliches Werkzeug – eine Art Schaber – verwenden, können Sie Zahnstein in gewissem Rahmen auch selbst entfernen. Gehen Sie aber behutsam vor und achten Sie darauf, dass der Vierbeiner nicht verletzt wird. Deshalb ist es wichtig, dass das Werkzeug immer vom Zahnfleisch zur Zahnspitze geführt wird. Anschließend können Sie auch die Zähne mit einer speziellen Paste aus dem Zoofachhandel und einem Stück Mull polieren. Sie werden den Zahnstein zwar nicht so gründlich wie der Tierarzt beseitigen können, Ihrem Cocker durch diese zusätzliche Vorbeugung eventuell jedoch alle oder zumindest einige Narkosen ersparen.

## 181. Zahnwechsel: Woran kann ich erkennen, ob alle Milchzähne unseres sechs Monate alten Labradors ausgefallen sind? ?

Das Gebiss eines Welpen hat 28, das eines erwachsenen Hundes 42 Zähne; zählen Sie die Zähne einfach durch. Es gibt aber auch erwachsene Hunde, die kein komplettes Gebiss haben. Bei einigen Rassen tritt dies gehäuft auf. Der Zahnwechsel beginnt mit etwa vier Monaten und müsste spätestens mit sieben Monaten abgeschlossen sein, bei kleinen Rassen in der Regel etwas früher als bei großen. Normalerweise fallen die

Milchzähnchen aus, bevor die neuen durchbrechen. Bieten Sie Ihrem Labrador in dieser Zeit viel Kauspielzeug an, denn sein Kaubedürfnis ist jetzt recht hoch. Positiver Nebeneffekt: Genügend Kaumaterial schont auch Ihre Möbel und Schuhe. Die ausgefallenen Zähne werden Sie nur selten entdecken, da der Welpe sie meist verschluckt. Ab dem fünften Lebensmonat sollten Sie das Gebiss Ihres Welpen wöchentlich genau unter die Lupe nehmen und prüfen, ob neben einem oder mehreren Milchzähnen bereits bleibende Zähne zu erkennen sind. Finden Sie noch hartnäckige Milchzähnchen, sollten Sie Ihren Hund dem Tierarzt vorstellen. Eventuell ist es notwendig, diese Zähne unter Narkose ziehen zu lassen, um spätere Zahnfehlstellungen zu vermeiden. Besonders bei doppelt vorhandenen Eckzähnen sollte der Milchzahn schnell entfernt werden. Von den leider immer noch empfohlenen Hausmitteln, den Milchzahn mit einer Münze auszubrechen oder auf andere Art selbst zu ziehen, rate ich dringend ab. Zu groß ist die Gefahr, dass der Zahn dabei abbricht und das verbliebene Stück aufwändig entfernt werden muss. Wichtig: Um Gebiss- und Zahnschäden vorzubeugen, sollten Sie Ihren Labrador bis zu seinem 18. Lebensmonat keine harten Gegenstände apportieren lassen. Besser geeignet sind spezielle Dummys aus dem Zoofachhandel.

## EXTRATIPP

**Tückische Borreliose**

**In unseren Breitengraden können Zecken Borreliose übertragen, einen bakteriellen Erreger. Wochen bis Monate nach einem Biss treten entzündliche Erkrankungen von Gelenken, des Herzens und/oder Nervensystems auf, meist von Fieber begleitet. Hunde können vorbeugend geimpft werden. Wichtig ist die Prophylaxe, z. B. durch Spot-on-Präparate. Die Blutsauger halten sich vorwiegend im hohen Gras, in Gebüschen, im Wald und in der Nähe von Wasser auf.**

**182. Zecken: Ist es richtig, dass man Zecken vor dem Entfernen erst mit Öl oder Alkohol beträufeln sollte?** ?

Nein, das darf man auf keinen Fall machen, auch nicht mit dem oft als „bewährtem Hausmittel" empfohlenen Klebstoff! Das setzt den Blutsauger unter Stress, und er gibt erst recht seinen Darminhalt samt eventuell vorhandener Krankheitserreger in die Haut ab – und genau dadurch kann die gefährliche Borreliose auf den Hund übertragen werden (→ Info, Seite 142). Untersuchen Sie Ihren Vierbeiner vom Frühjahr bis zum Herbst nach jedem Spaziergang gründlich auf Zecken hin. Gut geht das mit einem Flohkamm oder durch Abreiben des Fells mit einem hellen Mikrofasertuch (daran bleiben die Zecken hängen und sind gut erkennbar).

Hat eine Zecke bereits „Anker gesetzt", sollte sie innerhalb von 20 Stunden nach dem Biss entfernt werden, denn so lange braucht der Erreger, um von den Speicheldrüsen im Hinterleib der Zecke in den Hund zu gelangen. Entfernen Sie die Zecke nicht mit den Fingernägeln, dabei übt man meist zu viel Druck aus, sondern am besten mit Hilfe einer speziellen Zeckenzange aus dem Zoofachhandel. Beim Ziehen ist es wichtig, so wenig Druck wie möglich auszuüben und den Parasiten nicht zu quetschen, damit er seinen Speichel nicht in die Blutbahn abgibt. Dazu setzen Sie das Instrument zwischen der Haut des Hundes und dem Kopf der Zecke an und hebeln den Blutsauger heraus – mit einer leichten Drehung fällt das oft leichter, notwendig ist das aber nicht. Wichtig ist, dass die komplette Zecke samt Kopf entfernt wird. Bleibt der Kopf aber doch einmal stecken, ist das in der Regel nicht schlimm, und eine Borreliosegefahr geht davon auch nicht mehr aus. Entzündet sich die Bissstelle jedoch, sollten Sie den Hund unbedingt vom Tierarzt untersuchen lassen.

# Verhalten, Sinne und Körpersprache

Seinen Gefährten zu verstehen und seine Bedürfnisse zu kennen ist der Schlüssel zu einer glücklichen Mensch-Hund-Beziehung. Dieses Kapitel gibt Antworten auf Fragen zu Verhalten, Kommunikation und Sinneswelt der Hunde.

## 183. Aggressivität: Ist ein aggressiver Hund immer böse?

Nein. Hunde denken nicht in Begriffen wie „gut“ und „böse“. Die Gründe, warum ein Hund sich aggressiv verhalten kann, sind sehr vielfältig, z. B. Schutz und Verteidigung von Territorien und zu seinem Sozialverband gehörenden Menschen, Hunden oder anderen Tieren; Reaktion auf dominantes Verhalten von Menschen oder Hunden; Verteidigung von Futter, Spielzeug, bevorzugten Liegeplätzen; Erwerb von Nahrung, wenn diese knapp ist und dann anderen abgenommen wird, sowie Angst vor Schmerzen, z. B. durch Bestrafung, Misshandlung oder ungeschickte Kinder. Aggression gehört zum natürlichen Verhalten, wie bei der Hündin, die ihre Jungen verteidigt. Sie kann auch durch bewusste, fahrlässige oder unbewusste fehlgeleitete Sozialisation oder Haltung gesteigert sein. Allerdings kann die Bereitschaft zur Aggression auch durch die Zucht gesteigert werden (das bezieht sich nicht auf bestimmte Rassen, sondern bestimmte Zuchtlinien). Die wenigsten Hunde verhalten sich aggressiv, weil sie „böse“ sind, sondern vielmehr ihr natürliches Verhalten ausleben. Problematisch wird es, wenn ein Hund kein situationsangemessenes Verhalten zeigt und in seinem Verhalten gestört ist.

## 184. Aggressivität: Bedeutet Aggressivität, dass ein Hund beißt?

Schon ein bestimmter Blick oder das Hochziehen der Lefzen ist eine aggressive Handlung. Aggressiv bedeutet also nicht, dass ein Hund immer beißt. Aggressives Verhalten ist für Hunde eine Form der Kommunikation. Da sie für ihre Verständigung keine Worte zur Verfügung haben, müssen sie sich anders mitteilen. Will z. B. Hund A Hund B einen Knochen streitig machen, kann Hund B nicht sagen: „Vorsicht Junge, das ist mein Knochen. Hau ab, sonst kracht’s“, sondern er wird, wenn ein warnender Blick nicht ausreicht, wahrscheinlich die Lefzen hochziehen und knurren. Hund A hat durch dieses Drohverhalten die Gelegenheit, sich zu trollen und einen Konflikt zu vermeiden. So kann das aggressive Verhalten dazu führen, dass beiden eine Auseinandersetzung um den begehrten Knochen erspart bleibt. In vielen Fällen dient aggressives Verhalten also der Vermeidung von ernsthaften Konflikten. Die abgestuften Formen des Drohverhaltens ermöglichen es den Beteiligten, das Kampfpotenzial des Gegenübers einzuschätzen und im Verhältnis dazu das eigene zu bewerten. Je nach Wichtigkeit der Ressource (hier des Knochens), dem Grad der Entschlossenheit und der Einschätzungen der eigenen und fremden Kampfbereitschaft wird dann auf eine Eskalation verzichtet oder nicht.

## 185. Allein bleiben: Warum bellt mein Hund immer, wenn er allein ist?

Er bellt, weil Sie außer Reichweite sind. Für Hunde ist es ganz wichtig, mit ihren Sozialpartnern zusammen zu sein. Wird ein Hund von seinem Rudel getrennt, versucht er durch Bellen oder Heulen mit den anderen Kontakt aufzunehmen. Es ist also ein ganz normales Verhalten Ihres Hundes. Da es aber nicht immer möglich ist, seinem Vierbeiner rund um die Uhr Gesellschaft zu leisten, muss er behutsam an die stundenweise Trennung von seinen Menschen gewöhnt werden. Das Training fängt damit an, dass

*Das Hochziehen der Lefzen ist ein Drohsignal und gibt dem Gegenüber die Gelegenheit, sich zurückzuziehen.*

man in den Nebenraum geht und kurz die Tür hinter sich schließt, während der Hund schläft oder mit einem Spielzeug oder Kauknochen beschäftigt ist. Nach einer Weile betreten Sie wieder das Zimmer, in dem sich der Hund aufhält. Nur so kann Ihr Vierbeiner lernen, dass seine Sozialpartner wiederkommen und ihn nicht verlassen haben.

### 186. Alter: Zählt ein Lebensjahr eines Hundes immer sieben Menschenjahre?

Nein. Diese alte Regel ist überholt. Ein Hund ist z. B. mit einem Jahr bereits geschlechtsreif, ein siebenjähriger Mensch noch lange nicht. Wenn man das Alter eines Hundes mit dem eines Menschen vergleichen möchte, muss man auch immer Größe und Rasse des Hundes berücksichtigen. So sind die kleinen Vierbeiner meist frühreifer, aber auch langlebiger. Für einen mittelgroßen Hund könnte man in etwa umrechnen, dass ein Hundejahr 16 Menschenjahren, drei Hundejahre 30 Menschenjahren, sieben Hundejahre 50 Menschenjahren und zwölf Hundejahre 70 bis 75 Menschenjahren entsprechen.

### 187. Angriff: Soll ich mich stets durchsetzen, wenn mein Dobermann ein Kommando nicht befolgen will und mich deshalb sogar angreift?

Grundsätzlich gilt, dass der Halter auf die Ausführung eines einmal gegebenen Kommandos bestehen soll. Das ist aber nur sinnvoll, wenn er gelernt hat und in der Lage ist, dies richtig umzusetzen. Greift ein Dobermann an, sind nur die wenigsten Personen in der Lage, dies abzuwehren. Geht der Hund aus dieser „Auseinandersetzung“ als Sieger hervor, sinkt die Chance rapide, Einfluss auf den Hund auszuüben. Ich empfehle Ihnen, schleunigst einen erfahrenen Hundetrainer aufzusuchen und mit Ihrem Hund ein Paket

## AUSDRUCKSVERHALTEN

**Körpersprache und Mimik setzen sich aus vielen Elementen zusammen. Eine Beurteilung ist nur bei genauem Hinschauen und dem Erkennen des Zusammenhangs möglich.**

NEUTRALES VERHALTEN
Stehohren nach oben gerichtet, bei Hängeohren ist Ohrwurzel nach vorn gezogen. Rute entspannt, je nach Rasse. Blick entspannt.

IMPONIEREN
Ohren leicht nach vorn geneigt. Vermeidung des Blickkontakts. Steifbeiniger Gang. Rute hoch aufgerichtet, eventuell Aufreiten oder T-Stellung (sich quer vor den anderen stellen).

ANGRIFFSDROHEN
Ohren zeigen nach hinten. Die Mundwinkel sind kurz und rund. Die Rute ist weit über die Rückenlinie gezogen, das Fell gesträubt.

ABWEHRDROHEN
Die Ohren sind eng am Hinterkopf angelegt, und die Lefzen bilden einen Schlitz bis zu den Backenzähnen, die Zähne werden dabei gezeigt. Die Rute ist eingekniffen.

UNSICHERHEIT/ANGST
Ohren nach hinten gelegt. Unsicherer, ausweichender Blick. Gesichtshaut straff, Kopf gesenkt. Die Rute ist unter den Bauch gezogen.

UNTERWERFUNG
Die Ohren sind angelegt oder abgespreizt. Die Lefzen werden zurückgelegt, die Zähne nicht gezeigt. Die Rute wedelt, die Gliedmaßen sind eingeknickt. Die Schnauze wird geleckt.

Einzelstunden zu buchen. Welche Aggressionsart hier vorliegt, z.B. verursacht durch Sterss oder Angst (→ Seite 146), kann nur ein guter Trainer beantworten und dann einen entsprechenden Trainingsplan für Sie beide aufstellen. Gehen Sie bis dahin einer Konfrontation mit Ihrem Dobermann lieber aus dem Weg.

### 188. Aufreiten: Mein sieben Monate alter Westi-Rüde „begattet" das Sofakissen. Ist das normal?

Sie scheinen da ein potentes kleines Kerlchen zu haben. Ihr Westi steckt mitten in der Pubertät und entdeckt seine Sexualität. Das kann durchaus solche Ausmaße annehmen, dass auch ein Sofakissen dafür herhalten muss. Trotzdem sollten Sie ihm das nicht erlauben. Probieren Sie, sein Verhalten mit einem strengen „Nein!" zu unterbinden. Lässt er trotzdem nicht vom Kissen ab, können Sie ihn mit einer Wasserpistole nass spritzen. Wenn alles nichts hilft, schicken Sie am besten alle für Ihren Hund attraktiven Kissen ins „Exil". Erwachsene Hunde sollten dieses Verhalten nicht mehr zeigen, das weist auf einen übersteigerten Sexualtrieb hin. In leichten Fällen kann man übersteigertes Sexualverhalten meist gut mit homöopathischen Mitteln in den Griff bekommen, zumindest eine Zeit lang. Reicht dies aber nicht aus, sollten Sie mit Ihrem Tierarzt die Möglichkeit einer Kastration erörtern. Übersteigerte Potenz kann auch in anderen Bereichen zu Problemen führen, z. B. während des Kontakts mit Artgenossen.

### 189. Augenlid: Warum haben Hunde ein drittes Augenlid?

Dieses Augenlid, das man manchmal sehen kann, wenn ein Hund schläft, hat eine zusätzliche Schutzfunktion. Wenn Hunde durch Gestrüpp laufen, schützt es die Augen vor Verletzungen.

**190. Beißen: Stimmt es, dass Hunde, die bellen, nicht beißen?**

*Aufreiten ist nicht immer sexuell motiviert, es kann auch eine Dominanzgeste sein. Beim Menschen ist es tabu!*

Vermutlich geht diese alte Weisheit auf Hunde zurück, die früher Herden oder Höfe zu bewachen hatten. Das Wichtigste bei ihrem „Job“ war, dass sie lautstark anschlugen, wenn sich ein Dieb oder ein Raubtier näherte. So wurden diese durch das Bellen an der ungestörten Ausführung ihres Vorhabens gehindert und haben meist unverrichteter Dinge das Weite gesucht. Diese Hunde hatten es kaum nötig zu beißen, da sie mit Bellen schon ihr Ziel erreichten. Auch heute noch wird laut Polizeiangaben seltener in Häuser und Wohnungen eingebrochen, wo sich Hunde aufhalten. Doch man sollte sich nicht darauf verlassen, dass ein bellender Hund nicht beißt: Kann er mit seiner Lautstärke nicht sein Ziel erreichen, wird er vielleicht seine Zähne einsetzen. Bellen kann auch zu einem Angriff gehören.

**191. Bellen: Stimmt es, dass Hunde je nach Situation unterschiedlich bellen?** ?

Das ist richtig. Es gibt verschiedene Arten des Bellens mit unterschiedlicher Bedeutung, z. B. das Anschlagen mit warnendem Charakter, drohendes Bellen, Bellen zur Spielaufforderung oder als Ausdruck der Erregung bei der Begrüßung. Forderndes Bellen, z. B. wenn der Hund Hunger hat oder raus muss, Bellen beim Verfolgen (Sichtlaut) oder Aufspüren (Spurlaut) einer Beute oder das Kontaktbellen, das viele Hunde hören lassen, wenn sie allein sind und ihr Rudel rufen (→ Seite 147). Je nach Art des Bellens variiert dies auch in Tonhöhe und Länge, und viele Hundehalter können am Bellen ihres Vierbeiners erkennen, warum er gerade Laut gibt. Die Bellfreudigkeit kann zwischen verschiedenen Rassen und einzelnen Hunden erheblich variieren und durch Bestärkung (→ Info, Seite 207) auch gesteigert werden.

**192. Beschwichtigungssignale: Ich habe neulich in einem Buch den Begriff „Beschwichtigungssignale" gelesen. Was ist das?** ?

Die genaue Definition und welche Signale tatsächlich dazugehören, wird von den Fachleuten der Hundeszene noch immer eifrig diskutiert. Fest steht, dass diese Verhaltensweisen zum normalen Hunderepertoire gehören. Grundsätzlich dienen sie dazu, einen Hund oder Mensch zu besänftigen und so einen Konflikt zu entschärfen, diesem vorzubeugen oder Wohlwollen zu erlangen. Ob es nun lediglich das Lecken der Schnauze des Gegenübers, die Seitenlage, die unterwürfige Begrüßung und das Pföteln sind oder z. B. auch das Wedeln und Lecken der eigenen Schnauze dazugehören, ist strittig. Beschwichtigungssignale werden häufig mit Konflikthandlungen verwechselt, die aber eine ganz andere Bedeutung haben (→ Seite 180). Eine korrekte Deutung ist immer situationsabhängig.

**193. Blindheit: Unser Hund hat eine Augenerkrankung, an der er erblinden wird. Müssen wir ihn dann einschläfern lassen?** ?

Nein, das müssen und sollten Sie nicht. Für Hunde hat das Augenlicht nicht den gleichen Stellenwert wie für uns Menschen. Hunde können sich auch mit ihrem hervorragenden Gehör (→ Seite 157) sowie ihrem außerordentlichen Geruchs- und Tastsinn (→ Seite 158) so gut zurechtfinden, dass es manchmal gar nicht auffällt, wenn ein Hund nicht sehen kann. Sie trauern auch nicht der verlorenen Sehkraft nach, sondern gleichen den Verlust durch andere Fähigkeiten aus. Hunde sind wahre Anpassungskünstler. Sie können Ihrem Vierbeiner die Umstellung allerdings leichter machen, indem Sie keine Möbel mehr verrücken. So kann er sich leichter in seiner gewohnten Umgebung zurechtfinden. Ist noch ein zweiter Hund vorhanden, wird er sich vielleicht dann auch mehr an diesem orientieren.

## 194. Dominanz: Ist mein Bearded Collie dominant, weil er vor mir durch die Tür geht? ?

Um den Dominanzbegriff werden heftige Diskussionen geführt. Sie sollten das Verhalten Ihres Bearded Collies immer im Zusammenhang bewerten. Zum Verhalten eines dominanten Hundes (→ Info, links) gehören z. B. selbstsicheres Auftreten, die Bewegung seines Gegenübers einzuschränken (z. B. sich in den Weg zu stellen), Ignoranz, den „Startschuss" für eine Aktion zu geben (z. B. für ein Spiel oder den nächsten Gassigang), für sich selbst uneingeschränkte Bewegungsfreiheit einzufordern oder auf einem bevorzugten Platz zu liegen (z. B.

> **INFO**
>
> **Dominanz**
> Kein Hund ist an sich dominant. Ein Vierbeiner, der sich dominant verhält, braucht immer ein Gegenüber, dem dieses Verhalten gilt. Wird das dominante Verhalten dauerhaft akzeptiert und zeigt der andere sich unterwürfig, handelt es sich um eine stabile Rangfolge. Wird der Führungsanspruch infrage gestellt, kann es zu einer Auseinandersetzung kommen (→ Seite 173).

auf dem Sofa oder im Bett). Man könnte das Verhalten Ihres Beardies durchaus als dominant bewerten, wenn er Ihnen häufiger den Weg versperrt oder sich vordrängelt und auch sonst öfter versucht, Ihnen Ihre Position streitig zu machen, Sie z. B. anknurrt, wenn Sie sich neben ihn auf das Sofa setzen wollen. Dann ist er mit seinem „dreisten" Verhalten durchgekommen und hat es erlernt. Es kann aber auch sein, dass er einfach noch etwas ungestüm in seiner Vorfreude auf einen Spaziergang ist. Auch wenn sein Verhalten eventuell nicht dominant ist, sollten Sie ihm aber beibringen, hinter der Tür zu sitzen und abzuwarten, bis Sie draußen die Lage „gecheckt" haben. So behalten Sie auch in unvorhersehbaren Situationen die Kontrolle, und Ihr Beardie läuft z. B. nicht vor ein vorbeifahrendes Auto.

### 195. Dominanzstreben: Will jeder Hund Chef des Rudels werden?

Nein. Nicht jeder Hund wartet nur die passende Gelegenheit ab, um in der Hierarchieleiter nach oben zu steigen. Viele leben glücklich und genießen die Freiheiten, die sie in einem klar gesteckten Rahmen und Regelwerk ausleben können. Manche Hunde haben ein besonders starkes Selbstbewusstsein, testen die Grenzen öfter aus und brauchen einen sehr souveränen und durchsetzungsfähigen Führer. Doch selbst richtig

**EXTRATIPP**

**Die Rangfolgephase**
Sie liegt in der Zeit von der 13. bis zur 16. Woche. Der Welpe stellt wieder vieles von dem infrage, was er bereits gelernt hat. Das kann z. B. die Autorität des Menschen sein oder auch eine plötzlich auftretende Unsicherheit vor schon bekannten Dingen. Der Hundehalter muss seinem Vierbeiner nun deutliche Grenzen setzen und ihm andererseits Sicherheit vermitteln.

„kernige“ Gesellen werden einem solchen bereitwillig folgen, solange er keine Schwächen zeigt. Die meisten Probleme in der Rangfolge zwischen Mensch und Hund gibt es, weil die Zweibeiner zu wenig über ihre tierischen Gefährten wissen und schlichtweg Fehler in der Erziehung machen oder nicht konsequent genug sind. Der Hund ist dadurch verwirrt, verliert den Respekt vor dem zweibeinigen „Rudelführer“ und sieht sich veranlasst, die Ordnung wieder herzustellen, indem er versucht, die Führung zu übernehmen.

**196. Entwicklungsphasen: Was ist der Unterschied zwischen der Präge- und der Sozialisierungsphase?** ?

Diese Begriffe beziehen sich auf bestimmte Entwicklungsphasen des Welpen, wie sie von dem Verhaltensforscher Eberhard Trumler definiert wurden. Mit Prägephase wird der Zeitraum ab der vollendeten 3. Woche bis zur vollendeten 7. Woche beschrieben. Inzwischen wird diese Zeit unter anderem als die „sensible“ oder „kritische“ Phase bezeichnet. Der Welpe entdeckt nun seine Umwelt. Die Erfahrungen, die er jetzt macht, setzen wichtige Weichen für sein späteres Leben, und er lernt besonders leicht. Im Spiel untereinander und mit der Mutter lernen die Kleinen z. B. ihr Ausdrucksverhalten einzusetzen und zu verfeinern, Körperbeherrschung, wichtige Verhaltens- und Ausdrucksweisen sowie die Anpassung an unterschiedliche Situationen. Hat ein Welpe nun keinerlei Kontakt mit Menschen, wird er sich später kaum noch an sie gewöhnen können.
Die Sozialisierungsphase findet laut Trumler von der 8. bis zur 12. Woche statt, einige Fachleute bezeichnen damit die Zeit von der 3. bis zur 12. bzw. sogar 16. Woche. Der Welpe ist ab der 9. Lebenswoche meist in der Obhut seiner neuen Familie und lernt nun wichtige Regeln des Soziallebens, z. B. im Verhalten gegenüber Menschen, Artgenossen und anderen Tieren. Es

ist wichtig, dass er nun mit vielen Situationen vertraut gemacht wird, denen er auch im späteren Leben begegnet. Erste Kommandos sollten nun eingeübt und – ganz wichtig – eine innige Beziehung zu seinen Menschen aufgebaut werden. Man darf die zeitlichen Angaben aber nicht allzu starr verstehen, diese können bei verschiedenen Rassen und Individuen variieren, je nach körperlicher und geistiger Reife. Zudem ist die Entwicklung immer ein fließender Prozess.

## 197. Farben: Können Hunde Farben sehen?

Ja, aber nicht so wie der Mensch. Früher dachte man, dass Hunde ihre Umwelt nur schwarzweiß erleben, doch sie scheinen auch Farben wahrnehmen zu können. Allerdings sind Farbenspektrum und Farbintensität nicht so groß wie beim Menschen. Forschungen aus den USA zufolge können unsere Vierbeiner nicht Gelbgrün, Gelb, Orange und Rot voneinander unterscheiden, vergleichbar den Menschen, die an einer „Rotgrün-Blindheit" leiden. Das liegt daran, dass Hunde im Auge weniger Zapfen als der Mensch besitzen, und diese Zapfen sind für das Farbensehen zuständig. Das macht durchaus Sinn: Als Fleischfresser ist das Erkennen und Unterscheiden von Farben nicht so wichtig, wie es das z. B. für ein Tier ist, das sich hauptsächlich von Früchten ernährt. Hunde besitzen aber mehr Stäbchen, die für das Hell-Dunkel-Sehen verantwortlich sind (→ Seite 177), und können Bewegungen viel besser wahrnehmen als der Mensch.

*Hunde nehmen die Umwelt anders wahr als wir Menschen und reagieren deswegen für uns oft nicht nachvollziehbar.*

**198. Freilauf: Stimmt es, dass sich alle Hunde miteinander vertragen, wenn sie frei laufen?** ?

Nein! Dieser „Mythos“ hält sich hartnäckig. Es stimmt zwar, dass Hundebegegnungen meist unproblematisch verlaufen, wenn die Tiere sich ohne die Einschränkung durch eine Leine kennen lernen können. Dann haben sie die Möglichkeit, alle Bestandteile einer arttypischen Begrüßung zu zelebrieren, z. B. das gegenseitige Beschnuppern und Umkreisen, und können sich aus dem Weg gehen, wenn sie sich nicht „grün“ sind. Es gibt allerdings auch immer Hunde, die nicht miteinander können und Artgenossen, die die Hundesprache nicht beherrschen und dadurch Konflikte heraufbeschwören. Eine Garantie dafür, dass sich frei laufende Hunde gut miteinander verstehen, gibt es nicht. Einfluss darauf hat übrigens auch der Mensch am anderen Ende der Leine.

**199. Gehör: Wieso sind Hunde in der Lage, lautlose Pfeifen zu hören?** ?

Diese Hundepfeifen sind nur für uns lautlos, denn sie erzeugen hochfrequente Töne im Ultraschallbereich. Ein junger Mensch kann nur Frequenzen im Bereich von 16 Hz bis maximal 20.000 Hz wahrnehmen, je älter der Mensch, desto niedriger ist der von ihm wahrnehmbare Frequenzbereich. Hunde haben aber die Fähigkeit, Frequenzen von 15 Hz bis 50.000 Hz zu hören. Nützlich ist dies auch heute noch für Hunde, die z. B. gern mal ein Mäuschen fangen. Nicht nur der Geruch bringt sie auf dessen Fährte, sondern auch die von der Beute ausgestoßenen Laute im Hochfrequenzbereich. Besser als die lautlose Pfeife ist aber eine Büffelhornpfeife. Im Gegensatz zur lautlosen Pfeife ist die Büffelhornpfeife für Sie hörbar, und Sie können jederzeit kontrollierern, ob Sie tatsächlich gepfiffen haben. Auch das Material ist im Winter angenehmer am Mund als das Metall.

## 200. Geruchssinn: Wieso können Hunde so gut riechen?

Von allen Sinnen des Hundes ist sein Geruchssinn der herausragendste und dem des Menschen weit überlegen. Die Oberfläche der Riechschleimhaut des Hundes ist rasseabhängig mit durchschnittlich 150 $cm^2$ etwa 40-mal so groß wie die des Menschen und bietet im Schnitt 175 Mio. Riechzellen Platz. Der Mensch besitzt nur 8 Mio. Riechzellen. Dazu kommt noch eine besondere Art des Riechens: Hunde saugen die Luft förmlich ein und nehmen die darin enthaltenen Gerüche noch intensiver wahr. Das befähigt die Vierbeiner dazu, Geruchsmoleküle zu erschnuppern, die der Mensch nur in millionenfach höherer Konzentration wahrnehmen kann.
Auch das Gehirn des Hundes ist in Sachen Geruch besser ausgerüstet als beim Menschen und kann die Geruchsreize besser verarbeiten. Dadurch können wir auch kaum Emotionen vor unseren vierbeinigen Gefährten verbergen, denn Hunde sind in der Lage, auch hormonelle Veränderungen in unserem Körper zu riechen. Sie können sogar auf einen epileptischen Anfall frühzeitig aufmerksam machen oder Hautkrebs am Geruch erkennen.

## 201. Geruchssinn: Was ist das Jacobson'sche Organ?

Dabei handelt es sich um ein Organ im Nasenhöhlenboden, das eine Öffnung zwischen Nase und Mund schafft und sich vermutlich auf den Geschmackssinn auswirkt. Wahrscheinlich hat das Jacobson'sche Organ auch einen Einfluss auf die Wahrnehmung von Sexualduftstoffen (Pheromone). Annahmen zufolge werden die Reize dieser Duftstoffe vom Jacobson'schen Organ direkt an den zuständigen Bereich des Gehirns weitergegeben, damit dort die entsprechende körperliche Reaktion veranlasst werden kann.

202. **Geschlechtsreife: In welchem Alter sind Hunde geschlechtsreif?** ?

Hunde werden meist im Alter zwischen sechs und neun Monaten geschlechtsreif, können es aber auch je nach Rasse und Veranlagung früher oder später sein. Als Faustregel kann man sagen: Je größer der Hund, desto später ist er geschlechtsreif. Ob ein Hund geschlechtsreif ist, erkennen Sie bei einem Rüden daran, dass er das Bein hebt und sich vermehrt für das andere Geschlecht interessiert; Hündinnen werden das erste Mal läufig (→ Seite 120).

203. **Gewissen: Haben Hunde ein schlechtes Gewissen, wenn sie etwas angestellt haben?** ?

Ein Gewissen zu besitzen setzt moralisches Handeln voraus, und das ist Hunden fremd; sie denken nicht in Kategorien wie Gut und Böse. Auch wenn es manchmal schwer nachzuvollziehen ist, weil die Reaktionen unserer Vierbeiner nach einer „Missetat" offenbar eindeutig auf ein schlechtes Gewissen hinzuweisen scheinen: Was wir gern als Gewissen bei Hunden bezeichnen, ist hauptsächlich deren Fähigkeit, unsere Stimmungen aufzufangen. Wir sind für unsere tierischen Hausgenossen wie ein offenes Buch: Gestik, Mimik, Körperhaltung, Tonfall und sogar Körpergerüche verraten unsere Stimmung ganz genau, wir können nichts vor ihnen verbergen. Hunde nehmen unseren Ärger oder unsere Wut genau wahr und reagieren in diesen Fällen beschwichtigend darauf (→ Seite 152), um einem Tadel oder einer Bestrafung vorzubeugen. Das ist z. B. dann der Fall, wenn man wütend seine Stimme erhebt.
Andere Hunde haben einfach Lehren aus ihren Erfahrungen gezogen, wie im folgenden Beispiel: Wenn ein Hundehalter beim Nachhausekommen seinen Vierbeiner regelmäßig schimpft, weil dieser die ganze Zeit gebellt, etwas kaputtgemacht oder eine Pfütze im

Zimmer hinterlassen hat, wird der Hund seinen „Herrn" schon bald beschwichtigend begrüßen, gar nicht mehr aus dem Körbchen kommen oder sich in einer Ecke oder unter einem Möbelstück verstecken, weil er wieder eine Schimpftirade erwartet, ohne aber den genauen Grund zu kennen. Er weiß nur, wenn der Mensch nach Hause kommt, gibt es Ärger. So sollte das Zusammenleben mit einem Hund als Hausgenossen natürlich nicht ablaufen. Mit Moral haben diese Beispiele nichts zu tun. Vielmehr handelt es sich um erlernte Verhaltensstrategien, um Ärger aus dem Weg zu gehen.

## 204. Hecheln: Warum hecheln Hunde?

?

Meist hecheln sie, um ihre Körpertemperatur auszugleichen. Durch die Verdunstung des Speichels beim Hecheln schaffen sie sich Kühlung. Viele Hunde hecheln aber auch, wenn sie Schmerzen haben, erschöpft oder krank sind, unter Stress und Anspannung stehen, Angst haben oder unsicher sind. Hechelt ein Hund in Ruhe und bei normaler Umgebungstem-

1 *Gegenseitiges Beschnüffeln gehört zur hundlichen Begegnung. Körpergerüche geben wichtige Informationen preis.*

2 *Nebem dem Geschlecht erfahren Hunde durch Körperdüfte auch den Rang des Artgenossen und schätzen ihn ein.*

peratur, ist das immer ein Zeichen dafür, dass etwas nicht stimmt und man ihn genauer beobachten sollte.

**205. Hundebegegnung: Mein Schäferhund versteht sich mit den meisten Hunden gut, wenn er frei läuft. An der Leine ist er ihnen gegenüber aber sehr feindselig. Woran liegt das?** ?

Meist ist mangelnde Sozialisierung im Welpenalter die Ursache, dass Hunde sich Artgenossen gegenüber nicht angemessen verhalten. Es kann daran liegen, dass er sich durch die Nähe zu Ihnen besonders „stark" fühlt und den Macho herauskehrt. Vielleicht ist er an der Leine aber auch besonders ängstlich, weil er durch die räumliche Einschränkung weder das unter Hunden übliche Begrüßungsritual durchführen kann, noch die Möglichkeit zur Flucht hat, wenn er sich bedroht fühlt. Häufig verhalten Vierbeiner sich an der Leine auch feindselig, weil sie die Unsicherheit ihres Menschen spüren, der beim Anblick des anderen Hundes die Leine kurz hält, hektisch wird und den Vierbeiner „vorsorglich" vielleicht schon schimpfend zur Ruhe ermahnt. Ich empfehle Ihnen, dass Sie gemeinsam mit einem Hundetrainer die Ursache herausfinden und versuchen, an diesem Problem zu arbeiten.

**206. Hundebegegnung: Warum umkreisen Hunde sich bei einer Begegnung?** ?

Am ausgeprägtesten ist diescs Verhalten in der Regel, wenn zwei fremde Hunde sich das erste Mal begegnen. Beim Umkreisen imponieren sie sich, schätzen dabei einander ein und tauschen Informationen aus, z. B. über Körperkraft, Status und die Absichten des anderen. Die Körpersprache spielt dabei eine wichtige Rolle. Handelt es sich um zwei sozial kompetente und gelassene Hunde, ist der Ringelpietz bald wieder vorbei und jeder Vierbeiner geht seiner Wege. Manchmal bedarf es auch einer Rangelei, bis geklärt ist, welcher von beiden Hunden überlegen ist. Problematisch kann es werden, wenn zwei sehr ähnliche Hunde, z. B. unsichere oder solche mit ausgeprägtem Schutzinstinkt, aufeinander treffen. Schwierig ist auch, wenn der Halter Hektik verbreitet oder sogar seinen Hund aus der Situation herausholen möchte. Die beste Reaktion: Einfach weitergehen und nicht in das Geschehen eingreifen.

## 207. Intelligenz: Gibt es Rassen, die klüger sind?

Es gibt Rassen, die sich leichter erziehen lassen, Kommandos schneller lernen und mehr Kooperation mit dem Menschen zeigen als andere. In einer Studie von Stanley Coren wurde die Arbeits- und Gehorsamsintelligenz verschiedener Rassen in einer Rangfolge verglichen. Der Border Collie belegt darin Platz eins, und der Afghanische Windhund schneidet als Letzter ab. Das bedeutet aber nicht, dass der Afghane dumm ist. Intelligenz ist kein starrer Faktor, sondern anhand von vielen Faktoren zu bewerten. Ist ein Hund intelligenter, weil er bei seiner Hütearbeit hauptsächlich nach Anweisung seines Menschen handelt und dement-

### EXTRATIPP

**Die Sinneswelt des Hundes**

**Unsere Vierbeiner befinden sich in einer völlig anderen Welt als wir. Sie erfahren die Umgebung anders und können aufgrund ihres unglaublichen Geruchssinns und Gehörs Dinge wahrnehmen, die uns verborgen bleiben. Wundern Sie sich nicht, wenn Ihr Hund plötzlich ganz aufgeregt ist und Sie keinen Grund dafür erkennen können. Vielleicht hat er eine Beute erschnuppert, den Duft einer „heißen" Hündin oder die Duftmarke seines Erzrivalen in die Nase bekommen.**

sprechend leicht Kommandos erlernt, wie der Border Collie? Oder ist der Hund intelligent, der früher bei der Jagd das Wild kilometerweit allein verfolgen und eigenständige Entscheidungen treffen musste und deshalb sehr selbstständig handelt, wie der Afghane? Rassen kann man nur bedingt miteinander vergleichen. Maßstab für einen Intelligenzvergleich ist eher, wie gut ein Hund in der Lage ist, entsprechend seiner Veranlagung zu handeln und sich anzupassen. Dabei spielen aber nicht nur die Gene eine Rolle, sondern auch die Erfahrungen und die Förderung.

**208. Kastration: Ist es richtig, dass Hunde ihr Wesen nach einer Kastration verändern?** ?

Kein Hund verliert durch eine Kastration seine jagdlichen Fähigkeiten oder seine Bindung an den Besitzer. Da nach diesem Eingriff aber nicht mehr so viele Sexualhormone gebildet werden, wird sich vor allem das sexuell motivierte Verhalten ändern (→ Seite 115). Viele Hunde werden nach der Kastration entspannter. Rüden werden sich nicht mehr so intensiv für das andere Geschlecht interessieren, Streuner gehen nicht mehr so oft ihre eigenen Wege, und auch der Kontakt mit männlichen Artgenossen verläuft meist reibungsloser – schließlich ist es nun nicht mehr nötig, sich als Macho zu präsentieren. Je später allerdings ein Rüde kastriert wird, desto höher ist die Wahrscheinlichkeit, dass er Teile dieses Verhaltens beibehält. Ein Rüde, der Geschlechtsgenossen gegenüber jahrelang als „Rüpel" aufgetreten ist, wird nicht plötzlich lammfromm. Sein Verhalten hat sich ritualisiert. Kastrierte Rüden werden von Geschlechtsgenossen allerdings oft nicht mehr als „Männer" wahrgenommen, was wiederum zu Konflikten führen kann. Durch den Mangel an Testosteron können vorher unsichere Rüden noch ängstlicher werden. Bei Hündinnen sind die Verhaltensunterschiede nicht immer so deutlich. Es verlieren sich aber die „Gemütsschwankungen", die vorher im Rahmen der Läufigkeit oder Scheinträchtigkeit auftraten. Bei vielen kann nun eine gewisse „Lässigkeit" beobachtet werden, einige zeigen sich sogar selbstsicherer, andere werden verspielter. Wird allerdings eine aggressive Hündin kastriert, kann sich die Aggressivität verstärken. Dass einige Hunde nach der Kastration fauler werden, hängt in vielen Fällen mit der Gewichtszunahme zusammen, die durch den veränderten Stoffwechsel verursacht wurde. Da helfen dann nur Bewegung und eine Diät.

**209. Kastration: Mein Briard-Rüde ist aggressiv. Hilft da eine Kastration?** ?

Bevor Sie eine Kastration erwägen, sollte gemeinsam mit einem guten Hundetrainer und Ihrem Tierarzt die Ursache der Aggressivität ausgemacht werden. In einigen Fällen kann aggressives Verhalten durch ein individuelles Training beseitigt werden. Tritt die Aggression aber meist im Kontakt mit Geschlechtsgenossen auf, kann der Eingriff durchaus sinnvoll sein, da der Rüde dann meist unter hormonbedingter „Spannung" steht. Wird die Aggression jedoch durch Ängste und Unsicherheit ausgelöst, wird sich das Verhalten nach der Kastration meist verschlimmern. Um ganz sicherzugehen, können Sie vorher einen „Testlauf" starten. Dazu erhält der Hund vom Tierarzt Hormone, die eine Kastration „simulieren". So können Sie zumindest meist Tendenzen über mögliche Verhaltensänderungen Ihres Vierbeiners erkennen, bevor Sie eine endgültige Entscheidung treffen.

**210. Kastration: Unsere beiden Rüden streiten sich oft, deshalb wurde uns zu einer Kastration geraten. Sollen wir beide kastrieren lassen?** ?

Nein, damit würden Sie die Situation vermutlich nicht entspannen. Häufige Konflikte zwischen zwei

Rüden eines Haushalts haben ihre Ursache oft in einer ungeklärten Rangfolge. Die Kastration des rangniederen Hundes kann dann für klare Verhältnisse sorgen und den ständig brodelnden Konflikt entschärfen (→ Seite 115). Versuchen Sie herauszufinden, welcher Vierbeiner von beiden im Rang höher steht – sich dem anderen gegenüber dominant verhält (→ Seite 154). Das ist manchmal sehr schwierig und nur durch die Unterstützung eines guten Hundetrainers möglich. Kastriert werden sollte nur der rangniedere Rüde, um den hierarchischen Abstand zwischen beiden zu vergrößern. Neben dem medizinischen Eingriff ist es wichtig, dass Sie die Rangfolge der Hunde anerkennen und den höher gestellten Hund unterstützen, z. B. indem Sie ihn in verschiedenen Situationen bevorzugen.

*Hund und Katze können dicke Freunde werden. Auch ältere Hunde lassen sich noch an eine Samtpfote gewöhnen.*

**211. Katzen: Warum verstehen sich Hunde und Katzen oft nicht?** ?

Hunde und Katzen haben eine unterschiedliche Körpersprache, die zu Missverständnissen führt. Wedelt ein Hund mit der Rute, verleiht er damit seiner Erregung Ausdruck, z.B. bei einer Spielaufforderung oder einer Begrüßung. Schlägt aber ein Stubentiger mit dem Schwanz hin und her, ist dies ein Zeichen von Anspannung und oft die Vorstufe zu einem: „Bis hierhin und nicht weiter!" Damit die beiden ungleichen Vierbeiner die „Sprachbarrieren" überwinden können, sollten sie möglichst schon im Welpenalter miteinander Kontakt haben. Doch auch später ist es oft noch möglich, Hund und Katze aneinander zu gewöhnen (→ Seite 217).

### 212. Körperkontakt: Ist es wichtig, dass mein Hund Körperkontakt bekommt?

In der Beziehung zwischen Hunden spielt Körperkontakt eine wichtige Rolle, um Beziehungen entstehen zu lassen und zu festigen. Wenn Sie zwei Hunde halten, werden Sie feststellen, dass einer den anderen zur Begrüßung an der Schnauze leckt oder eventuell beide gern zusammenliegen, das gegenseitige Lecken der Ohren ist ein Zeichen von großer Zuneigung. Gerade die gegenseitige Körperpflege dient neben der Körperhygiene der Festigung der Beziehung. Sie müssen sich nun aber nicht von Ihrem Hund belecken lassen, sollten ihm jedoch den wichtigen Körperkontakt bieten – vorausgesetzt, es besteht kein Rangfolgeproblem, und er erkennt Sie als Chef an. Kontaktliegen, Streicheln und Spielen bieten sich dafür an.

### 213. Körpersprache: Hat jedes Element der Körpersprache, z. B. die Stellung der Ohren, immer die gleiche Bedeutung?

Nein, man muss die einzelnen Elemente immer im Zusammenhang mit dem ganzen Ausdrucksverhalten

*Körperkontakt ist für Hunde sehr wichtig und das Lecken der Mundwinkel eine freundliche und unterordnende Geste.*

und der Situation bewerten. Sich nur nach der Stellung der Ohren, der Rutenhaltung oder dem Zeigen der Zähne zu richten kann zu einem falschen Urteil führen. Viele Hunde haben schon rassebedingt nicht die gleichen Ausdrucksmöglichkeiten (→ Seite 182). So gibt es z. B. Hunde mit einem natürlichen Stummelschwanz (auch noch mit kupierter Rute) oder einer Ringelrute, oder andere tragen den Schwanz meist zwischen die Beine geklemmt. Hunde mit Hängeohren verfügen nicht über die gleichen Ausdrucksmöglichkeiten wie solche mit Stehohren, wieder andere Vierbeiner besitzen aufgrund ihrer Schädelform oder Behaarung eine sehr eingeschränkte Gesichtsmimik. Doch selbst Hunde, die über alle notwendigen Ausdrucksmöglichkeiten verfügen, setzen diese immer in Kombination ein. Zieht ein Hund z. B. die Lefzen hoch, ist das zwar meist eine Drohhaltung (→ Tabelle, Seite 149), doch ob er ängstlich oder selbstbewusst handelt, erschließt sich erst, wenn man den gesamten Hund, z. B. die Stellung seiner Ohren und die Körper- und Rutenhaltung sowie die Situation einbezieht.

### 214. Lachen: Mein Hund verzieht manchmal das Gesicht, als ob er lacht. Können Hunde lachen? ?

Ja, es gibt tatsächlich Hunde, die lachen können. Man vermutet, dass sie sich diese Fähigkeit im Laufe der Domestikation angeeignet haben. Das Zeigen der Zähne gilt bei Hunden als Drohsignal, trotzdem können sie erkennen, dass ein lachender Mensch ihnen wohl gesinnt ist. Einige haben diese Form der Kommunikation übernommen und wenden sie im Umgang mit Menschen an (meist auch nicht jedem gegenüber, sondern scheinbar nur ihnen besonders sympathischen Zweibeinern). Dieses Verhalten wird aber Artgenossen gegenüber nicht gezeigt.

*Aus hygienischen Gründen sollten Kinder sich von ihrem vierbeinigen Gefährten nicht das Gesicht lecken lassen.*

**215. Lecken: Wieso leckt mein Dackel immer mein Gesicht?**

Ihr Dackel möchte Ihnen so seine Unterwürfigkeit und Zuneigung demonstrieren. Welpen lecken ihrer Mutter die Mundwinkel, damit sie ihnen Futter hervorwürgt (dies machen heute aber nicht mehr alle Hündinnen). Aus diesem welpenhaften Verhalten hat sich das Schnauzenlecken bei erwachsenen Hunden als aktive Unterwerfungsgeste entwickelt und wird besonders bei der Begrüßung gezeigt. Es ist also ein sehr positives Verhalten, das Ihr Dackel da zeigt. Er erkennt Sie als seinen Chef an. Wenn Sie das Lecken des Gesichts aus hygienischen Gründen ablehnen, können Sie es z. B. umlenken, indem Sie Ihrem Hund Ihre Hand dafür anbieten, die schneller gewaschen ist.

**216. Lecken: Warum leckt mein Rüde sich immer den Penis?**

Das ist ein ganz normales Verhalten der Körperhygiene. Rüden produzieren in der Penisvorhaut ein gelbliches Gleitmittel, das man manchmal als Tropfen am Penisende sehen kann. Bei jungen Rüden kann es gelegentlich sogar zu einer übermäßigen Produktion kommen, was aber meist völlig unbedenklich ist. Rüden lecken dieses Sekret weg, um sich sauber zu halten. Wenn Ihr Rüde sich aber ständig das Geschlechtsteil säubert, sollten Sie vom Tierarzt abklären lassen, ob eventuell eine Infektion vorliegt.

## 217. Lügen: Können Hunde wirklich lügen?

Hunde leben nicht in einer moralischen Welt von gut und böse. Sie sind aber Künstler, wenn es darum geht, sich anzupassen und sich einen Vorteil zu verschaffen. Um ihr Ziel zu erreichen, wenden sie auch Täuschungsmanöver an. So stellen z. B. drohende Hunde die Haare auf, um größer zu erscheinen. Dieses Verhalten muss nicht extra erlernt werden, sondern gehört zu ihrem natürlichen Ausdrucksverhalten.
Es gibt aber auch Hunde, die gelernt haben, andere auszutricksen. Hier einige Beispiele: Ein Cocker knabbert selig an seinem Kauknochen, sein Kumpel, ein Westi, wartet auf eine Gelegenheit, um an den Knochen zu kommen. Plötzlich springt der Westi zur Terrassentür und bellt aufgeregt, so als hätte er etwas gesehen. Wenn der Cocker nachkommt, um mitzumachen, läuft der Westi schnell zurück, um sich den Knochen zu holen. Ein Afghane „heuchelt" den ganzen Tag Desinteresse an dem auf dem Küchentisch liegenden Brötchen vor. In dem Moment, wo es an der Haustür klingelt und sein Frauchen eilig das Zimmer verlässt, nutzt er blitzschnell die günstige Gelegenheit zum Diebstahl. Es gibt aber auch schlechte „Lügner": Ein Dackel hatte eine Pfotenverletzung und wurde in dieser Zeit sehr verhätschelt. Wann immer ihm nun ein Tadel droht oder er etwas haben möchte, fängt er an zu hinken,

### INFO

**Info-Austausch**
Hunde setzen auch mit ihrem Kot Duftmarken. Die Analdrüsen (→ Seite 100) geben ein Duftsekret ab, das zusammen mit dem Kot ausgeschieden wird. Die persönliche Duftnote eines Hundes gibt Artgenossen Informationen unter anderem über sein Geschlecht, seinen Status, das Alter, die Empfängnisbereitschaft einer Hündin und sogar über körperliche Schwächen.

obwohl er wieder vollkommen gesund ist. Die Masche ist aufgeflogen, weil er manchmal mit dem falschen Bein hinkt. Keiner dieser Hunde ist hinterlistig, sondern hat lediglich Verhaltensstrategien entwickelt, um möglichst problemlos an sein Ziel zu kommen.

### 218. Markieren: Warum markiert mein Hund in fremden Wohnungen?

Meist wird dieses Verhalten gezeigt, wenn auch andere Hunde dort wohnen oder früher dort uriniert haben. Einerseits liegt es am Territorialverhalten des Hundes, er will diese für ihn neue, aber scheinbar interessante Umgebung mit seiner Duftnote markieren. Manchmal ist es aber auch einfach eine Provokation und Dominanzgeste anderen anwesenden Vierbeinern gegenüber. Einige besonders dreiste Kerle schauen vorher sogar in die Runde und scheinen sich zu vergewissern, dass ihr Verhalten auch wirklich von allen beobachtet wird.

### 219. Markieren: Markieren nur Rüden ihr Revier?

Nein, es gibt auch sehr selbstbewusste Hündinnen, die ganz bewusst Duftmarken setzen und dabei ein Hinterbein seitlich nach vorn schieben. Diese Hündinnen setzen ihre Duftmarken manchmal auch recht provokant in Gegenwart von Artgenossen, um ihre Stellung zu unterstreichen.

### 220. Markieren: Warum heben Rüden das Bein beim „kleinen Geschäft"?

Durch das Heben des Beines wird die Duftmarke höher positioniert und besser von Artgenossen wahrgenommen, da sie sich dann in Nasenhöhe befindet. Manche Hunde heben ihr Bein dabei so hoch, dass sie

Schwierigkeiten haben, das Gleichgewicht zu halten. Zu beobachten ist das bewusste Platzieren von Duftmarken auch, wenn der Hund Kot absetzt. Viele suchen sich dafür einen gut sichtbaren Platz, möglichst auf einem Erdhügel oder einem Baumstamm.

### 221. Paarung: Warum dauert die Paarung bei Hunden so lange?

Während der Paarung schwillt der Penis des Rüden am Ansatz an. Diesen Zustand nennt man „Hängen". Nach dem Samenerguss drehen sich beide meist so, dass sie dann Po an Po zueinander stehen. Ob diese Position einfach „bequemer" für beide ist oder der besseren Verteidigungsmöglichkeit dienen soll, ist umstritten. Eine Trennung von Rüde und Hündin ist jetzt nicht möglich, ohne die Geschlechtsteile schwer zu verletzen.
Wenn die Hunde hängen, bleibt Ihnen nichts anderes übrig, als abzuwarten, bis beide sich wieder voneinander lösen – das kann eine halbe oder sogar bis zu einer Stunde dauern. Die Hündin kann während der Empfängnisbereitschaft von mehreren Rüden begattet werden, und sogar Welpen eines Wurfs können verschiedene Väter haben. Durch das lange Hängen steigt

**EXTRATIPP**

**Die Rangfolge respektieren**
Menschen neigen häufig dazu, ihre Hunde gleich zu behandeln, um keinen zu benachteiligen. Doch wenn zwei oder mehr Hunde eine Rangfolge zwischen sich ausgemacht haben, muss der Halter diese akzeptieren, auch wenn es manchmal schwer fällt. Er darf nicht eingreifen und den rangniederen „armen" Hund besonders verhätscheln, um ihn zu trösten, und den vermeintlich „bösen" Hund schimpfen, weil er „ungerecht" ist. Dies würde nur zu Konflikten zwischen den Tieren führen.

die Wahrscheinlichkeit, dass die Samen dieses Rüden Eier der Hündin befruchten, er sich dadurch fortpflanzt und seine Gene weitergibt.

### 222. **Postbote:** Warum reagiert mein Hund immer so feindselig auf den Postboten? ?

Der Briefträger betritt das Territorium der Familie – ist in den Augen des Hundes also ein Eindringling, den es abzuwehren gilt. Und das Bellen, während der Briefträger die Post einwirft, führt auch schnell zum Erfolg: der Postbote wird „vertrieben". Der Hund schlussfolgert daraus, dass er mit diesem Verhalten sein Ziel erreicht und steigert den Krawall beim nächsten Besuch des Postboten vielleicht noch. Besonders kritisch ist das, wenn ein Hund frei im Garten läuft und der Briefkasten an der Haustür angebracht ist – der bessere Platz dafür wäre dann außen am Zaun. Es gibt jedoch kaum Probleme mit gut erzogenen und sozialisierten Hunden. Deswegen ist es so wichtig, dass bereits ein Welpe den Postboten in einer angenehmen Situation kennen lernt. Mein Rat:
Bitten Sie den Briefträger doch einfach mal ins Haus, plaudern Sie mit ihm und machen Sie den Hund mit ihm bekannt. So versichern Sie Ihrem Hund, dass der Postbote als Besucher wirklich willkommen ist. Sprechen Sie auch in den folgenden Wochen immer mal wieder in Beisein des Hundes mit dem Briefträger.

### 223. **Rudelführer:** Es heißt immer, der Mensch solle der Rudelführer des Hundes sein. Sieht mein Hund mich als Artgenossen? ?

Nein, Ihr Hund kann sehr genau zwischen Artgenossen und Menschen unterscheiden. Der Begriff Rudelführer führt jedoch in die Irre, da ein Rudel biologisch gesehen nur aus Angehörigen einer Art besteht. Andererseits bilden Sie, Ihre Familie und Ihr Hund einen Sozialverband. Sie stellen darin die Regeln für Ihren Hund auf, und deswegen wird zur Vereinfachung häufig der Begriff Rudelführer gebraucht. Wenn jemand mehrere Hunde hält, bilden diese ihre eigene Rangordnung und der Mensch gibt – so sollte es jedenfalls sein – den Rahmen vor.

### 224. Rudelführer: Wie muss ich mich verhalten, wenn ich von meinem Hund als Rudelführer ernst genommen werden will?

?

Benehmen Sie sich einfach so, wie Sie sich einen guten Chef in einer Firma vorstellen. Treten Sie selbstsicher auf und beweisen Sie Ihre Kompetenz, indem Sie für alle Probleme eine Lösung parat haben und nicht hektisch werden. Als guter Chef haben Sie es nicht nötig, Ihren Hund ständig zu kontrollieren, anzuschreien oder gar zu bestrafen, damit er Ihnen folgt. Der Hund tut es freiwillig, weil Sie ihm durch Ihr souveränes Auftreten Sicherheit geben und er Ihnen vertraut. Bestehen Sie auf Dingen, die Ihnen wichtig sind, z. B. dass der Hund auf Zuruf kommt,

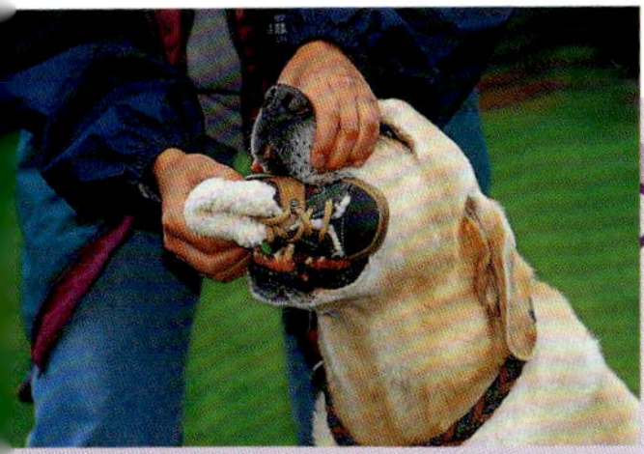

1 *Schnauzgriff: Drücken Sie mit Daumen und Zeigefinger die Lefze gegen die oberen Zähne. Der Hund öffnet dann das Maul.*

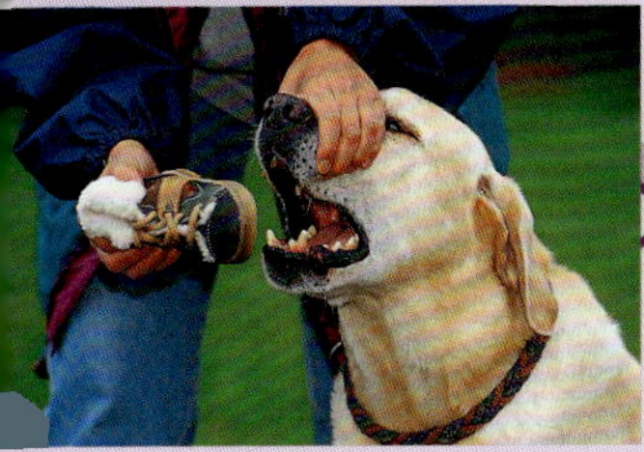

2 *Jetzt können Sie ihm den Gegenstand abnehmen. Ob Welpe oder erwachsener Hund – er muss Ihnen dabei gehorchen.*

am Tisch nicht bettelt, sich in sein Körbchen legt, wenn Sie das verlangen, oder ein einmal gegebenes Kommando auch tatsächlich ausgeführt wird. Setzen Sie Ihre Ansprüche an den Hund konsequent durch und nutzen Sie dazu Ihre Stimme und Körpersprache – Schläge gehören nicht dazu. Wird der Hund aufmüpfig, müssen ihm klare Grenzen gesetzt werden, die er auch versteht (→ Seite 189). Solange der Grundgehorsam stimmt und Ihre Position anerkannt wird, können Sie ihm Freiheiten (Privilegien) gewähren, z. B. dass er auf dem Sofa liegen darf. Ein guter Rudelchef ist autoritär, aber kein Diktator.

### 225. Rutenhaltung: Mein Hund klemmt immer die Rute zwischen die Hinterbeine, wenn er fremde Menschen sieht. Warum?

Das Einklemmen der Rute ist ein Zeichen von Angst und Unsicherheit. Ich kann nur vermuten, dass Ihr Hund einmal schlechte Erfahrungen mit Menschen gemacht oder eine Situation falsch verknüpft hat (er geriet z. B. in einen elektrischen Weidezaun, während ein Fremder anwesend war, und bringt dies nun in Verbindung miteinander) oder in einem Umfeld aufgewachsen ist, wo er keine Möglichkeit hatte, positive Erfahrungen mit Menschen zu sammeln. Ich empfehle Ihnen, gemeinsam mit einem guten Hundetrainer ein Trainingsprogramm zu entwickeln, um Ihrem Hund mehr Sicherheit im Umgang mit Fremden zu geben. Nicht immer lässt sich das Einklemmen der Rute aber ganz beheben.

### 226. Schlafen: Unser Bernhardiner zuckt mit den Füßen und bellt manchmal im Schlaf. Träumt er dann?

Ja, Hunde träumen tatsächlich. Wenn Ihr Bernhardiner im Schlaf wieder einmal mit den Füßen zuckt, sollten Sie sich genau seine Augen anschauen. Unter den Lidern bewegen sich die Augen hin und her. Dabei handelt es sich um eine Schlafphase, die auch beim Menschen bekannt ist (REM-Schlaf). Was Hunde träumen, ist natürlich nicht bekannt, doch vermutlich verarbeiten Sie dann Eindrücke des Tages, genau wie das auch häufig bei uns der Fall ist. Bei meinen Hunden konnte ich beobachten, dass sie besonders nach aufregenden Tagen heftig träumen. Als mein Afghane sehr krank war und eine Nacht in der Klinik verbringen musste, träumte er in der folgenden Zeit häufiger und intensiver als sonst, scheinbar musste er dieses Erlebnis „verdauen“.

### 227. Schluckauf: Unser Sennenhund „hickst“ manchmal nach dem Fressen. Was hat das zu bedeuten?

Wahrscheinlich hat Ihr Vierbeiner dann einfach Schluckauf – auch Hunde können das bekommen. Dabei handelt es sich um einen Krampfzustand des Zwerchfells, der meist durch einen Reiz ausgelöst wird, z. B. durch zu schnelles Fressen oder Trinken, zu große Futterportionen oder das Trinken von sehr kaltem Wasser. Wenn Ihr Sennenhund nur gelegentlich und kurzzeitig Schluckauf hat, müssen Sie sich weiter keine Gedanken machen. Tritt der Schluckauf jedoch häufiger auf, sollten Sie ihm eventuell öfter kleine Portionen füttern, darauf achten, dass sein Wasser Zimmertemperatur hat, er nicht zu hastig frisst

*Das Einklemmen der Rute ist ein Zeichen der Angst. Trösten dürfen Sie Ihren Vierbeiner dann nicht, lenken Sie ihn lieber ab.*

(→ Seite 71), und einen Napfständer oder Schemel verwenden, damit er sich beim Fressen und Trinken nicht so tief bücken muss, denn dabei wird auch viel Luft geschluckt.

### 228. Schnuppern: Warum beschnuppern Hunde sich gegenseitig am Hinterteil?

?

Hunde erfahren viel über ihre Artgenossen durch deren Geruch. Die Geschlechtsdrüsen geben wichtige Informationen, daneben sind auch die Analdrüsen (→ Seite 100) von großer Bedeutung, die ein wichtiges Sekret abgeben. Dieses Duftgemisch ist die ganz persönliche Duftnote des Vierbeiners. Das für uns auf den ersten Blick merkwürdig erscheinende gegenseitige Beschnuppern am After dient neben der Körpersprache dazu, das Gegenüber einzuschätzen und daraus das eigene Verhalten abzuleiten.

### 229. Schwimmen: Kann jeder Hund schwimmen?

?

Ja, im Grunde ist jeder Hund mit der Fähigkeit zu schwimmen ausgestattet. Allerdings gibt es unter den Vierbeinern Wasser liebende und wasserscheue Exemplare. Ob ein Hund sich im nassen Element wohl fühlt, hängt z. B. davon ab, ob er als Welpe die Gelegenheit hatte, im Wasser zu plantschen und sein Schwimmtalent zu entdecken. Einige Rassen schwimmen besonders gern. Dazu zählen fast alle Arten, die ursprünglich für die Wasserarbeit gezüchtet wurden. Davon besitzen einige, wie z. B. der Neufundländer, zwischen den Zehen sogar Hautlappen, die ein wenig an Schwimmhäute erinnern und dem Hund ein effektives Vorankommen im Wasser ermöglichen. Beim Schwimmen sollten Hunde kein Halsband tragen, damit können sie leicht hängen bleiben und ertrinken. Scheut ein Hund das Wasser, darf er nicht mit Gewalt hineingestoßen werden.

**230. Schwitzen: Können Hunde schwitzen?**

Ja. Hunde können aber nur über die Ballen an den Pfoten schwitzen, nicht über die restliche Haut. Dadurch ist es ihnen auch viel schwerer als den Menschen möglich, ihre Körpertemperatur auszugleichen, was gerade im Sommer bei heißen Temperaturen gefährlich werden kann.

**231. Sehvermögen: Können Hunde auch im Dunkeln sehen?**

Nein. Wenn es ganz dunkel ist, können auch Hunde nichts mehr erkennen. Ihre Augen haben aber die

1 *Eine artgerechte Beschäftigung für die meisten Neufundländer ist eine Ausbildung als Wasserrettungshund.*

2 *Der Otterhound wurde früher in England eingesetzt, um Otter zu jagen. Auch kaltes Wasser kann ihn nicht schrecken.*

3 *Golden Retriever zählen zu den wasserfreudigen Hunden, die kaum eine Gelegenheit für ein Bad auslassen.*

Fähigkeit, das Restlicht in der Dämmerung effektiver auszunutzen, und können dann besser sehen als der Mensch. Dies hat zwei Ursachen: Einerseits befinden sich auf der Netzhaut des Hundes mehr lichtempfindliche Sehzellen (Stäbchen) als bei uns, andererseits liegt hinter der Netzhaut eine lichtreflektierende Schicht (Tapetum lucidum), die das sie erreichende Licht auf die Stäbchen reflektiert. Sehen kann man diese Schicht manchmal, wenn man Blitzlichtaufnahmen von seinem Hund macht und das Auge auf den Abzügen funkelt.

**232. Stubenreinheit: Ist es normal, dass unser Münsterländer immer einige Tröpfchen Urin verliert, wenn er uns begrüßt?** ?

Für Welpen ist dieses Verhalten ganz normal und ein Zeichen der Unterwerfung. Zeigen ältere Hunde dies sehr ausgeprägt mit anderen Unterwerfungssignalen, kann das auf Stress und Unsicherheit hinweisen. Dann wäre es angebracht, mit dem Hund den Grundgehorsam zu trainieren und Erziehungsspiele zu spielen, um ihm Sicherheit zu geben – alles ganz souverän und ruhig. Andere Hunde haben vielleicht einfach nur Probleme, im Freudentaumel ihre Blase zu kontrollieren, da könnten eventuell homöopathische Mittel nützlich sein. Bei keinem der beiden Fälle darf der Hund dafür bestraft werden! Sie sollten Ihren Hund dann nur kurz begrüßen und kein Aufheben um Ihr Nachhausekommen machen, damit er sich nicht noch mehr aufregt.

**233. Tasthaare: Darf ich meinem Hund die Tasthaare an der Schnauze abschneiden – er sieht dann viel schöner aus?** ?

Nein, das sollten Sie auf keinen Fall tun. Stellen Sie sich bitte vor, Sie müssten immer Handschuhe tragen, und Ihr Tastsinn wäre dadurch eingeschränkt. Wäre Ihnen das angenehm? Ganz bestimmt nicht, und ein wenig kann man das Abschneiden der Tasthaare (Sinushaare) damit vergleichen. Diese Haare sind mit besonders vielen Nerven verbunden und ein wichtiges Element des Tastsinns Ihres Hundes. Sie sind so empfindlich, dass sie selbst einen ganz leichten Windhauch wahrnehmen können. Zudem haben diese Haare auch eine wichtige Schutzfunktion: Sie sind an empfindlichen bzw. markanten Punkten angebracht. Will ein Hund seinen Kopf z. B. in einen Spalt oder ein Erdloch stecken, zeigen ihm die Sinushaare verlässlich an, ob das Loch groß genug ist oder er Gefahr läuft, sich zu verletzen, z. B. an den Augen.

### 234. Tierheimhunde: Sind Hunde aus dem Tierheim immer verhaltensgestört?

Nein, auf keinen Fall. Zwar hat jeder Hund im Tierheim (von Welpen einmal abgesehen) ein Vorleben bei einem Vorbesitzer, doch das kann sowohl aus negativen als auch positiven Erfahrungen bestehen. Viele Vierbeiner wurden im Asyl abgegeben, weil ihre Menschen sich haben scheiden lassen, umgezogen sind oder die Haltung z. B. wegen einer Erkrankung nicht mehr möglich war. Diese Hunde sind oft schon gut erzogen und prima Anfängerhunde. Natürlich landen auch viele Hunde im Tierheim, weil ihre Halter überfordert waren, zu wenig Zeit hatten oder ihrer einfach überdrüssig wurden. Solche Hunde

*Für fast jede Hunderasse gibt es Nothilfevereine, die sich um die Vermittlung abgegebener Tiere kümmern.*

gelten dann oft als bissig, schwer erziehbar oder gestört. Meist liegt es aber daran, dass die Vierbeiner leichtfertig angeschafft wurden und die Besitzer sich keine Gedanken über deren Bedürfnisse und Ansprüche gemacht haben. Aus Unterforderung oder wegen falscher Behandlung können die Hunde dann unerwünschte Verhaltensweisen zeigen. In den richtigen Händen können viele dieser Kandidaten aber zu echten Traumhunden werden – dazu gehört jedoch mitunter viel Engagement und Hundeverstand. Tatsächlich verhaltensgestört sind nur die wenigsten Tierheiminsassen. Bei der Auswahl eines Hundes aus dem Tierheim ist es wichtig, möglichst viel über sein Vorleben und sein Verhalten zu erfahren (→ Seite 53). Wer einen Hund mit „Macken" oder ohne Kenntnis der Vorgeschichte bei sich aufnehmen möchte, sollte sich Unterstützung bei einem Hundetrainer holen.

### 235. Übersprungshandlung: Was ist eine Übersprungshandlung?

Damit werden Verhaltensweisen beschrieben, die ein Hund zeigt, wenn er sich in einem inneren Konflikt befindet. Ausgelöst wird dieser Konflikt z. B., wenn der Vierbeiner etwas tun möchte und daran gehindert wird, oder er zwei verschiedene Dinge tun möchte, die sich aber widersprechen. Heinz Weidt und Dina Berlowitz bezeichnen dies als im Vollzug behinderte oder unvereinbare Antriebe. Beispiele: Ein Hund möchte zu einem Artgenossen laufen, wird vom Besitzer aber daran gehindert. Ein Welpe muss ablegen, möchte aber aufstehen, um einen Schmetterling zu jagen. Ein ungeduldiger Hund muss brav absitzen, bis er die Erlaubnis bekommt, an seinen Futternapf zu gehen. In diesen Momenten werden manchmal Reaktionen gezeigt, die scheinbar in keinem Zusammenhang mit der auslösenden Situation stehen. Dies können unter anderem Gähnen, Schütteln, Züngeln, Kratzen, Grasfressen, Trinken, Fressen, Buddeln, Strecken, Markieren, Niesen, Wedeln, Gegenstände tragen und Schnuppern sein. Diese Konfliktreaktionen sind völlig normal und gehören zum Alltag, schließlich gilt es oft, innere Konflikte zu bewältigen. Zeigt Ihr Hund ständig dieses Verhalten, kann das auf ein Problem hinweisen, der Hund steht dann vielleicht unter dauerndem Stress. Man sollte aber nicht versuchen, jede noch so kleine Handlung seines Hundes zu analysieren – manchmal ist ein Gähnen einfach ein Gähnen und der Hund nur müde.

### 236. Unterwürfigkeit: Ist ein bei einem Kampf unterwürfiger Hund feige? ?

Dieser Hund handelt sehr clever, da er die Situation richtig eingeschätzt hat und sich nicht auf einen für ihn riskanten Kampf einlässt. Er hat erkannt, dass sein Kontrahent z. B. stärker oder entschlossener ist und vermeidet durch seine Unterwerfung, verletzt zu werden. Es ist ein Zeichen von guter Sozialisation, wenn der Hund den Kampf nicht um jeden Preis fortsetzt, sondern die Stärke des anderen anerkennt.

### 237. Verknüpfen: Kann mein Hund verstehen, was ich ihm sage? ?

Wenn Sie sprechen, wird ihr Hund mehr auf Ihren Tonfall hören. Dadurch weiß er, ob Sie ärgerlich oder ihm wohl gesinnt sind. Die Tonlage hat eine ganz wichtige Bedeutung für Hunde. Worte kann Ihr Vierbeiner nur verstehen, wenn Sie ihm deren Bedeutung beibringen – er kann Worte mit Handlungen verknüpfen. Als Sie das erste Mal „Sitz" zu ihm gesagt haben, war das für ihn ein Wort wie viele andere. Erst als Sie ihm beigebracht haben, was Sie dabei von ihm erwarten, bekam das Wort eine Bedeutung. Die meisten Hunde können nach aktuellem Wissensstand 40 bis 50 einzelne Worte lernen (→ Info, Seite 239).

**238. Verständigung: Gibt es Probleme bei der Verständigung unterschiedlicher Rassen?**

Am wichtigsten für die Kommunikation von Hunden ist neben der geruchlichen Verständigung deren Ausdrucksverhalten (→ Tabelle, Seite 149). Durch Zucht oder Kupieren sind wichtige Elemente des Ausdrucks eingeschränkt oder oft gar nicht mehr vorhanden. Schlappohren, platte Schnauzen, Ringelruten, Stummelschwänze, Hängelefzen oder üppiger, den Körper und das Gesicht verbergender Haarwuchs können die Kommunikation zwischen verschiedenen Rassen tatsächlich erschweren, zu Unsicherheit und Konflikten führen. Lernt ein Welpe nur seine eigene Rasse kennen, kann es enorme Missverständnisse geben, wenn er auf einen Hund trifft, der aus seinem Schema fällt. Deshalb ist es so wichtig, dass Welpen Umgang mit möglichst vielen verschiedenen Hunden haben, um zumindest den meisten dieser Missverständnisse vorzubeugen.

**239. Vorahnung: Ist es möglich, dass Hunde einen siebten Sinn haben?**

Diese Frage führt auch unter Experten immer wieder zu angeregten Diskussionen. Kann ein Hund spüren, wenn es seinem Frauchen fünf Kilometer entfernt schlecht geht? Weiß ein Hund, wann sein Herrchen sich auf den Weg nach Hause macht? Können Hunde Erdbeben erahnen?

Zumindest die letzte Frage wird inzwischen offiziell bejaht, bezieht sich jedoch nicht ausschließlich auf Hunde. China bezieht das Verhalten von Tieren sogar in sein Erdbebenfrühwarnsystem ein. Was Tiere letztlich dazu befähigt, ist noch nicht eindeutig erwiesen. Eine These besagt, dass sie elektrische Spannungen im Boden spüren, eine andere geht davon aus, dass Tiere Elektro-Aerosole (Aerosole sind kleinste Schwebeteilchen fester und flüssiger Stoffe, wie z. B. in Nebel oder

Qualm) wahrnehmen. Dadurch sind Tiere in der Lage, bereits früh auf ein bevorstehendes Erdbeben zu reagieren.
Auf die anderen Fragen gibt es keine befriedigenden Antworten. Der Wissenschaftler Rupert Sheldrake hat sich intensiv mit diesem Thema beschäftigt und bei seinen Tests erstaunliche Ergebnisse erzielt, die nach seiner Auswertung einigen Hunden den siebten Sinn bescheinigen. Seine Forschungen werden aber sehr kritisch betrachtet.

### 240. Wedeln: Ist ein Hund immer freundlich, wenn er mit dem Schwanz wedelt? ?

Das Wedeln des Schwanzes kann in vielen unterschiedlich zu bewertenden Situationen gezeigt werden. Am bekanntesten ist es sicherlich im Zusammenhang mit einer Spielaufforderung. Doch auch ein selbstsicherer, entspannter Hund wedelt mit der Rute, und im Gegenteil kann es auch als Beschwichtigungssignal verstanden werden. Heftig gewedelt wird z. B., wenn ein Rüde einer Hündin den Hof macht, bei einem Angriff sogar peitschenartig. Wedeln ist oft Ausdruck von Erregung und Anspannung, deswegen sollte es nie zur alleinigen Bestimmung des „Gemütszustandes" eines Hundes dienen, sondern immer die ganze Körpersprache mit der Situation in Zusammenhang gesehen werden (→ Tabelle, Seite 149).

### 241. Welpenschutz: Wir haben einen Jack-Russell-Welpen und möchten ihn mit vielen Hunden vertraut machen. Stimmt es, dass ihm wegen des Welpenschutzes nichts passieren kann? ?

Nein. Darauf dürfen Sie sich nicht verlassen. Die Hundekinder genießen nur den Schutz durch ihre Mutter, die sie vor Übergriffen bewahrt, das ist der Welpenschutz. Einen generellen Welpenschutz gibt es nicht. Die meisten Artgenossen werden Ihrem Jackie wahrscheinlich wohlwollend und mit viel Geduld begegnen. Dazu gehört allerdings auch, dass er durch Knurren oder den sanften Biss über die Schnauze gemaßregelt wird, wenn er über die Stränge schlägt, manchmal auch etwas deftiger, sollte er die ersten Warnsignale ignorieren. Es wird aber bestimmt einige Hunde geben, die sich durch das kleine Kerlchen über die Maßen belästigt fühlen, nicht ausreichend sozialisiert sind und dies deutlich zum Ausdruck bringen, eventuell auch heftig zuschnappen. Stimmen Sie sich lieber mit den Besitzern der anderen Hunde vor einem Kontakt ab und beobachten Sie die Begegnung der Vierbeiner genau, denn Ihr Kleiner sollte nur positive Erlebnisse mit sozial verträglichen Artgenossen haben, damit er diesen später ohne Vorbehalte begegnen kann.

### 242. Wölfe: Verhalten Hunde sich tatsächlich genau wie Wölfe? ?

In Teilbereichen des Verhaltens mag das zutreffen, doch ein Hund ist kein Wolf. Nach den aktuellen wissenschaftlichen Erkenntnissen stammt der Hund vom Wolf ab. Die Fachleute diskutieren jedoch noch darüber, wann diese Abspaltung stattgefunden hat, ob z. B. vor 100.000, 15.000 oder 12.000 Jahren. Natürlich hat der Hund noch eine Menge mit seinem wilden Vorfahren gemeinsam. Vieles, was wir heute über Hunde zu wissen glauben, wurde aus den Ergebnissen der Forschungen über Wölfe entnommen – und wird oft auch mit Erfolg bei der Erziehung und dem Umgang mit unseren Hunden eingesetzt.
Sie können sich jedoch vorstellen, dass Hunde sich in diesen tausenden Jahren eigenständig entwickelt haben und heute viele Verhaltensweisen an den Tag legen, die einem Wolf ganz fremd sind: Bestes Beispiel dafür ist die leichte Gewöhnung des Hundes an den Menschen. Hunde leben in einem völlig anderen Um-

feld als Wölfe und müssen deshalb auch andere Verhaltens- und Überlebensstrategien besitzen. Zudem gibt es auch nicht das Wolfsverhalten schlechthin. Wölfe legen unterschiedliche Verhaltensweisen an den Tag, angepasst an die jeweiligen Bedingungen und Umstände, denen sie in ihrem jeweiligen Lebensraum ausgesetzt sind.
Leider gibt es immer noch zu wenig wissenschaftlich fundierte Grundlagenforschung über das Verhalten der Hunde. Es wäre schön, wenn wir bald mehr über unseren besten Freund erfahren könnten.

**243. Zitzen: Wir haben bei unserem Schnauzer-Rüden kleine „Pickelchen" am Bauch entdeckt. Haben auch Rüden Zitzen?**

Ja, Sie haben Recht. Genau wie bei den Menschen die Männer Brustwarzen haben, besitzen Rüden Zitzen. In der frühembryonalen Entwicklung von Säugetieren setzt das Wachstum der Zitzen schon vor dem der geschlechtsspezifischen Körpermerkmale ein. Aus diesem Grund haben auch männliche Hunde Zitzen.

1 *Wölfe zeigen ein komplexes Sozialverhalten mit vielfältigen Ausdrucksmöglichkeiten und sind Anpassungskünstler.*

2 *In unseren Hunden steckt noch eine Menge von ihren Wolfsvorfahren, identisch ist beider Verhalten aber nicht.*

Hochkonjunktur für Anlagebetrüger

# Erziehen, spielen und beschäftigen

Hunde wollen gefordert und gefördert werden und sie brauchen einen Menschen, der ihnen klare Grenzen setzt. Auf den folgenden Seiten finden Sie Antworten auf häufige Fragen zu Erziehung, Spiel und Beschäftigung.

**244. Agility: Kann ich mit meinem sechs Monate alten Dobermann schon an Agility-Turnieren teilnehmen?**

Nein, das Mindestalter für Agility-Turniere ist 18 Monate. Vorher sollte ein Hund auch nicht am Agility-Training teilnehmen, weil seine Gelenke und die Wirbelsäule dadurch zu sehr belastet werden, z. B. bei den Sprüngen und beim Slalom (→ Seite 230). Wenn Sie bereits ein wenig vorarbeiten wollen, können Sie mit ihrem Dobermann schon einige Hindernisse einüben, die die Gelenke nicht belasten, z. B. den Tunnel, den Laufsteg oder das Sitzen auf dem Tisch.

**245. Angst: Ist es richtig, dass ich meinen Hund tröste, wenn er Angst vor einem vorbeifahrenden LKW hat?**

Das ist eine typisch menschliche Verhaltensweise, im Umgang mit Ihrem Hund aber ganz verkehrt. Wenn Ihr Vierbeiner Angst hat und Sie ihn trösten, versteht er nicht Ihre erklärenden Worte, sondern nur Ihren Tonfall. Ein freundlicher Tonfall bedeutet für den Hund, dass er sich richtig verhält – es ist eine Bestärkung. Wenn Sie Ihren Hund trösten, versteht er: „Braver Hund, du hast Recht, wenn du dich fürchtest, es ist auch wirklich eine schlimme Situation." Die Folge ist, dass er beim nächsten LKW noch mehr Angst hat und diese sich mit jedem weiteren Trösten steigert. Sie helfen Ihrem Hund viel mehr, wenn Sie ihm ein

*Frisbee ist ein toller Sport für Hunde – doch vorher müssen die Gelenke und der Rücken vom Tierarzt untersucht werden.*

cooles Vorbild sind, das nichts aus der Ruhe bringen kann. Das können Sie erreichen, indem Sie ihn ignorieren und einfach weitergehen. Wenn er noch ansprechbar ist, können Sie auch versuchen, ihn mit einer einfachen Übung, die er garantiert gut beherrscht, abzulenken. Befolgt er das Kommando gut und bekommt dafür auch noch eine Belohnung, wirken Lastwagen vielleicht nicht mehr so bedrohlich für ihn. Sie dürfen aber nicht ungeduldig werden oder gar schimpfen, das würde ihn nur verwirren. Bei heftigen Angstproblemen ist es immer ratsam, sich mit einem Hundetrainer zu beraten (→ Seite 213).

**246. Antiautoritäre Erziehung: Alle raten mir davon ab, meinen Kromfohrländer-Welpen ohne Strenge und frei zu erziehen. Warum soll es falsch sein, ihn als gleichwertigen Partner zu behandeln?** ?

Hunde, die in einem Rudel leben, sind nicht in einer gleichberechtigten Gruppenstruktur, sondern einer Rangfolge organisiert. Jeder Vierbeiner hat einen bestimmten Rang und damit verbundene Aufgaben. Solange der Chef des Rudels seine Führungsaufgaben souverän meistert, wird diese Chefposition nicht infrage gestellt, und die anderen Rudelmitglieder folgen ihm bereitwillig. Wenn Sie Ihrem Kromfohrländer eine gleichberechtigte Partnerschaft anbieten, wird ihn das nur verwirren und kann zu großen Problemen in der Mensch-Hund-Beziehung führen. Im Interesse Ihres Hundes sollten Sie die Führungsrolle in Ihrer Gemeinschaft einnehmen. Dann kann Ihr Gefährte innerhalb klar gesteckter Grenzen viele Freiheiten genießen, die nicht möglich sind, wenn er Ihnen nicht zuverlässig folgt, z. B. ohne Leine zu laufen. Mit Gewalt und Strenge hat das „Chef-sein" nichts zu tun, sondern mit Souveränität und Konsequenz. Es zeugt von Respekt vor Ihrem Vierbeiner, wenn Sie so mit ihm umgehen, wie er es versteht.

**247. Aufreiten: Unser Westie-Rüde hängt sich immer an das Bein meiner Frau. Wie können wir ihm das abgewöhnen?** ?

Da dieses Verhalten Ihrer Frau gegenüber gezeigt wird, ist es wahrscheinlich nicht sexuell motiviert, sei es durch Hypersexualität oder falsche sexuelle Prägung des Hundes. Meist handelt es sich dann um eine Dominanzgeste, die Hunde häufig untereinander zeigen, auch wenn keine läufige Hündin in der Nähe ist. Wenn Ihre Frau ihn gewähren lässt, wird er dies als Bestätigung werten. Sie muss dem kleinen Kerl deutliche Grenzen setzen und ihm klar machen, dass er im Rang unter ihr steht. Dazu gehört auch, dass sie einfach aufsteht und weggeht, wenn er wieder aufreiten will. Reicht das allein noch nicht aus, muss sie mit einem strengen „Nein!" klarstellen, dass sie das nicht wünscht, und in hartnäckigen Fällen dies auch einmal mit dem Schnauzgriff (→ Foto, Seite 173) zum Ausdruck bringen. Begleitend ist es sehr wichtig, dass sie mit dem Hund Unterordnungsübungen (→ Seite 211) macht und deren Ausführung auch durchsetzt. Ist sie sich unsicher oder zeigt der Kleine plötzlich die Zähne, empfehle ich Ihnen, sich von einem Hundetrainer unterstützen zu lassen.

**248. „Aus"-Kommando: Wie kann ich meinem Tibet Terrier beibringen, etwas herzugeben?** ?

Am einfachsten geht das mit einem Tauschgeschäft. Wenn Ihr Tibet Terrier ein Spielzeug im Maul hat, halten Sie ihm ein Leckerchen vor die Nase. In dem Moment, wo er das Spielzeug fallen lässt, sagen Sie „Aus!", belohnen und loben ihn in den höchsten Tönen (→ Foto, Seite 173). Meist reichen einige Wiederholungen, damit ein Hund dies begreift. Später kann das „Aus"-Kommando auch draußen geübt werden, wenn der Hund z. B. Unrat am Wegesrand gefunden hat und fressen will (→ Seite 234).

**249. Ausstellung: Was müssen wir beachten, wenn wir unseren Dackel auf einer Ausstellung vorführen wollen?** ?

Ihr Dackel braucht dann eine Ahnentafel, die vom veranstaltenden Verein ausgestellt wurde oder anerkannt wird sowie einen Impfpass bzw. EU-Heimtierausweis (→ Seite 28), in dem eine gültige Tollwutimpfung bescheinigt ist. Eine Chance auf eine gute Bewertung haben nur Hunde, die dem Standard (→ Seite 46) relativ nahe kommen und frei von zuchtausschließenden Fehlern sind, z. B. an Hoden, Gebiss, Zähnen oder Rute (Knoten oder Knick im Schwanz). Das Mindestalter für die Vorführung und offizielle Bewertung des Hundes durch einen Richter auf einer Zuchtschau beträgt sechs Monate.
Je nach Art der Ausstellung können Sie Ihren Dackel am selben Tag für die Ausstellung anmelden oder müssen dies bereits einige Wochen vorher tun. Bevor Sie Ihren Hund das erste Mal ausstellen, beobachten Sie am besten auf einer Zuchtschau, wie die Hunde

1 *So lernt Ihr Vierbeiner „Steh“: Halten Sie ein Leckerchen direkt vor seine Nase.*

2 *Ziehen Sie das Leckerli langsam nach vorn, die meisten Hunde stehen nun auf.*

3 *Anregen können Sie das Aufstehen, indem Sie den Hund am Bauch berühren.*

bewertet werden und was sie dafür können müssen. Neben einer guten Leinenführigkeit gehört auch dazu, dass der Vierbeiner sich vom Richter anfassen und untersuchen lässt. Viele Züchter oder Vereine bieten auch ein spezielles Ringtraining zur Vorbereitung einer Ausstellung an.

## 250. Auto: Wie gewöhne ich meinen Hund an das Autofahren?

Indem Sie langsam damit beginnen. Fangen Sie mit kurzen Strecken von etwa fünf Minuten an und erhöhen Sie die Dauer täglich. Am Ziel sollte Ihr Hund etwas Positives erleben, z. B. eine Spielstunde mit Artgenossen oder einen Spaziergang. Es ergibt sich meist täglich eine Gelegenheit, den Vierbeiner im Auto mitzunehmen. Das sollten Sie nutzen, damit die Fahrt für ihn selbstverständlich wird. Auf keinen Fall dürfen Sie ihn beruhigen oder trösten, wenn er Angst hat, sondern müssen ihn dann ignorieren (→ Seite 188).
Ängstliche Hunde kann man schrittweise an das Auto gewöhnen: Man füttert anfangs in der Nähe des Autos, verringert die Distanz immer mehr, bis man ihm schließlich im geöffneten Kofferraum eines Kombis oder der Box (→ Seite 234) auf dem Rücksitz Futter anbietet und an den folgenden Tagen die Tür immer ein Stück mehr schließt. Meist verliert das Auto für den Hund auf diese Weise bald seinen Schrecken.
Leichte Reisekrankheit verschwindet in der Regel durch das Training, bei heftiger Übelkeit sollten Sie ein pflanzliches Mittel vom Tierarzt besorgen.
Bei längeren Autofahrten sollte immer Wasser für den Hund erreichbar sein. Alle zwei Stunden ist ein Gassigang fällig. Auf Rastplätzen den Hund immer anleinen. Im Sommer den Vierbeiner nicht im parkenden Auto lassen und unterwegs im Auto ohne Klimaanlage zur Kühlung nicht die Fenster öffnen (Zugluft), sondern Sonnenschutz an den Fenstern anbringen und ein feuchtes Leinentuch auf den Hund legen.

## SICHERHEIT IM AUTO

**Unterwegs mit dem Auto ist Sicherheit höchstes Gebot – für Mensch und Hund. Hier erfahren Sie, worauf Sie achten müssen, wenn Sie mit Ihrem Vierbeiner auf Tour sind.**

### GEHORSAM

Bringen Sie Ihrem Vierbeiner bei, nur auf Ihr Kommando in das Auto hinein- und wieder herauszuspringen. Das kann sein Leben und das anderer Verkehrsteilnehmer retten!

### TRANSPORTBOX

Darin ist der Hund am sichersten untergebracht. Die Box auf dem Rücksitz oder im Kofferraum eines Kombis quer zur Fahrtrichtung stellen und gut befestigen!

### GITTER UND NETZE

Mehr zum Schutz für den Menschen als den tierischen Mitfahrer sind Gepäckgitter und -netze geeignet. Am stabilsten sind fest verschraubte, zum Autotyp passende Gitter.

### SICHERHEITSGURT

Schützt den Vierbeiner im Falle eines Unfalls nicht immer zuverlässig, verhindert aber, dass er während der Fahrt im Wagen herumturnt, was gesetzlich verboten ist.

### SCHERENGITTER

Flexibles Kunststoffgitter, das für Frischluftzufuhr im parkenden Auto sorgt. Den Hund in der warmen Jahreszeit trotzdem niemals allein im parkenden Wagen lassen!

### WASSER

Es muss für den Vierbeiner ständig erreichbar sein. Im Zoofachhandel gibt es praktische auslaufsichere Näpfe für unterwegs.

## 251. Baby: Ich bekomme in drei Monaten ein Kind. Wie gewöhnen wir unseren Hund Benny an das Baby?

?

Da kann ich Ihnen nur eine Empfehlung für einen sozialverträglichen Hund geben. Befürchten Sie Probleme, sollten Sie sich von einem Hundetrainer beraten lassen. Wichtig ist ein guter Grundgehorsam des Hundes, das gibt Ihnen und ihm Sicherheit. Hatte Ihr Hund bisher noch keinen Kontakt zu Babys und Kleinkindern, sollten Sie das nachholen und dafür sorgen, dass er dabei nur positive Erfahrungen macht. Geben Sie ihm schon vor der Geburt Gelegenheit, den Familienzuwachs kennen zu lernen, indem er seinen Kopf auf Ihren Bauch legen darf und Sie ihm das Kinderzimmer zeigen. Hält sich das Baby noch im Krankenhaus auf, sollte ein Familienmitglied dem Hund eine nach dem Baby duftende Windel geben, damit er dessen Geruch bereits kennt. Üben Sie auch vorher mit Ihrem Hund, dass Sie ihn in das Körbchen schicken können und er dort ablegt, dann verbindet er das später nicht mit dem Baby.
Wenn Sie dann mit Ihrem Baby nach Hause kommen, sollten Sie sich auf Ihr Gefühl verlassen. Auf jeden Fall dürfen Sie den Hund nicht vernachlässigen und müssen den gewohnten Tagesablauf beibehalten, damit er das Kind nicht als „Störenfried" sieht. Ideal ist es natürlich, wenn der Vierbeiner das Baby von oben bis unten beschnuppern darf und so die Möglichkeit hat, es willkommen zu heißen. Ob man ihn dabei an der Leine und auf Abstand halten oder ihn direkt am Kind schnuppern lassen sollte, wird unterschiedlich empfohlen. Bedenken Sie aber, dass das Kind umso „interessanter" für den Hund wird, je mehr sie es ihm entziehen. Desto kritischer wird er es auch betrachten. Bitten Sie auch Ihren Besuch, dem Hund die gleiche Aufmerksamkeit wie früher zukommen zu lassen. Haben Sie Vertrauen zu Ihrem Vierbeiner, sollten Sie ihn möglichst oft beim Umgang mit dem Kind einbeziehen, ihn z. B. neben dem Wickeltisch absitzen und

ihn an der Windel oder am Po des Kindes riechen lassen. Wann immer Hund und Kind gleichzeitig anwesend sind, empfehle ich Ihnen, mehr mit dem Vierbeiner zu sprechen, und mit ihm zu spielen als in Abwesenheit des Kindes, damit er diese positiven Erfahrungen mit dem Baby verbindet. Auf keinen Fall aber dürfen Sie Baby und Hund allein im Zimmer lassen.

### 252. Belohnung: Muss ich meinen Hund eigentlich jedes Mal belohnen, wenn er eine Übung richtig gemacht hat?

Nein, das ist nicht nötig. Leckerchen sind prima, um ein neues Kommando einzuüben (→ Extratipp, unten), doch wenn es richtig sitzt, sollte ein begeistertes Lob zur Bestätigung ausreichen. Beherrscht Ihr Hund das eingeübte Kommando, können Sie die Häufigkeit der Leckerchen abbauen. Dazu belohnen Sie ihn nur unregelmäßig für die richtige Ausführung der Übung und loben ihn „nur" noch, bis irgendwann für diese Übung gar kein Leckerchen mehr gegeben werden muss. Wichtig beim Abbauen der Belohnungen ist, dass Sie sich nicht angewöhnen, ihn jedes zweite oder dritte Mal zu belohnen – clevere Kerlchen durchschauen ein solches Schema sehr schnell und folgen nur noch dann, wenn sie auch sicher eine Belohnung erwarten.

**EXTRATIPP**

**Ideale Leckerlis**
**Leckerchen eigen sich hervorragend, um Hunde zu motivieren. Deshalb gilt: Je schwieriger die Übung, desto attraktiver der Belohnungshappen. Wichtig ist, dass die Leckerchen weich sind und nicht gekaut werden müssen, sondern schnell geschluckt werden können, z.B. Käse- und Putenfleischstückchen. Im Zoofachhandel gibt es praktische Beutel für die Leckerchen.**

**253. Beschäftigung: Wie kann ich meinen Airedale Terrier auch im Haus beschäftigen?**

Geben Sie ihm Arbeit für die „kleinen grauen Zellen". Bewegung ist zwar wichtig für Hunde, doch davon allein sind nur die wenigsten richtig ausgelastet. Durch Beschäftigung können Sie auch Langeweile vorbeugen – Möglichkeiten gibt es viele. Machen Sie z. B. Erziehungsspiele mit ihm und fragen Sie die gängigen Kommandos ab. Lassen Sie ihn abliegen, bevor er ein Spielzeug bekommt, und ihn für sein Futter Übungen wie „Sitz" und „Platz" machen. Legen Sie ein Spielzeug vor ihn – er darf erst aufstehen und es holen, wenn Sie es erlauben; etc. Auch Versteckspiele beschäftigen. Sie können sich selbst verstecken und den Hund rufen und Leckerchen oder Spielsachen verstecken, die Ihr Terrier dann suchen muss. Mit Trockenfutterbrocken können Sie eine spannende Fährte legen. Weisen Sie Ihrem Hund im Haushalt „Aufgaben" zu, z. B. indem Sie ihm beibringen, Zeitungen in den Papiermüll oder seine Spielzeuge in eine Kiste zu räumen. Futterspiele verlangen Konzentration. Legen Sie z. B. Trockenfutter in einen speziellen Futterball aus dem Zoofachhandel. Ihr Hund muss den Ball herumrollen, damit die Brocken aus der Öffnung fallen. Oder Sie verpacken Futter oder Spielzeug in Papier, Papprollen, Kartons oder alten Handtüchern, und Ihr Hund muss es dann auspacken. Aus Stühlen, Eimern, Besen, Kartons usw. können Sie einen Indoor-Agility-Parcours bauen.

**254. Betteln: Wie kann ich meinem Hund das Betteln am Tisch abgewöhnen?**

Dieses Problem ist vermutlich nur entstanden, weil ein oder mehrere Familienmitglieder gelegentlich „etwas haben fallen lassen", wenn der Hund sie gar zu Mitleid heischend angeschaut oder sie mit seiner Nase oder Pfote angestupst hat. Dem Hund ist das Betteln geradezu anerzogen worden, denn Belohnung und Aufmerksamkeit haben sein Verhalten bestätigt. Abgewöhnen kann man das Betteln nur, indem kein Familienmitglied ihn am Tisch mehr beachtet, auch nicht der kleinste Krümel auf den Boden fällt und er auf sein Fordern auch außerhalb der Mahlzeiten kein Leckerchen oder Futter bekommt. Er darf durch sein Betteln weder einen schmackhaften Happen noch Aufmerksamkeit erhalten. Dazu gehört viel Konsequenz und Durchhaltevermögen, was für die Menschen nicht immer einfach ist. Man kann den Hund während des Essens auch in sein Körbchen schicken, und wenn er von allein nicht dort bleibt, ihn anleinen. Besser ist es jedoch, ihm zu zeigen, dass sein Betteln keinen Erfolg hat.

1 *Riesenspaß für kleine Schnüffelnasen: Verstecken Sie Leckerchen oder Trockenfutter in einer mit Papier gefüllten Kiste.*

2 *Mit einem Futterball wird das Fressen zur Herausforderung: Nur mit der richtigen Technik fallen die Futterbrocken heraus.*

3 *Indoor-Agility lässt sich mit einfachen Mitteln aufbauen: Für eine Hürde genügen schon ein Besen und zwei Kartons.*

## 255. Bewegung: Wie lange muss ich mit meinem Hund spazieren gehen?

Das ist von Hund zu Hund unterschiedlich und hängt von Rasse, individuellem Bewegungsbedürfnis, seinem Alter, seiner Gesundheit und Kondition ab. Das Bewegungsbedürfnis nimmt aber nicht ab, je kleiner ein Hund ist. Ein kleiner Terrier oder Dackel hat mindestens genauso viel Power wie seine langbeinigen Kollegen. Als Richtwert kann man sagen, dass ein Hund mindestens zwei Stunden täglich spazieren geführt werden sollte, dies schließt Freilauf, Toben und das Spiel mit Artgenossen ein. Die zwei Stunden Bewegung sollten bei erwachsenen, gesunden Hunden auf drei oder vier Spaziergänge täglich verteilt werden, einer davon mindestens eine Stunde lang (→ Seite 225). Powerhunde können locker ein oder zwei Stunden mehr am Tag unterwegs sein. Alte oder kranke Hunde dürfen eventuell nicht so viel bewegt werden und sollten auch häufiger nach draußen dürfen. Der Tierarzt kann eine Empfehlung geben. Aufpassen muss man bei Welpen und Junghunden: Ihre Gelenke und ihre Kondition vertragen noch keine ausgedehnten Gassigänge. Bis zum Alter von vier Monaten sollten die Kleinen drei- bis viermal täglich etwa zehn Minuten (zusätzlich zu den kurzen „Pipigängen" zwischendurch) ausgeführt werden, mit jedem Monat steigert sich die Länge des Spaziergangs etwas.

## 256. Buddeln: Wie kann ich meinem Cairn Terrier abgewöhnen, das Rosenbeet umzugraben?

Das Engagement Ihres Terriers in Sachen Gartengestaltung kann verschiedene Ursachen haben. Die beiden häufigsten sind Veranlagung und Langeweile. Viele Terrier buddeln bei der Suche nach einem Mäuschen gern und heftig. Ob zudem mangelnde Beschäftigung eine Rolle spielt, müssen Sie anhand seines Beschäftigungsangebots und seines sonstigen Verhaltens

beurteilen. Wird das Buddeln durch Langeweile verursacht, sollten Sie auf jeden Fall für mehr Beschäftigung sorgen und den Hund auslasten. Damit er dieses terriertypische „Hobby“ nicht aufgeben muss, können Sie ihm eine andere Stelle im Garten interessant machen, indem Sie z. B. einen alten Sandkasten mit einem lockeren Erde-Sand-Gemisch füllen und dort einige Leckerbissen und Spielzeuge vergraben.
Haben Sie diese Möglichkeit nicht, sollten Sie ihm das Buddeln im Rosenbeet mit einem strengen „Nein!“ verbieten und ihm dann während der Spaziergänge im Feld die Möglichkeit dazu bieten. Stärkere Mittel halte ich in diesem Fall nicht für gerechtfertigt, denn ehrlich: Wer sich einen Cairn Terrier anschafft, muss damit rechnen, dass dieser auch buddelt.

### 257. Clicker-Training: Wie funktioniert eigentlich das Clicker-Training? ?

Wenn Sie Ihrem Hund etwas beibringen möchten, kommt es darauf an, dass Sie ihm möglichst zeitgleich mit der gewünschten Handlung ein Leckerchen geben. Das hört sich einfach an, ist in der Praxis aber nicht immer so leicht umzusetzen. Schnell ist es passiert, dass die Belohnung drei Sekunden zu spät kommt und der Hund schon längst etwas Neues damit verbindet, z. B. statt des Sitzens nun das Aufstehen. Mit dem Clicker, einem Knackfrosch, bekommen Sie bei richtiger Anwendung ein Instrument an die Hand, das Ihnen die Möglichkeit gibt, dem Hund im richtigen Moment zu sagen: „Fein gemacht, du bekommst deine Belohnung sofort!“ Der Hund weiß dann, dass er etwas richtig gemacht hat, und freut sich auf das Leckerchen. Damit das Knacken die richtige Bedeutung bekommt, erhält der Vierbeiner anfangs, ohne dass er etwas leisten musste, bei jedem Knack direkt ein Leckerchen. So lernt er: Knacken bedeutet Leckerli. Im Grunde würde es auch ausreichen, wenn man statt zu knacken ein bestimmtes Wort sagt und damit die Verbindung zum Leckerchen herstellt. Der Clicker jedoch erzeugt ein weit zu hörendes und markantes Geräusch, das frei von jeder Emotion wie Angst, Unsicherheit oder Ungeduld ist.

### 258. Disziplinieren: Wie kann ich meinen Riesenschnauzer bestrafen, ohne dabei Gewalt anzuwenden?

?

Gewalt und Schläge haben in der Hundeerziehung gar nichts zu suchen. Es gibt ausreichend artgerechte Mittel, um unerwünschtes Verhalten zu korrigieren. Je nach Situation kommen verschiedene Möglichkeiten in Betracht. Ein sehr wirksames Mittel ist Ignorieren. Ideal ist dies z. B., wenn der Hund quengelt oder bettelt. Er darf dann überhaupt nicht beachtet werden, auch jeglicher Blickkontakt muss vermieden werden. Manchmal erfordert das viel Ausdauer von Ihnen, führt aber zum Erfolg, weil Ihr Schnauzer dadurch lernt, dass sein Verhalten nicht zum gewünschten Ziel führt. Ignorieren darf aber nicht als Strafe im klassischen Sinn angewendet werden, z. B. den Hund den ganzen Tag nicht mehr zu beachten, weil er einen Schuh zerfleddert hat – das würde er nicht in Zusammenhang bringen und verstehen.

## EXTRATIPP

**Instrumentelle Konditionierung**
**Die instrumentelle Konditionierung, auch operantes Lernen genannt, ist die klassische Form des Lernens. Der Hund bekommt einen Reiz (z. B. ein Kommando), führt daraufhin eine Handlung aus, und diese wird verstärkt (z. B. durch Belohnung oder Bestrafung). Ist der Verstärker positiv, wird der Hund das Verhalten in der Regel wiederholen, ist er negativ, unterlässt er es. Beispiel: Sie sagen „Sitz!“, der Hund setzt sich, bekommt dafür ein Leckerchen – und wird es gern wiederholen.**

Wenn der Hund jedoch z. B. etwas klaut oder kaputtmacht, können Sie dies natürlich nicht ignorieren, denn dieses Verhalten ist selbstbelohnend (es „macht Spaß“) und muss unterbrochen werden. Sagen Sie streng „Nein!“, sind Sie richtig wütend und wollen, dass Ihr Hund das spürt, sollte auch Ihre Tonlage entsprechend sein: tief und grollend.
Anders sieht es aus, wenn Sie ein Kommando einüben. Steht er z. B. bei der „Bleib“-Übung auf, bringen Sie ihn einfach kommentarlos wieder zurück und versuchen es erneut. Kann Ihr Schnauzer „Sitz“, befolgt das aber nicht auf Ihr Kommando, können Sie Ihre Forderung durch leichtes Anrempeln mit dem Knie unterstreichen.
Den Schnauzgriff (→ Foto, Seite 173) können Sie z. B. anwenden, wenn der Welpe mit seinen messerscharfen Zähnen in Ihre Hand zwickt, Ihr Hund in die Leine beißt oder etwas im Maul hat und nicht hergeben will. Damit setzen Sie deutliche Grenzen. Je nach Situation wird mehr oder weniger fest zugegriffen. Bei Hunden, die aber bereits die Zähne fletschen, sollten Sie diesen Griff nicht anwenden. Solche Vierbeiner schnappen oft ganz schnell zu.
Der sogenannte „Alpha-Wurf“ ist eine veraltete Erziehungsmethode und sollte daher nicht mehr verwendet werden. Denn den Hund auf den Rücken zu werfen und ihn so lange festzuhalten, bis er aufgibt, ist kein Zeichen von Souveränität – und darauf kommt es in der Hundeerziehung an. Hinzu kommt noch, dass der Hund sich dabei verletzten kann oder er in seiner Unsicherheit aggressiv wird.

## 259. Dogdance: Kann jeder Hund Dogdance machen? ?

Jeder Hund kann lernen, mit Frauchen oder Herrchen zu tanzen, nicht jeder wird es aber zur Turnierreife bringen. Doch das ist auch gar nicht der Sinn des Dogdance, sondern der Spaß am Arbeiten. Denn was

*Auch für kleinwüchsige Hunde sind eine gute Erziehung und die Sozialisierung mit ihren Artgenossen sehr wichtig.*

bei einer Vorführung so einfach aussieht, ist das Ergebnis von langem und intensivem Training. Wer keine komplette Kür einstudieren will, kann sich einfach einige Elemente herauspicken. Dogdance ist eine tolle Beschäftigungsmöglichkeit, sowohl in der Wohnung als auch im Freien, und stärkt die Bindung, was sich positiv auf die gesamte Mensch-Hund-Beziehung auswirkt. Hunde, die einer Rasse angehören, die traditionell eng mit dem Menschen zusammenarbeitet, z. B. Hütehunde, werden es mit dem Erlernen der Tanzelemente vielleicht etwas einfacher haben als autarke Persönlichkeiten. Trotzdem können auch die als schwer erziehbar geltenden Rassen (→ Seite 221) viel lernen und alle Beteiligten eine Menge Freude haben. Die einzelnen Übungen sollten aber auf den Vierbeiner abgestimmt sein. Hunde mit Gelenk- und Wirbelsäulenerkrankungen sollten nicht springen und Hunde mit langem Rücken, wie z. B. Dackel, nicht aufrecht auf den Hinterbeinen stehen müssen.

## 260. Erziehung großer Hunde: Müssen große Hunde strenger erzogen werden als kleine?

Jeder Hund muss sorgfältig erzogen werden, damit er mit Menschen und Artgenossen verträglich ist und mit den unterschiedlichsten Situationen des Alltags zurechtkommt. Bei kleinen Vierbeinern nehmen es viele Hundehalter aber nicht so genau und finden dominantes Verhalten eventuell sogar amüsant. Wenn kleine Hunde beißen, sind die Verletzungen in der

Regel auch nicht so schwerwiegend wie bei den großen Artgenossen. Trotzdem sollte man auch bei den kleinen Hunden Wert auf den Grundgehorsam legen. Nur dadurch ermöglicht man jedem Hund, am Leben seiner Menschen teilzuhaben und Freiheiten, wie z. B. den Freilauf, zu genießen. Ein unerzogener Hund kann schwere Schäden verursachen, z. B. wenn er vor ein Auto läuft oder einen Menschen ins Gesicht beißt. Die gute Erziehung und Sozialisation dient auch zu seinem Schutz, denn wenn er sich mit einem großen Artgenossen anlegt, ist der Kleine der Dumme.

**261. Erziehungsmethoden: Es gibt so viele verschiedene Methoden in der Hundeerziehung. Welche ist die beste?** ?

Das kommt auf Ihren Hund und auf Sie an – eine pauschale Empfehlung kann ich nicht geben. Grundsätzlich sollte eine gute Hundeerziehung auf positiver Bestärkung aufbauen (→ Extratipp, Seite 200), aber da Grenzen setzen, wo es notwendig ist. Durch Literatur, den Besuch in einer oder mehreren Hundeschulen und gegebenenfalls die Teilnahme an Seminaren haben Sie die Möglichkeit, viele Methoden kennen zu lernen. Häufig ist es gar nicht eine Methode allein, die sich für Hund und Halter eignet, sondern erst die Kombination von Elementen aus verschiedenen Erziehungsvarianten führt zum gewünschten Ziel. Wichtig ist, dass Sie sich mit der Art der Erziehung identifizieren und diese auch effektiv umsetzen können. Was bringt die beste Methode, wenn Sie aufgrund Ihrer Persönlichkeit nicht in der Lage sind, diese richtig anzuwenden, sei es, weil Sie zu zaghaft oder zu forsch sind? Wenn Sie sich unsicher sind, sollten Sie sich bei der Erziehung Ihres Hundes von einem gut ausgebildeten Trainer anleiten lassen. Er kann Ihnen viele nützliche Tipps und Feedback geben.

## 262. Erziehungsregeln: Gibt es allgemeine Regeln, die ich bei der Ausbildung meines Hundes beachten muss?

?

Hundeausbildung kann nur effektiv sein, wenn sie nicht von Stress und Angst vor Strafe bestimmt wird. Ein positives Umfeld und eine angenehme Arbeitsatmosphäre machen das Lernen leichter und helfen, das Erlernte zu festigen. Das Training macht auf diese Weise beiden Seiten Spaß und ist noch erfolgreicher, wenn Sie folgende Punkte beachten:

➤ Nicht mit dem Hund trainieren, wenn er krank ist, z. B. Durchfall hat. Leidet Ihr Hund an einem Herzproblem, Arthrose oder einer anderen chronischen Erkrankung, können Sie trotzdem mit ihm üben. Allerdings muss dann seine Leistungsfähigkeit besonders berücksichtigt werden.

➤ Üben Sie nur, wenn Sie gut gelaunt sind und nicht unter Zeitdruck stehen. Stress und Ungeduld wirken sich negativ auf den Hund aus.

➤ Trainieren Sie lieber täglich in kleinen Zeiteinheiten von 5 bis 15 Minuten als nur einmal in der Woche eine Stunde.

➤ Lassen Sie Ihren Hund unbedingt vor, zwischen und nach dem Training überschüssige Energie im Spiel abbauen.

➤ Setzen Sie Ihre Stimme gezielt ein (→ Seite 219). Sparen Sie nicht mit Lob und Belohnung und disziplinieren Sie Ihren Hund so selten wie möglich (→ Seite 200). Loben und tadeln Sie immer zeitgleich mit der Handlung.

➤ Üben Sie neue Kommandos erst ohne Ablenkung ein (z. B. durch andere Hunde).

➤ Komplexe Übungen müssen Schritt für Schritt trainiert werden.

➤ Festigen Sie das einmal Erlernte durch häufige Wiederholungen.

➤ Werden Sie nicht gereizt oder ärgerlich, wenn der Hund eine Übung nicht begreift, sondern fangen Sie dann noch einmal eine Stufe darunter an und bleiben

## ERZIEHUNGSHILFEN

**Es gibt zahlreiche Hilfsmittel, die Sie bei der Erziehung Ihres Hundes unterstützen können. Negative Verstärker sollten aber möglichst selten angewendet werden.**

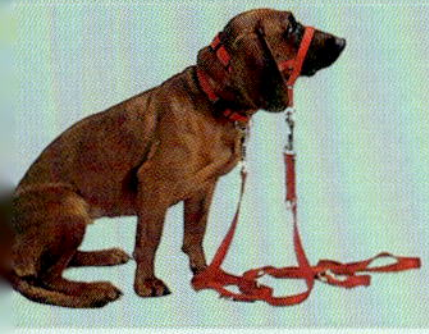

### HALTI
Macht den Hund leichter kontrollierbar und lenkt die Aufmerksamkeit auf den Halter. Darf nicht an langen Leinen verwendet werden!

### WURFKETTE
Die Kette wird bei unerwünschtem Verhalten des Vierbeiners in dessen unmittelbare Nähe geworfen, um ihn zu „erschrecken“ – nicht direkt auf den Hund zielen.

### CLICKER
Das Knackfroschgeräusch verspricht eine Belohnung. Vorher muss der Hund lernen, das Klicken mit dem Leckerchen zu verbinden.

### DISC-SCHEIBEN
Negativer Verstärker, der bei den meisten Hunden eingesetzt werden kann. Darf allerdings nur mit einem erfahrenen Hundetrainer eingeübt werden (→ Seite 222)!

### BÜFFELHORNPFEIFE
Ideal, um den Vierbeiner herbeizurufen. Der Vierbeiner muss vorher auf die Bedeutung der Pfeife konditioniert werden.

### SPRÜH-HALSBAND
Per Fernbedienung wird aus dem Halsband ein geruchloser Luftstrahl freigesetzt. Nur gemeinsam mit einem erfahrenen Hundetrainer einsetzen!

Sie ruhig und gelassen. Geduld ist beim Training besonders wichtig.

➤ Bitten Sie alle Familienmitglieder, dieselben Kommandos zu verwenden und dem Hund keine Ausnahmen durchgehen zu lassen. Auch Sie selbst müssen konsequent sein.

**263. Fahrrad: Mein Hund zieht am Fahrrad immer so heftig. Hilft da ein Erziehungsgeschirr, das unter den Achseln der Vorderbeine des Hundes entlangläuft?** ?

Nein, ein solches Geschirr sollten Sie auf keinen Fall verwenden. Sie können dem Hund starke Schmerzen bereiten und auf langen Touren sogar die Haut aufscheuern. Wenn es mit dem Radfahren nicht klappt, müssen Sie noch einmal den Grundgehorsam (→ Seite 209) mit Ihrem Vierbeiner üben. Schritt für Schritt wird der Hund dann an das Rad gewöhnt. Erst schieben Sie das Rad, und der Hund läuft nebenher. Dann fahren Sie langsam geradeaus. Wenn das klappt, kommen Kurven dazu. Damit der Hund etwas Bewegungsspielraum am Fahrrad hat, ohne Sie dabei zu gefährden, gibt es im Zoofachhandel spezielle Gestelle, an die der Hund angeleint werden kann, dabei sollte er ein „normales" gepolstertes Geschirr tragen. Mit dem Hund Fahrrad zu fahren darf aber nicht den Freilauf und die Spaziergänge ersetzen, denn der Vierbeiner braucht auch die Gelegenheit zum Spiel mit Artgenossen und zum Schnüffeln am Wegesrand.

**264. Fahrradtouren: Kann ich auch meinen kleinen Yorkie bei langen Touren neben dem Fahrrad laufen lassen?** ?

Yorkshire Terrier sind zwar kleine Powerpakete, doch als aktive Begleiter bei Fahrradtouren eignen sie sich nicht. Um gemeinsam mit Ihrem Hund schöne Ausflüge mit dem Rad unternehmen zu können, besorgen Sie sich einen speziellen Fahrradkorb mit Gitterabdeckung (gibt es im Zoofachhandel). Setzen Sie Ihren Yorkie hinein, und schon kann es losgehen. Ihr Yorkie genießt die Aussicht und lässt sich den Wind um die Ohren wehen, ohne sich zu überanstrengen. Neigt Ihr Hund zu Bindehautentzündungen, sollten Sie ihm nach Absprache mit dem Tierarzt eine spezielle Brille anziehen. Während der ausgiebigen Pausen können Sie schöne Spaziergänge machen und gemeinsam die fremde Umgebung erkunden.

**265. Frisbee: Mein Golden Retriever hat Arthrose. Kann ich trotzdem mit ihm Frisbee spielen?** ?

Nein, da muss ich Ihnen leider abraten. Wenn Ihr Golden Retriever beim Frisbeespielen nach einem Sprung auf dem Boden aufkommt oder in vollem Lauf abbremst, staucht und belastet das seine Gelenke zu sehr. Deshalb sind alle Sportarten für ihn tabu, die ähnlich heftige Bewegungen verlangen, z. B. Springen, Stöckchen- oder Ballwerfen. Trotzdem darf Ihr Hund schonenden Sport treiben, alternativ z. B. das Apportieren von vorher versteckten Dummys. Sehr gut geeignet wäre auch regelmäßiges Schwimmen. Gehen Sie selten auf Asphalt spazieren, sondern besser auf weichem Boden.

**INFO**

**Lernen**
**Hunde lernen ständig, auch wenn wir ihnen gerade nichts beizubringen versuchen. Hat z.B. ein hungriger Vierbeiner einmal Futter bekommen, weil er gebellt hat, wird er dies immer wieder versuchen. Deshalb ist es wichtig, dass Sie keine Ausnahme, keine Inkonsequenz zulassen, denn der Hund zieht garantiert seine Schlüsse daraus und reagiert entsprechend.**

## 266. Flugreise: Sollen wir unseren Hund in den zweiwöchigen Urlaub mitnehmen, wenn wir mit dem Flugzeug verreisen?

Das kommt auf die Dauer des Fluges, das Reiseziel und Größe und Wesen Ihres Hundes an. In heiße Länder würde ich einen Hund nur ungern mitnehmen, gerade ältere und herzkranke Tiere sollten keiner extremen Hitze ausgesetzt werden. Wenn Sie einen kleinen Hund haben, den Sie als „Handgepäck" mit in die Passagierkabine nehmen können, ist dies allemal besser, als wenn der Vierbeiner in einer Box getrennt von Ihnen reisen muss. Gerade auf langen Flügen kann dies problematisch sein – wägen Sie gut ab, Sie kennen Ihren Hund am besten und müssen einschätzen, ob dieser Stress für einen kurzen Urlaub vertretbar ist. Auch der „Handgepäck-Hund" kann auf langen Flügen quengelig werden, das sollten Sie vorher bedenken. Auf jeden Fall muss Ihr Hund vor einer Flugreise an die Transportbox gewöhnt werden. Häufig ist es jedoch besser, wenn der Vierbeiner bei Verwandten, Freunden oder in einer guten Hundepension (→ Seite 233) sicher untergebracht ist.

1 *Das Heranrufen ist das erste Kommando, das Ihr Hund lernen sollte. Rufen Sie mit lockender und hoher Stimme „Hier".*

2 *Unterwegs bereits loben, bei Ihnen gibt es eine Belohnung. Mit der langen Leine können Sie ihn holen, falls er nicht folgt.*

**267. Fütterung: Mein Hund knurrt und schnappt immer, wenn ich in die Nähe seines Napfes komme. Wie kann ich ihm das abgewöhnen?** ?

Wenn mehrere Hunde sich eine Futterration teilen müssen, nimmt sich jeder schnell so viel davon, wie er bekommen kann, und verteidigt diesen Anteil auch wenn nötig – unabhängig von seinem Status in der Gruppe. Sie haben also kein Dominanzproblem mit Ihrem Vierbeiner. Vielmehr hat er nicht gelernt, dass Sie ihm nichts „wegfressen" wollen. Futter ist überlebenswichtig für Hunde. Relativ häufig zeigen frühere Straßenhunde Futteraggression, doch auch ein Hund, der noch niemals Hunger leiden musste, kann sich so verhalten. In Ihrem Fall rate ich dringend, einen guten Hundetrainer hinzuzuziehen, damit die Situation nicht eskaliert. Grundsätzlich sollte ein Hundehalter natürlich in der Lage sein, seinem Vierbeiner den Futternapf wegzunehmen, ohne dass dieser sich aggressiv zeigt. Dies kann man schon beim Welpen trainieren, indem man einen Teil der Portion aus der Hand füttert oder immer nur einen Teil in den Napf gibt, dabei stehen bleibt und wieder nachfüllt, wenn der Napf leer ist, bis die komplette Portion gefressen ist. Es ist auch hilfreich, den Napf dabei immer mal wieder in der Hand zu halten. Sinnvoll ist auch das Trainieren des Kommandos „Aus" mit einem Tauschgeschäft (→ Seite 190).

**268. Grundgehorsam: Welche Kommandos zählen zum Grundgehorsam?** ?

Dazu gehören all die Verhaltensweisen und Kommandos, die einen Hund im Alltag kontrollierbar machen, wie „Sitz", „Platz", „Bleib", „Steh", „Hier", „Fuß", „Aus" und „Pfui". Hinzu kommt, dass der Vierbeiner sich an der Leine neutral, Artgenossen gegenüber „ordentlich" verhalten und nicht jagen soll (→ Tabelle Grundgehorsam, Seite 211).

**269. Halti: Warum wird das Halti so oft als Erziehungshilfsmittel empfohlen?**

Dieses Kopfhalfter – das Halti ist kein Maulkorb – ist ein sehr nützliches und effektives Hilfsmittel in der Hundeerziehung. Es kann vielseitig angewandt werden, z. B. bei Hunden, die ziehen oder sich an der Leine Artgenossen gegenüber „wild" aufführen. Unter dem Kopf befindet sich ein Ring. Daran wird der kleine Karabiner der Leine befestigt, der große am Halsband. Zieht man nun die Leine nach unten, wird der Schnauzgriff imitiert (→ Foto, Seite 173), ein artgerechtes Mittel zur Maßregelung. Dadurch kann der Halter leicht den Blickkontakt des Hundes zum Objekt des Interesses (des Reizes) unterbrechen und dessen Aufmerksamkeit wieder auf sich lenken. Viele Hunde sind mit einem Halti leichtführiger. Da es aber auf die korrekte Anwendung dieses Kopfhalfters ankommt, sollte man sich den Gebrauch von einem Hundetrainer erklären lassen. Der Hund muss, wie an alle Hilfsmittel, erst daran gewöhnt werden.

**270. Hundebegegnung: Oft erlebe ich bei Spaziergängen mit meinem Hund, dass ein fremder Hund auf uns zuläuft und der Hundehalter mir zuruft, „Der tut nichts" oder „Der will nur spielen". Kann ich mich darauf verlassen?**

Ich habe häufig die Erfahrung gemacht, dass diese Zurufe erst kommen, nachdem der Hundehalter mehrmals vergeblich versucht hat, seinen Hund zu sich zu rufen. In den meisten Fällen vertragen die Hunde sich auch und spielen anschließend. Problematisch kann das aber z. B. dann werden, wenn Sie Ihren Hund aus bestimmten Gründen in diesem Moment nicht ableinen können (→ Seite 161). Verlassen würde ich mich auf diese Aussagen nicht. Es ist immer besser, sich vorher zu verständigen oder je nach Situation sogar die Richtung zu wechseln.

## GRUNDGEHORSAM

**Hier gibt es einige Anregungen für das Einüben von Grundkommandos. Je nach Hund müssen im Gehorsamstraining individuelle Methoden angewendet werden.**

### „SITZ“

Halten Sie ein Leckerchen über die Nase des Hundes, die meisten setzen sich dann. Geht sein Hinterteil runter, sagen Sie „Sitz“ und loben und belohnen, wenn er den Boden berührt. Halten Sie als Sichtzeichen den Zeigefinger erhoben.

### „PLATZ“

Halten Sie ein Leckerli unter der flachen Hand mit dem Daumen fest. Führen Sie es von der Nase des sitzenden Hundes langsam zum Boden. Folgt er und legt sich hin, sagen Sie „Platz“. Das Leckerli und Lob gibt es, wenn er richtig liegt.

### „BLEIB“

Der Hund sitzt oder liegt. Sie entfernen sich etwa einen Meter, sagen „Bleib“, kommen dann wieder, loben und belohnen ihn. Steht er vorher auf, bringen Sie ihn wortlos zurück und fangen von vorn an. Als Sichtzeichen zeigt die Handfläche zum Hund.

### „FUSS“

Animieren Sie den Hund mit einem Leckerli, an Ihrer Seite zu laufen. Ist er auf Ihrer Beinhöhe, sagen Sie „Fuß“ , belohnen und loben. Die Leine muss locker sein. Läuft er vor oder bleibt zurück, locken Sie ihn wieder zu sich.

### „HIER“

Locken Sie ihn mit einem Leckerli. Kommt er, rufen Sie „Hier“ und loben. Angekommen, gibt es die Belohnung (→ Foto, Seite 208).

### 271. **Hundeduo:** Brauchen zwei Hunde weniger Kontakt zum Menschen als einer allein?

Hunde sind Rudeltiere und brauchen den Kontakt zu ihren Sozialpartnern. Das Alleinsein fällt vielen Vierbeinern leichter, wenn noch ein Artgenosse dabei ist – aber nicht immer. Besonders für Hunde, die eine enge Beziehung zu ihrem Halter haben, kann ein anderer Hund diesen Kontakt nicht ersetzen, der Mensch ist ein wichtiger Sozialpartner. Wer mehrere Hunde hält und sich nicht ausreichend mit ihnen beschäftigt, fördert deren Selbstständigkeit. Sie werden unabhängig und sehen den Menschen nicht mehr als tonangebendes Mitglied des Sozialverbandes. Diese Hunde sind nur sehr schwer zu führen und erkennen die Autorität des Menschen nicht mehr an. Um eine intakte Beziehung zu seinen Hunden zu haben, muss man sich bei der Haltung von mehreren mindestens genauso viel mit ihnen beschäftigen wie mit einem Hund allein.

### 272. **Hundeplatz:** Auf dem Hundeplatz benimmt mein Pointer sich immer vorbildlich, und zu Hause scheint er alles vergessen zu haben. Woran liegt das?

Hunde sind sehr clever und können in ihren Menschen lesen wie in einem offenen Buch. Wenn Sie mit Ihrem Pointer auf dem Hundeplatz trainieren, werden Sie sich vermutlich sehr auf Ihren Hund konzentrieren, bekommen Anleitung vom Trainer und fühlen sich dadurch sicherer. Sie kennen die anderen Hundehalter, wissen diese einzuschätzen, und wenn es richtig läuft, haben Sie auch Spaß bei der Sache und sind entspannt. Auch wenn dort Situationen geübt werden, die außerhalb des Hundeplatzes heikel verlaufen können, z. B. die Begegnung mit Artgenossen, reagieren Sie wahrscheinlich souverän, da Sie ja ein „Sicherheitsnetz“ haben. Ihr Hund erkennt also sehr schnell, dass er keine Chance hat, sich „aufmüpfig“ zu verhalten, und wenn er dies doch tut, folgt sofort die Maßregelung durch Sie oder den Hundetrainer. Zu Hause fehlt dieses Sicherheitsnetz. Sie sind eventuell unsicher, stehen vielleicht unter Zeitdruck oder können die Ausführung von Kommandos allein – ohne den Hundetrainer im Rücken – nicht angemessen durchsetzen. Hunde können diese abweichenden Situationen genau unterscheiden und passen ihr Verhalten an, sie lernen ortsgebunden. Deshalb ist es so wichtig, dass die Übungen nicht nur auf einem bestimmten Gelände, sondern auch in der Stadt, auf Waldwegen etc. stattfinden. Nur so können Sie vermeiden, dass der Hund verknüpft: „Auf dem Hundeplatz ist Gehorsam angesagt, sonst kann ich machen, was ich will."

### 273. Hundetrainer: An welchen Kriterien erkenne ich einen guten Hundetrainer?

?

Damit das Training erfolgreich ist, müssen mehrere Faktoren stimmen. Einerseits sollte der Trainer natürlich kompetent und vielseitig geschult sein. Da es keine staatlich anerkannte Ausbildung gibt, muss er also Eigeninitiative bei seiner Ausbildung an den Tag legen. Neben einem umfangreichen theoretischen Wissen, das sich der Trainer z. B. bei verschiedenen Seminaren und Workshops angeeignet hat, ist es von Vorteil, dass er auch über fundierte praktische Erfahrung verfügt, indem er bei Kollegen im Rahmen von Hospitationen und Praktika mitgearbeitet hat. Lassen Sie sich diese Nachweise zeigen. Er sollte seine

*Agility ist eine anspruchsvolle Beschäftigung für sportliche und gesunde Hunde und stärkt die Bindung zum Menschen.*

Trainingsstunden nicht nur auf einem Hundeplatz absolvieren, sondern mit seinen Kunden Alltagssituationen üben, z. B. bei Ihnen zu Hause, in der Stadt, im Wald, den Kontakt mit anderen Tieren trainieren und den Hund mit verschiedenen Geräuschen vertraut machen. Wichtig ist auch, dass er nicht nur eine Erziehungsmethode anzubieten hat, sondern sich Gedanken macht, welche zu Ihrem Hund passen könnte. Eventuell setzt er diese aus Bausteinen verschiedener Methoden zusammen.
In einem ausführlichen Vorgespräch erklärt ein guter Hundetrainer Ihnen, wie er Ihren Hund einschätzt, er sich das Training vorstellt und welche Ziele er mit der Ausbildung verbindet. Ideal ist es, wenn er seine „Philosophie“ und praktische Infos zusätzlich in einer Broschüre zusammenfasst, damit Sie zu Hause alles in Ruhe nachlesen können.
Bei der praktischen Arbeit muss der Hundetrainer Sie durch Anleitung in die Lage versetzen, richtig mit Ihrem Hund umzugehen. Er darf nicht die Erziehung für Sie übernehmen. Die Grundvoraussetzung für eine erfolgreiche Zusammenarbeit ist, dass Sie sich sympathisch sind und Sie Kritik von ihm annehmen können, ohne sich „aufs Füßchen getreten“ zu fühlen. Außerdem müssen Sie sich mit den Erziehungsmethoden identifizieren und diese auch umsetzen können. Der Trainier muss Ihnen das Gefühl geben, sein wichtigster Kunde zu sein. Dies wird unterstrichen durch das Angebot, sich auch außerhalb der Übungsstunden mit Fragen an ihn wenden zu dürfen.
Bevor Sie ein Stundenpaket buchen oder einen Vertrag unterschreiben, sollten Sie an einer – meist kostenpflichtigen – Probestunde teilnehmen. Nur so können Sie den Trainer richtig einschätzen und erkennen, wie er mit Ihrem Hund umgeht. Denn auf Ihren Hund kommt es ganz besonders an: Ihm muss das Training Spaß machen, und er soll sich freuen, den Ausbilder zu sehen. Ganz wichtig: Sie müssen spüren, dass der Trainer Hunde wirklich liebt.

**274. Jagdarbeit: Wir wollen unseren Dackel jagdlich ausbilden. Stimmt es, dass er dann eher abhaut, wenn er eine Fährte in der Nase hat?**

*Viele Hundetrainer bieten inzwischen die jagdliche Ausbildung an – passend für die Veranlagung des Vierbeiners.*

Dackel und auch andere Jagdhunde besitzen, auch wenn sie als Familienhunde gehalten werden, noch immer eine ordentliche Portion jagdliche Passion. Wenn sie eine Fährte in der Nase haben, hängt es vom Gehorsam ab, ob sie sich selbstständig machen oder nicht. Ich finde es toll, wenn ein Hund entsprechend seiner Veranlagung arbeiten kann, dann ist er ganz in seinem Element und artgerecht beschäftigt. Die fundierte Ausbildung bei einem guten Trainer dient vielmehr dazu, diese Veranlagung in die richtige Bahn zu lenken, und die begleitende intensive Gehorsamsarbeit macht ihn dann sogar kontrollierbarer.

**275. Jogger: Wie gewöhne ich meinem Jack Russell ab, dass er Jogger jagt?** ?

Die Korrektur ist nicht einfach und erfordert häufig professionelle Hilfe (→ Extratipp, Seite 216). Am besten ist es natürlich, wenn man schon den Welpen mit Joggern bekannt macht und ihm diese als etwas vollkommen Normales und Ungefährliches vorstellt. Wurde dies versäumt, muss ein aufwändiges Trainingsprogramm den Hund wieder auf „den rechten Weg" bringen. Dazu gehört es, die Haltungsbedingungen Ihres Terriers kritisch zu hinterfragen, zu prüfen, ob er ausreichend Beschäftigung hat, und wenn nicht, für diese zu sorgen. Bis das Problem behoben ist, sollte der Hund nicht mehr frei laufen, sondern stattdessen an der Schleppleine (→ Seite 13) geführt werden. Mit Hilfe dieser Leine können Sie jederzeit auf ihn einwirken. Wenn Sie einen Jogger sehen, sollten Sie Ihren Hund zu sich heranrufen und ihn absitzen lassen. Bei gewünschtem Verhalten gibt es natürlich ein dickes Lob und ein attraktives Leckerchen (→ Seite 195). Sicherheitshalber sollten Sie dabei auf die Leine treten, damit er den Jogger nicht doch verfolgen kann. Kommen Sie mit dieser sanften Methode nicht weiter, können Sie ihm das Joggerjagen eventuell mit Disc-Scheiben verleiden (→ Extratipp, Seite 222). Bitten Sie für Trainingssituationen mit dem Hund eine fremde Person, den Jogger zu spielen.

**276. Kastration: Mein Dobermannrüde gehorcht nicht gut. Hilft da eine Kastration?**

Eine Kastration allein macht keinen gehorsamen Hund. Sie kann in einigen Fällen aber tatsächlich den Anstoß geben, dass ein Rüde leichter lernt. Schließlich kommen ihm dann nicht mehr die Hormone und damit verbunden die Liebe und das Machogehabe in die Quere. Bevor Sie diesen Schritt erwägen, sollten Sie gemeinsam mit einem guten Hundetrainer und Tierarzt abklären, ob eine Kas-

**INFO**

**Jogger & Co.**
Erklärungsansätze für die Verfolgung von Joggern gibt es viele: jagdliche Motivation, Langeweile, Rangordnungsprobleme oder erlerntes Verhalten. Was auch immer die Ursache ist, hat der Hund einmal damit begonnen, wird es selbstbelohnend (man könnte auch sagen, dass es ihm Spaß macht), weil er damit ein tief in ihm verwurzeltes Bewegungsprogramm abspulen kann.

tration wirklich nötig ist. In den meisten Fällen lässt sich Ungehorsam durch ein Erziehungstraining in den Griff bekommen, bei dem Hund und Mensch intensiv geschult werden.

**277. Katzen: Wir haben zwei Wohnungskatzen. Nun ist unser Hund gestorben, und wir wollen einen neuen aus dem Tierheim holen. Wie gewöhnen wir ihn an die Samtpfoten?** ?

Sie haben den Vorteil, dass Ihre Katzen bereits hundeerfahren sind, also wahrscheinlich cool auf den neuen Mitbewohner reagieren werden. Ideal ist es natürlich, wenn Sie einen Hund wählen, der ebenfalls bereits mit Katzen zusammengelebt hat. Dann dürfte es keine Probleme geben. Wenn Sie das aber nicht einschätzen können, sollten Sie den Hund beim Betreten der Wohnung an die lange Leine nehmen. Versuchen Sie ganz locker zu bleiben und jede Hektik zu vermeiden. Ihre Katzen sollten sich jederzeit auf einen Kratzbaum oder Schrank zurückziehen können. Lassen Sie den Hund an der langen Leine in Ruhe das Zimmer erkunden. Setzt er aber zu einem Spurt auf die Katzen an, müssen Sie ihn sofort und beherzt stoppen. Er muss von Anfang an lernen, dass die Katzen zum Sozialverband gehören und tabu sind. Lassen Sie die ungleichen Hausgenossen dann unter Aufsicht gewähren und greifen Sie nur ein, wenn der Hund die Katzen hetzt. Auf keinen Fall dürfen Sie Nähe und Kontakt der Tiere erzwingen – dies kommt von ganz allein, wenn alle bereit dazu sind.

**278. Kunststücke: Ist es nicht überflüssig, seinem Hund Kunststücke beizubringen, die haben doch keinen Nutzen?** ?

Kein Vierbeiner muss Kunststücke lernen oder ein Zirkushund werden, um glücklich zu sein. Doch ohne

Nutzen sind diese nicht. Wann immer der Halter sich mit seinem Hund beschäftigt und ihm etwas beibringt, stärkt das die Bindung. Dem Hund ist es egal, ob er „Sitz“ oder „Gib Pfötchen“ lernt, denn er bekommt bei beidem Zuwendung und bei richtiger Ausführung Lob und Belohnung. Zudem sind Kunststücke eine gute Möglichkeit, um zwischendurch im Haus zu üben und so für Abwechslung zu sorgen.

### 279. Lernen: Wann ist die Erziehung eines Hundes abgeschlossen? ?

Hunde lernen während ihres ganzen Lebens, und so lange dauert auch deren Erziehung. Man kann einem Hund zwar innerhalb von wenigen Tagen die Grundkommandos beibringen, doch damit ist seine Ausbildung noch lange nicht abgeschlossen. Denn zur Ausbildung gehört auch, das Erlernte zu festigen, immer wieder abzurufen und dem Vierbeiner durch Konsequenz einen stabilen Rahmen für sein Verhalten zu geben. Hundekinder lernen zwar einfacher, und das Erlernte sitzt fester, doch auch erwachsene und ältere Hunde können noch viel lernen und sind unglaublich anpassungsfähig.

### 280. Loben: Mein Rottweiler duckt sich immer, wenn ich mich über ihn beuge, um ihn zu loben. Mache ich etwas falsch? ?

Wenn ein Hund sich über einen anderen beugt, z. B. sich über ihn stellt oder seinen Kopf auf dessen Rücken legt, ist das ein Zeichen von Dominanz. Erkennt das Gegenüber diese Überlegenheit an, reagiert es mit Unterwerfung, je nach Situation in verschiedenen Ausdrucksformen. Eine davon ist das „Sich-klein-Machen“. Ihr Rottweiler zeigt sich Ihnen gegenüber demütig bzw. unterwürfig und beschwichtigend (→ Seite 152). Da es beim Loben aber nicht darum geht, den Hund zu unterwerfen, sondern sein Verhalten mit positiven Erlebnissen zu verbinden, sollten Sie es künftig vermeiden, sich über ihn zu beugen. Halten Sie etwas Abstand, gehen Sie in die Hocke, damit es nicht zu Missverständnissen kommt, und knuddeln Sie sein Ohr oder seinen Hals.

## 281. Loben: Wie lobe ich meinen Schäferhund-Mix richtig? ?

Beim Loben geht es darum, dass der Vierbeiner eine Handlung mit etwas Positivem verbindet, um sie gern zu wiederholen (→Extratipp, Seite 200). Handlung und Lob sollten zeitgleich ablaufen. Wichtig ist dabei ein begeisterter, hoher Tonfall. Sie sollten dafür Worte wählen, die Sie selbst auch positiv belegen und die in einer höheren Tonlage ausgesprochen werden, z. B. „Ohhh, supi gemacht!" Das klingt zugegebenermaßen etwas albern und kann gerade in der Öffentlichkeit zu ungewollter Aufmerksamkeit führen, doch dazu sollten Sie stehen. Damit die Worte auch richtig ankommen, muss Ihre Körpersprache ebenfalls stimmen, sie

1 *Duftmarken werden von vielen Vierbeinern an „strategisch" wichtigen Punkten abgesetzt, z. B. erhöht an einem Baum.*

2 *Viele Rüden scharren anschließend, um die Duftmarke für Artgenossen „unübersehbar" weitflächig zu verteilen.*

darf nicht bedrohlich oder einschüchternd wirken, sondern muss Ihre ganze Freude ausdrücken. Beim Loben ist es also wichtig, dass Sie authentisch sind und sich tatsächlich freuen. Diese Emotion überträgt sich dann auch auf den Vierbeiner. Es ist sehr hilfreich, das begeisterte, überschwängliche Loben vor dem Spiegel einzuüben.

### 282. Markieren: Wie gewöhne ich meinem Rüden ab, in fremden Haushalten zu markieren?

Sie können Ihren Hund natürlich angeleint lassen, doch dies beseitigt nicht die Ursache. Besser ist es, wenn Sie mit ihm gemeinsam die Wohnung „inspizieren" und anschließend darauf achten, dass er in Ihrer Nähe und damit unter Ihrer Kontrolle bleibt. Dies setzt natürlich einen guten Grundgehorsam voraus. Schnuppert er besonders intensiv an einer Stelle, können Sie ihn mit einem „Lass es!" ablenken und warnen. Hebt er trotzdem das Bein, sollten Sie ihn erschrecken, z. B. mit einem lauten Geräusch.

### 283. Motivation: Mein Whippet mag keine Leckerchen. Wie kann ich ihn zum Üben motivieren?

Hier ist Ihre Fantasie gefragt. Vielleicht gibt es ja doch einen leckeren Happen, für den Ihr Feinschmecker alles stehen und liegen lässt, z. B. gebratene Leberstückchen, Putenfleischbrocken, gekochte Nudeln usw. Alternativ kann man einige Hunde auch mit Spielsachen motivieren, eventuell klappt es mit seinem Lieblingsquietschtier? Oder Sie spielen ausgelassen mit Ihrem Whippet, wenn er eine Übung gut gemacht hat, oder sprinten einmal mit ihm im Garten um die Wette. In allen Fällen ist aber der gezielte Einsatz Ihrer Stimme (→ Seite 219) besonders wichtig, um den Hund zu bestärken, denn nicht jeder lässt sich von Spielzeug oder Leckerchen begeistern.

**284. Pferd: Wie verhalte ich mich richtig, wenn mir ein Reiter begegnet?**

Sie sollten immer ein vorbildliches Beispiel geben, um Ängste und Missverständnisse erst gar nicht aufkommen zu lassen. Dazu rufen Sie Ihren Hund zu sich und lassen ihn neben sich absitzen, bis Pferd und Reiter Ihren Weg gekreuzt haben. Sie werden sich wundern, wie viele Reiter dies mit aufrichtigem Dank quittieren. So sollte man sich auch verhalten, wenn man unterwegs auf Fahrradfahrer, Skater usw. trifft.

**285. Rassen: Wir wollen uns einen Afghanischen Windhund kaufen. Stimmt es, dass man diese Rasse nicht erziehen kann?**

Ob ein Hund gut mit dem Menschen kooperiert, hängt von den Anforderungen seiner ursprünglichen Aufgabe ab und ob dort Selbstständigkeit oder Teamarbeit zwischen Zwei- und Vierbeiner gefragt war. Hunde mit dem „will to please“, also dem Wunsch zu gefallen, lassen sich leichter erziehen, weil sie sich meist auch sehr leicht motivieren lassen. Bei den eher selbstständigen Hunden wie dem Afghanen braucht es häufig etwas mehr Fantasie, um das richtige Motivationsmittel zu finden: Spielsachen scheiden oft aus, und Leckerchen werden

**EXTRATIPP**

**Kommandos auflösen**
Ihr Hund muss lernen, dass er die Ausführung eines Kommandos erst beenden darf, wenn Sie es ihm erlauben, entweder durch ein ganz bestimmtes Wort, z. B. „Lauf“, oder ein neues Kommando. Vorher den Hund ausgiebig loben. Ein Lob sollte das Kommando aber nicht beenden, sonst haben Sie keine Möglichkeit, den Vierbeiner während der Übung, z. B. „Bleib“, zu bestärken.

auch nicht alle genommen. Hat man aber einmal das Zaubermittel gefunden, wird man feststellen, dass diese Hunde sehr leicht und gern lernen, manchmal aber etwas mehr Überzeugung zur Ausführung brauchen. Zackige Befehlsempfänger werden sie trotzdem nicht. Doch Afghanen können den Grundgehorsam lernen und noch mehr – allerdings darf man nie den starken Hetztrieb vergessen, der nicht immer zu kontrollieren ist. Wer noch keine Erfahrung mit Afghanen hat, sollte sich die Unterstützung eines mit der Rasse vertrauten Hundetrainers holen. Mit den richtigen Mitteln ist das Lernen auch eine Bereicherung für diesen Orientalen und bricht nicht seinen Stolz, wie oft behauptet. Sie sollten sich diese Hunde einmal live im Umgang mit ihren Menschen anschauen, um sich ein Bild von der Rasse zu machen.

### 286. Rettungsdienst: Ist es sinnvoll, unseren Deutsch Drahthaar als Rettungshund auszubilden?

?

Es wäre natürlich schön, wenn Ihr Jagdhund in seinem eigentlichen Job arbeiten könnte, doch zur Auslastung eines Gebrauchshundes ist eine so anspruchsvolle Aufgabe wie der Rettungshundedienst besonders

## EXTRATIPP

**Disc-Scheiben**
Sie bestehen aus mehreren Metallscheiben. Bei der Konditionierung auf die Disc-Scheiben wird deren Geräusch mit einem frustrierenden Erlebnis verknüpft, das der Hundetrainer – dies darf nicht der Halter tun – bewusst herbeiführt. Wenn ein Hund (zumindest ist das bei den meisten Vierbeinern so) nun die Discs hört – oft reicht schon ein leises Klimpern –, wird er seine Handlung unterbrechen. Ob dieses Hilfsmittel sich für einen Hund eignet, sollte immer der Trainer entscheiden.

gut geeignet. Die Ausbildung beinhaltet viele Elemente, die Ihr Drahthaar auch in seiner ursprünglichen Arbeit einbringen musste. So besteht ein Element der Ausbildung zum Rettungshund daraus, dass der Hund etwas suchen und in einer bestimmten Art anzeigen muss, dass er etwas gefunden hat. Das für die Rettungsarbeit häufige Training kommt seinem Beschäftigungsbedürfnis entgegen und festigt auch die Bindung zu Ihnen.

**287. Sichtzeichen: Hunde können so gut hören. Warum soll ich dann Sichtzeichen geben?** ?

Hunde kommunizieren abgesehen von der Verständigung über Körperdüfte hauptsächlich über Ihre Mimik und Ihre Körpersprache, weniger über Ihre Lautsprache. Sichtzeichen ermöglichen es Ihnen, direkter mit Ihrem Vierbeiner zu kommunizieren. Er wird Sie intensiver beobachten und sich mehr an Ihnen orientieren. Beherrscht Ihr Hund die Sichtzeichen, können Sie sich lautlos mit ihm verständigen. Gleichzeitig schult es auch den Menschen, mehr auf seine Körpersprache zu achten und diese bewusst dem Hund gegenüber einzusetzen.

**288. Sofa: Stimmt es, dass Hunde nicht auf dem Sofa liegen dürfen?** ?

Pauschal lässt sich diese Frage nicht beantworten. Auf einem erhöhten Platz zu liegen (z. B. Sofa oder Bett), der auch noch dem Menschen, also dem Chef der vier- und zweibeinigen Lebensgemeinschaft, vorbehalten ist, bedeutet ein „Privileg“ für den Hund. Ist der Mensch eindeutig der Boss, erkennt der Hund dessen Führungsrolle hundertprozentig an und räumt freiwillig und ohne zu murren das Sofa, wenn sein „Chef“ sich dort niederlassen möchte, spricht in der Regel nichts dagegen, dass der Hund manchmal auf

dem Sofa liegt. Handelt es sich aber um einen „deftigen Kerl“, der gern Grenzen austestet und prüft, wo sein Mensch Schwachpunkte hat, sollte ihm der Platz auf dem Sofa verwehrt bleiben. Denn dadurch bekommt dieser Hund ein falsches Signal und könnte seinen Rang über dem des Menschen einordnen. Besonders schwierig ist dies, wenn der Halter nicht so konsequent und durchsetzungsfähig ist, wie er es sein sollte. Verboten muss der Platz auf dem Sofa aber immer sein, wenn der Hund seine Menschen anknurrt oder gar nach ihnen schnappt! Wer seinen Hund noch nicht gut einschätzen kann, sollte ihm den Aufenthalt auf dem Sofa besser untersagen.
Die „Sofa-Frage“ ist eine Grundsatzentscheidung, die vor dem Einzug des Hundes getroffen werden muss. Wenn es verboten ist, sollte dies konsequent durchgezogen werden, denn jede Ausnahme verwirrt den Hund. Darf er auf das Sofa, wird er es sich dann aber auch nach einem Regenspaziergang mit Schlammpfoten dort gemütlich machen – nichts für penible Hausfrauen und -männer.

**289. Spaziergang: Beim Spaziergang mit meinem Münsterländer treffe ich immer eine Frau mit einem Schäferhund, die einen großen Bogen um uns macht. Ich finde es schade, dass die Hunde nicht spielen können. Soll ich meinen Hund einfach einmal losmachen?** ?

Davon rate ich ab. Es kann mehrere Gründe geben, warum die Frau der Begegnung aus dem Weg geht. Eventuell hat sie ihren Hund einfach nicht gut im Griff und kann ihn nicht einschätzen. Möglich ist auch, dass ihr Hund nicht gut sozialisiert ist und es bereits zu ernsten Auseinandersetzungen mit Artgenossen gekommen ist. Auf jeden Fall wird die Frau gute Gründe haben, einer Begegnung auszuweichen. Vielleicht begegnen Sie der Dame einmal ohne ihren Hund und können das Thema ansprechen.

**290. Spaziergang: Jeder Spaziergang mit meiner läufigen, angeleinten Hündin wird zum Spießrutenlaufen, weil einige andere Hundehalter ihre Tiere trotz meiner Aufforderung nicht anleinen. Die Rüden belästigen dann meine Hündin. Was kann ich tun?** ?

Da kann ich Ihnen leider nur den Rat geben zu versuchen, während der Hitze Ihrer Hündin Hundebegegnungen möglichst aus dem Weg zu gehen, sofern Sie sie nicht kastrieren lassen wollen (→ Seite 115). Sie sollten flexibel sein, möglichst wenig frequentierte Wege nutzen und falls machbar zu anderen Zeiten unterwegs sein als andere Hundehalter. Damit Ihre „heiße" Hundedame bei diesen Spaziergängen trotzdem ihren Spaß hat, können Sie sie an die Schleppleine nehmen (→ Seite 13). So kann sie sich in einem größeren Radius bewegen. Hunde und ihre Menschen hätten ein besseres Image, wenn die Zweibeiner häufiger Rücksicht auf andere nehmen würden. Es sollte selbstverständlich sein, dass man seinen Hund anleint, wenn man darum gebeten wird.

**291. Spaziergang: Ich gehe mit meinen beiden Beagles jeden Tag die gleiche Runde. Wie kann ich Abwechslung in die Spaziergänge bringen?** ?

Die gemeinsamen Spaziergänge sollten dem Hund nicht nur die Möglichkeit geben, sich zu lösen, und auch nicht nach dem Schema ablaufen: Hund

*Beim Spaziergang gibt es viele Möglichkeiten, den Hund abwechslungsreich zu beschäftigen – halten Sie die Augen offen.*

schnüffelt am Wegesrand und Mensch läuft wortlos hinterher. Nutzen Sie diese Zeit, um gemeinsam mit Ihren Hunden etwas zu erleben. Natürlich können Sie dazu mit dem Auto etwas rausfahren und mit Ihrem Hundeduo neue Wege erkunden. Oft lohnt es sich aber, die bekannte Route genau unter die Lupe zu nehmen. Gibt es dort umliegende Baumstämme, Parkbänke oder große Baumstümpfe? Viele Dinge am Wegesrand lassen sich zu spannenden Spielplätzen umfunktionieren. Auf Baumstämmen können Ihre Hunde balancieren oder darüber springen, unter der Sitzfläche von Bänken können sie durchkriechen, und Baumstümpfe mit ausreichend großem Durchmesser sind prima Podeste, auf die Sie Ihre Beagles springen und absitzen lassen können. Kombiniert mit Erziehungsspielen, wobei ganz nebenbei die Grundkommandos (→ Seite 211) abgefragt werden, können all diese Dinge einen einfachen Spaziergang zum Event machen. Ihre Beagles hätten auch bestimmt viel Spaß, wenn Sie ihnen öfter eine Fährte legen, z. B. aus Käsestückchen oder Trockenfutterbrocken, und sie zwischendurch Spielzeuge suchen und apportieren lassen, Dogdance (→ Seite 201) üben oder mit ihnen gelegentlich Verstecken spielen.

### 292. Spielen: Stimmt es, dass mein Hund niemals gewinnen darf, wenn ich mit ihm ein Zerr- oder Raufspiel mache? ?

Diese Regel bezieht sich auf Hunde, die öfter einmal aufmüpfig sind. Bei diesen Gesellen würde ich diese Beschäftigung vom Spielplan streichen, da aus Spiel schnell einmal Ernst werden kann. Für solche Hunde eignen sich besser Erziehungs-, Fährten- und Apportierspiele. Wenn Ihr Vierbeiner aber akzeptiert, dass Sie das Sagen haben, können Sie ihn auch bei einem Zerrspiel gelegentlich gewinnen und bei einer Balgerei auf Ihnen „herumturnen“ lassen. Wenn Hunde miteinander spielen, tauschen sie auch die Rollen, mal ist einer Jäger, kurz darauf wird er gejagt, mal ist einer der Unterlegene, einen Moment später hat er die Oberhand. Wichtig beim Spielen mit Ihrem Vierbeiner ist aber, dass Sie die Regeln vorgeben: Sie bestimmen Anfang und Ende. Der Hund muss ein Spielzeug ohne zu murren auf Ihr Verlangen herausgeben. Wenn er zu wild wird, brechen Sie das Spiel sofort ab. Solange diese Spielregeln eingehalten werden, spricht überhaupt nichts gegen eine ausgelassene Balgerei mit Ihrem Vierbeiner.

*Damit Spielsachen interessant bleiben, sollten diese regelmäßig für einige Zeit in der „Spielkiste" verschwinden.*

**293. Spielzeug: Wir müssen unserem Puli ständig neues Spielzeug kaufen, weil er schnell das Interesse am alten verliert. Ist das normal?** ?

Neue Spielsachen sind natürlich sehr aufregend, und die gewohnten verlieren oft schnell ihren Reiz, wenn Ihr Puli allein damit spielen soll. Versuchen Sie, öfter gemeinsam mit Ihrem Vierbeiner zu spielen und auch sein Köpfchen zu fordern (→ Seite 196). Mit einfachen Mitteln können Sie ganz leicht selbst Spielsachen basteln, z. B. indem Sie einen Tennisball in eine alte Baumwollsocke stecken. Das strapaziert den Geldbeutel nicht so sehr. Sie können die vorhandenen Spielzeuge aber auch interessanter machen, indem Sie dem Hund abwechselnd immer nur ein oder zwei Sachen zur Beschäftigung geben, die anderen wegschließen und immer mal wieder zum Einsatz bringen.

## SPIELZEUG

**Die Auswahl an Spielsachen ist riesengroß. Welches Spielzeug sich für Ihren Vierbeiner eignet, hängt von seiner Veranlagung und seinen Vorlieben ab. Achten Sie beim Kauf aber**

### QUIETSCHRING
Macht gerade großen Hunden viel Spaß, die Freude an Quietschies haben. Das Spielzeug lässt sich gut tragen und weit werfen.

### KAUSEIL
Tolle Möglichkeit, um die Zähne zu beschäftigen, gleichzeitig werden sie durch die Fasern gereinigt; Stoffspielzeug regelmäßig waschen.

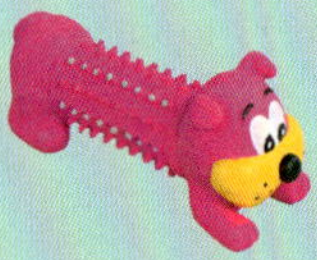

### QUIETSCHTIER
Achten Sie darauf, dass die Quietsche gut befestigt ist. Hören Sie sich das Spielzeug im Zoofachgeschäft probeweise an.

### BALL
Gute Alternative zum Tennisball, die die Zähne nicht schädigt. Wählen Sie ein Modell mit robuster Qualität, das Kauattacken aushält.

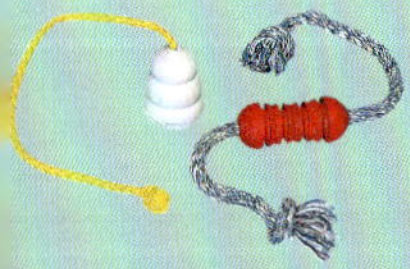

### SPIELSEILE
Lassen sich prima werfen. Das obere Gummispielzeug springt in einem unvorhersehbaren Winkel auf, was den Spaß steigert.

### ZERRSPIELZEUG
Es ist nicht für aufmüpfige Gesellen geeignet, die gern die Karriereleiter hochklettern. Damit nur mit gut erzogenen Hunden spielen.

immer auf Qualität, das zahlt sich aus und schützt die Gesundheit Ihres Hundes. Das Spielzeug muss auch zur Größe des Tieres passen.

**FUTTERBALL**
Durch Herumkugeln fallen Futterbrocken heraus. Der Hund muss sein Talent als Fußballer beweisen, um die Happen zu ergattern.

**BEISSRING**
Lässt sich gut werfen und vom Hund leicht aufnehmen, nur das Tragen ist bei kleinen Vierbeinern nicht immer so einfach.

**DUMMYS**
Ursprünglich für die Retrieverarbeit entwickelt, sind sie ideal, um das Apportieren zu üben. Dummys gibt es in mehreren Größen.

**WURFRING**
Kombination aus Frisbee und Beißring, die sich sowohl zum Werfen als auch für Zerrspiele gut eignet.

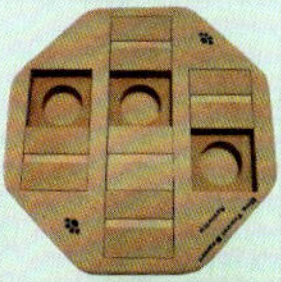

**INTELLIGENZTEST**
Herausforderung auch für clevere Kerlchen. Mit der Pfote muss der Hund die Abdeckung verschieben, um an die Leckerlis zu gelangen.

**HANTEL**
Passend zur Größe des Hundes ausgewählt, eignet sie sich gut für das Apportiertraining. Mit Quietsche macht es doppelt Spaß.

**294. Sport: Was muss ich beachten, wenn ich mit meinem Hund Sport treiben möchte?** ?

Auf jeden Fall sollte Ihr Vierbeiner ausgewachsen sein, damit seine Gelenke nicht überbelastet werden und den Anforderungen standhalten. Bevor Sie mit dem Training anfangen, holen Sie sich am besten das Okay von Ihrem Tierarzt, denn nur gesunde Hunde können körperliche Höchstleistungen bringen. Je nach Rasse eignen sich nicht alle Sportarten, z. B. Hunde mit langem Rücken sollten nicht so viel springen (→ Seite 136). Hat der Veterinär seinen „Segen" gegeben, können Sie behutsam mit dem Sport beginnen und sollten die Anforderungen Schritt für Schritt steigern. Körperliche Anstrengung ist bei Hitze jedoch tabu. Im Sommer sollten Sie deshalb nur morgens und abends bei gemäßigten Temperaturen trainieren. Wasser muss immer dabei sein, im Zoofachhandel gibt es praktische Gürteltaschen, die auch ein Fach für eine Wasserflasche haben. Denken Sie an regelmäßige Pausen, damit Ihr Hund einfach mal am Wegesrand schnüffeln kann. Eine Pause muss ebenfalls eingelegt werden, wenn er stark hechelt oder Mühe hat, mit Ihnen Schritt zu halten. Das Wichtigste beim Sport: Er muss Mensch und Hund Spaß machen.

**295. Strafen: Früher sollte man einen Hund immer im Nacken schütteln, um ihn zu bestrafen. Warum macht man das heute nicht mehr?** ?

Es wurde festgestellt, dass das Nackenschütteln keine artgerechte Bestrafung ist, sondern dieses Verhalten im Jagdverhalten verankert ist. Beute wird totgeschüttelt. Welpen zeigen im Spiel miteinander zwar dieses Nackenschütteln, doch es dient dem Erlernen von Jagdtechniken und nicht von innerartlichem Sozialverhalten. Als artgerechter Tadel wird nach heutigem Stand der Forschung der Schnauzgriff empfohlen (→ Foto, Seite 173).

**296. Stromreizgerät: Wie funktioniert ein so genannter Teletakt?**

Elektroreizgeräte zur Hundeerziehung sind laut Urteil des Bundesverwaltungsgerichts vom 23.02.06 (BVerwG 3 C 14.05) gem. § 3 Nr. 11 des Tierschutzgesetzes verboten. Sie funktionieren wie folgt: Das Stromreizgerät ist in einem speziellen Halsband untergebracht. Zeigt der Hund ein unerwünschtes Verhalten, wird per Fernbedienung ein Stromimpuls ausgelöst. Dieser soll als Reizunterbrecher dienen und das Verhalten mit einem negativen Erlebnis verknüpfen. Nach dem Tierschutzgesetz ist die Verwendung von Geräten verboten, die durch direkte Stromeinwirkung das artgemäße Verhalten eines Tieres erheblich einschränken oder es zur Bewegung zwingen und dem Tier dadurch nicht unerhebliche Schmerzen, Leiden oder Schäden zufügen, soweit dies nicht nach bundes- oder landesrechtlichen Vorschriften zulässig ist. Laut Entscheid des Verwaltungsgerichts kommt es dabei nicht auf die konkrete Verwendung der Geräte im Einzelfall an, sondern darauf, ob sie von ihrer Bauart und Funktionsweise her geeignet sind, dem Tier nicht unerhebliche Schmerzen zuzufügen. Der Gesetzgeber verfolgt die Absicht, den Einsatz der potenziell gefährlichen Geräte generell zu verbieten.

## EXTRATIPP

**Stubenreinheit**

**Ein Welpe muss nach dem Fressen, Spielen, Schlafen, bei Aufregung, wenn er am Boden schnüffelt und dabei im Kreis oder zur Tür läuft, nach draußen. Für jedes Pipi und Häufchen am Löseplatz ist ein dickes Lob fällig, anfangs auch eine Belohnung. Ein Malheur kann in flagranti sofort mit einem strengen „Nein!“ kommentiert werden. Wird es später entdeckt, wischen Sie es, ohne den Welpen anzuschauen, mit einem „Grummeln“ auf. Bestraft werden darf der Welpe dafür aber nicht!**

Bisher sind keine landes- oder bundesrechtlichen Ausnahmen von diesem Verbot erlassen, die Revision gegen dieses Urteil ist zugelassen. Das Problem ist, dass diese Geräte frei verkäuflich sind, meist unsachgemäß und als bequeme Kontrollmöglichkeit angewendet werden, was zu schweren Verhaltensstörungen beim Hund führen kann. Für Hunde mit hoher jagdlicher Motivation werden als Alternative häufig Halsbänder verwendet, die konzentrierte Luft unter das Kinn sprühen. Die Anwendung sollte unbedingt von einem sachkundigen Hundetrainer begleitet werden.

**297. Stubenreinheit: Immer wenn ich denke, dass mein fünf Monate alter Bobtailrüde endlich stubenrein ist, passiert wieder ein Malheur. Woran kann das liegen?**

Das geht vielen anderen Welpenbesitzern auch so. Ich vermute, dass man dann zu viel von den kleinen Kerlchen erwartet. Das Ziel bei der Erziehung zur Stubenreinheit ist einerseits, dass der Hund sich meldet, wenn er muss, und andererseits, dass er lernt, länger einzuhalten. Doch das sind zwei verschiedene Dinge. Auch ein fünf Monate alter Junghund muss öfter als dreimal täglich raus – seine Blase ist noch klein. Viele Hundehalter widmen ihrem Junghund auch nicht mehr die Aufmerksamkeit wie einem Welpen, übersehen die Alarmzeichen, z. B. wenn er zur Tür läuft oder sein Spiel unterbricht (→ Extratipp, Seite 231), und gehen in zu großen Abständen mit ihm raus. Häufig

*Unterbricht Ihr Welpe plötzlich sein Spiel, müssen Sie ihn schnell nach draußen bringen, damit er sich lösen kann.*

passieren diese „Unfälle“ am Wochenende, wenn der Tagesablauf anders ist als an einem Werktag. Doch gerade junge Hunde brauchen ihre Routine, um zuverlässig stubenrein zu sein. Sie sollten Ihren Bobtail gut im Auge behalten und ihn draußen für jedes Geschäft begeistert loben. Viele Welpen und Junghunde vergessen beim Spielen alles andere, deshalb kann es helfen, wenn Sie manchmal ein Spiel unterbrechen und den Kleinen zu seinem Löseplatz führen. Aber manche Vierbeiner brauchen auch einfach länger, um stubenrein zu werden. Auf keinen Fall darf man die Hundekinder mit der Nase in die Pfütze stupsen!

### 298. Tierpension: Woran erkenne ich eine gute Tierpension? ?

Ideal ist natürlich ein Pflegeplatz, wo Ihr Hund in die Hausgemeinschaft integriert wird. Wenn diese Möglichkeit nicht geboten wird, sollten die Hundeunterkünfte großzügig bemessen und sauber sein, nicht unangenehm riechen und über Tageslicht verfügen. Achten Sie darauf, dass sich die Betreuer häufig und intensiv mit den Hunden beschäftigen. Neben Spaziergängen stehen auch Sport und Spiel auf dem Programm, wenn möglich auch gemeinsam mit den Artgenossen, sowie Schmusen.
Es ist immer ein gutes Zeichen, wenn die Betreuer viel über Ihren Hund erfahren wollen, angefangen von den Futtergewohnheiten über eventuelle Krankheiten oder notwendige Medikamente bis hin zu Sozialverträglichkeit und Gehorsam. Nur so kann sichergestellt werden, dass ein Hund optimal betreut wird.
Natürlich sollten nur Vierbeiner aufgenommen werden, die gegen die gefährlichsten Infektionskrankheiten geimpft sind (→ Info, Seite 114) und keine ansteckenden Krankheiten haben. Schauen Sie sich die Tierpension genau an, bevor Sie Ihren Hund dort anmelden. Erkundigen Sie sich auch nach der tierärztlichen Betreuung.

**299. Transportbox: Wie gewöhne ich meinen Welpen an die Transportbox?**

Lassen Sie die Box anfangs offen im Zimmer stehen, legen Sie als Anreiz Spielzeug und Kauknochen hinein und füttern Sie den Kleinen ausschließlich darin. Geht er gern hinein, können Sie die Tür kurz schließen, am besten, wenn er nach einem Spaziergang sowieso müde ist. Jault er zwischendurch, dürfen Sie erst zu ihm gehen, wenn er für einen kurzen Moment ruhig ist. Ansonsten lernt er: Heulen bedeutet Zuwendung. Geht das gut, verlängern Sie die Zeit stetig etwas mehr, bis der Aufenthalt darin für ihn selbstverständlich ist. Die Transportbox darf niemals als Strafmittel eingesetzt werden, sondern sollte nur positiv verknüpft sein.

**300. Unrat fressen: Wie kann ich meinem Hund abgewöhnen, dass er beim Spaziergang am Wegrand Kot und Essensreste frisst?**

Nehmen Hunde beim Spaziergang den Kot von Grasfressern auf, ist das zwar unangenehm, aber nicht tragisch (→ Seite 117). Problematischer ist es, wenn der Kot von Artgenossen stammt. Dadurch können z. B.

## EXTRATIPP

**Reisegepäck für den Hund**

In den „Hundekoffer" gehören: EU-Heimtierpass (→ Seite 28), Versicherungsunterlagen, 2 Näpfe, Löffel, Futter, Leckerchen, Halsband mit Adressanhänger der Urlaubs- und Heimatanschrift, Transportbox oder Körbchen, Decken und Handtücher, Spielzeug, Kauknochen, Bürste und Co., Kottüten, Sonnenschutz, Hunde-Apotheke (→ Seite 112/113) sowie eventuell ein Mittel gegen Reisekrankheit und Parasitenprophylaxe, Zahnbürste und -pasta, Ohrenpflegemittel und Flohkamm.

Parasiten übertragen werden. Finden Hunde am Wegrand Essensreste, ist es für sie ein ganz natürliches Verhalten, sie zu fressen. Bei wild lebenden Hunden sichern Essensreste ihr Überleben. Abgesehen davon, dass dies in unseren Augen unappetitlich ist, kann die Zwischenmahlzeit tödlich für den Hund enden, z. B. wenn die Essensreste mit Gift präpariert wurden, was leider immer wieder vorkommt. Einige Hunde mit gutem Grundgehorsam lassen sich durch die Kommandos „Pfui!“ (das bedeutet, dass der Hund es erst gar nicht aufnehmen soll) oder „Aus!“ (→ Seite 190) davon abbringen, alles Essbare aufzunehmen. Hilft dies nichts, können Sie eine mit Steinen gefüllte Dose neben ihn werfen und ihn damit erschrecken oder Disc-Scheiben (→ Seite 222) verwenden. Als letztes Mittel ist auch eine Aversionstherapie möglich, dabei werden mit scharfen oder unappetitlichen Substanzen präparierte „Köder“ ausgelegt. Welche sich dafür eignen, sollten Sie vorher aber unbedingt mit Ihrem Tierarzt besprechen.

### 301. Urlaub: Im Sommer bekommen wir einen Welpen. Können wir mit ihm für drei Wochen verreisen? ?

Davon rate ich Ihnen ab. Ich würde an Ihrer Stelle auf eine Urlaubsreise verzichten und die freie Zeit nutzen, um den Welpen mit seinem Umfeld, verschiedenen Umweltreizen und Situationen vertraut zu machen und mit ihm einen Welpenkurs zu besuchen. Nie wieder wird es so einfach wie jetzt möglich sein, ihn zu erziehen. Wenn der Kleine kurz nach seinem Einzug in sein neues Heim wieder einen Umgebungswechsel erlebt, kann das im schlimmsten Fall sogar zu Trennungsangst führen, die nur sehr aufwändig zu korrigieren ist. Warten Sie mit der Urlaubsreise mit Hund mindestens ein halbes Jahr (ohne Hund etwa ein Jahr) und bedenken Sie, dass Sie in dieser Zeit die Basis für die nächsten 10 oder 15 Jahre schaffen.

**302. Urlaub: Was sollen wir mit unserem Hund machen, wenn wir ihn nicht mit in den Urlaub nehmen können?**

Für Ihren Hund wäre es am besten, wenn er solange bei Freunden oder Verwandten untergebracht wird, die er bereits gut kennt. Ist das nicht möglich, ergibt sich vielleicht mit einem anderen Hundebesitzer eine Urlaubsbetreuung auf Gegenseitigkeit. Alternativ könnten Sie einen House-Sitter inklusive Hundebetreuung engagieren. Der Sitter sollte sich aber vor Ihrem Urlaubsantritt mit dem Hund vertraut machen sowie über Hundeerfahrung und Fachwissen verfügen. Kommt das alles nicht infrage, bleibt noch eine gute Tierpension (→ Seite 233).

1 *Welpen lernen ihre Umwelt kennen, um sich darin zurechtzufinden. In der Welpenschule finden sie die richtige Anleitung.*

2 *Ein ganz wichtiger Punkt ist der soziale Umgang mit Artgenossen. Im Spiel lernen die Kleinen notwendige Umgangsregeln.*

3 *Verschiedene Spielzeuge bieten den Hundekindern nicht nur Beschäftigung, sondern bringen auch Erlebnisse für die Sinne.*

**303. Urlaub: Worauf müssen wir achten, wenn wir unseren Hund mit in den Urlaub nehmen?** ?

Erkundigen Sie sich rechtzeitig nach den für Ihr Urlaubsland geltenden Einreisevorschriften (→ Info, Seite 31). Bei einigen Ländern bedarf die Einreise eines Hundes einer langen Vorbereitung, in anderen ist dies sogar mit einer Quarantäne verbunden. Informieren Sie sich bei Reisen mit Bahn oder Flugzeug nach den Transportbedingungen für Hunde. Sind Sie mit dem Auto unterwegs, müssen Sie genug Pausen einplanen (→ Seite 192). Ein wichtiges Kriterium ist das Klima: Für ältere und Herz-Kreislauf-kranke Hunde sollte im Urlaubsland ein eher gemäßigtes Klima herrschen, übermäßige Hitze bekommt keinem Vierbeiner. Sportliche Aktivitäten wie Bergwanderungen oder lange Radtouren sind für Hunde mit Gelenkproblemen tabu. Solche Hunde bleiben dann besser im Hotel, sofern sie sich dort ruhig verhalten. Beraten Sie sich auch mit Ihrem Tierarzt, ob eine besondere Gesundheitsvorbeugung notwendig ist (→ Seite 138). Vergewissern Sie sich bereits bei der Wahl (vor der Buchung) der Unterkunft, dass vierbeinige Gäste willkommen sind, wenn auch meist gegen einen Aufpreis. Klären Sie ab, ob Sie am Urlaubsort das gewohnte Futter und die Leckerchen kaufen können, ansonsten ist es besser, einen ausreichenden Vorrat davon mitzunehmen.

**304. Welpenspiel: Wir bekommen in zwei Wochen einen Welpen. Müssen wir wirklich eine Welpenschule mit ihm besuchen?** ?

Ich kann Ihnen nur dringend dazu raten. In einem guten Welpenspielkurs lernt Ihr Kleiner den wichtigen Umgang mit Artgenossen, anderen Tieren, Menschen und Umweltreizen. Er hat zwar schon viel von seiner Mutter und seinen Geschwistern gelernt, doch die Zeit von der 8. bis zur 16. bzw. 18. Lebenswoche

## Fachbegriffe von A bis Z

**➤ Abstammung**
Ursprung des Hundes. Nach heutigen wissenschaftlichen Erkenntnissen stammt der Hund vom Wolf ab.

**➤ Abzess**
Verkapselte Infektion im Gewebe.

**➤ Aggressivität**
Aggressives Verhalten gehört zum natürlichen Verhaltensrepertoire eines Hundes und kann verschiedene Gründe haben. Probleme gibt es, wenn sich aggressives Verhalten gegen Menschen und Tiere richtet, nicht situationsangemessen oder verhältnismäßig gezeigt wird.

**➤ Agility**
Turniersportart. Unter Anleitung des Menschen muss der Hund einen Hindernisparcours meistern.

**➤ Ahnentafel**
auch Stammbaum genannt. Wird vom → Stammbuch führenden Verein als Abstammungsnachweis ausgestellt.

**➤ Alleinfutter**
auch Komplettfutter. Ausgewogenes Futter zur alleinigen Ernährung des Hundes.

**➤ Alpha-Hund**
Chef des Hunderudels.

**➤ Alpha-Wurf**
Der Hund wird auf die Seite geworfen und dort gehalten, bis er sich nicht mehr sträubt. Dient der Unterwerfung – sollte nur in Ausnahmefällen angewendet werden.

**➤ Analdrüsen**
Drüsen in der Afterschleimhaut, die einen Duftstoff abgeben, der wichtig für die Kommunikation der Hunde untereinander ist.

**➤ Anämie**
Mangel an roten Blutkörperchen. Schwächt die Leistungsfähigkeit.

**➤ Anaphylaktischer Schock**
Lebensbedrohliche allergische Reaktion.

**➤ Antioxidanzien**
Diese Stoffe verhindern, dass Fett ranzig wird.

**➤ Apportieren**
Bringen von Gegenständen durch den Hund, meist auf Kommando. Ursprünglich und heute im jagdlichen Gebrauch Wild.

**➤ Arthrose**
Degenerative Erkrankung von Gelenken.

**➤ Aujeszky-Krankheit**
Viruserkrankung, auch Pseudo-Wut genannt. Infektion erfolgt hauptsächlich über rohes Schweinefleisch.

**➤ Automatikleine**
Mehrere Meter lange Leine, die sich abrollt, wenn der Hund daran zieht.

**➤ Begleithundeprüfung**
Wird von Vereinen und Verbänden angeboten und testet den Gehorsam und die „Alltagstauglichkeit" des Hundes. Ist Voraussetzung, um an vielen Hundesportprüfungen teilzunehmen.

**➤ BGB**
Bürgerliches Gesetzbuch.

**➤ Borreliose**
Durch Zecken übertragene bakterielle Erkrankung. Kann zu schweren Schäden an Gelenken, zentralem Nervensystem und Herz führen. Impfung wird je nach Gefährdungslage empfohlen.

**➤ BSE**
Bovine Spongiforme Enzephalopathie, Rinderwahnsinn. Zentralnervöse Erkrankung des Gehirns.

**➤ CAC**
Abkürzung für „Certificat d'Aptitude au Championat". Anwartschaft auf das nationale → Championat.

**➤ CACIB**
Abkürzung für „Certificat d'Aptitude au Championat International de Beauté". Anwartschaft auf internationales Schönheits-→ Championat.

**➤ CACIT**
Abkürzung für „Certificat d'Aptitude au Championat International au Travail". Anwartschaft auf das internationale Arbeits-→ Championat (z. B. für Hunde im jagdlichen Einsatz).

**➤ Championat**
Siegertitel für einen Hund, der eine bestimmte Anzahl Einzelsiege oder Platzierungen auf Ausstellungen oder Prüfungen errungen hat.

**➤ Clicker-Training**
Lernmethode mittels positiver Verstärkung. Das Geräusch des Clickers, eines Knackfrosches, verbindet der Hund mit einer Belohnung.

**➤ Coursing**
Am natürlichen Hetzverhalten der Windhunde angelehnte Sportart. Dabei treten zwei Windhunde gegeneinander an und müssen einen künstlichen Hasen über ein Gelände verfolgen, dabei Haken schlagen etc. Es werden z.B. Geschwindigkeit, Jagdlust, Intelligenz bei der Jagd, Geschicklichkeit und Kondidion bewertet.

**➤ Deckhaar**
Wasser abweisendes Haar über der → Unterwolle.

**➤ Degenerativer Prozess**
Entwicklung, die zu Rückbildung von Teilen des Organismus (z. B. Gelenken oder Organen) führt und mit einer Verschlechterung der Leistungsfähigkeit verbunden ist.

**➤ Demenz**
Abnahme der höheren Funktionen des Zentralnervensystems, verursacht durch eine Hirnschädigung.

**➤ Disc-Scheiben**
auch Schelle. Negativer Verstärker zur Verhaltenskorrektur des Hundes.

**➤ Domestikation**
Wandel von Wildtieren zu Nutz- und Haustieren.

**➤ Energiebedarf**
Bezeichnung der Menge an Energie, die der Hund benötigt, um seine Körperfunktionen und Leistungsfähigkeit aufrechtzuerhalten.

**➤ Erbkrankheiten**
Bei einem Defekt im Erbgut werden diese an die Nachkommen weitergegeben. Manchmal tritt eine Erkrankung nur auf, wenn beide Elterntiere diesen Defekt besitzen, manchmal reicht es auch schon aus, wenn ein Elternteil diesen hat. Bei einigen Rassen gibt es rassespezifische Erkrankungen, die gehäuft auftreten.

**➤ Ergänzungsfutter**
Futter, das mit einem anderen Futter gemischt wird, um eine ausgewogene Nahrung zu erhalten, bzw. zusätzlich gegeben wird.

**➤ Erhaltungsbedarf**
→ Energiebedarf, den ein Hund hat, um bei gleich bleibender Aktivität weder ab- noch zuzunehmen.

**➤ FCI**
Fédération Cynologique Internationale. Weltorganisation der → Kynologie mit 80 Mitglieds- und Partnerländern.

**➤ Feuchtfutter**
Enthält im Durchschnitt 75 % Wasser.

**➤ Flyball**
Hundesportart. Zwei Teams mit je vier Hunden treten gegeneinander an. Sie müssen eine Hindernisstrecke überwinden, anschließend mit Pfotenschlag auf ein Pedal das Werfen eines Balls auslösen, diesen fangen und dann über die Hindernisse zurücklaufen.

**➤ Größe**
Schulterhöhe, gemessen wird am → Widerrist.

**➤ Halbfeuchtfutter**
Enthält etwa 15 bis 30 % Wasser.

**➤ Halti**
Kopfhalfter, das den Schnauzgriff imitiert und die Aufmerksamkeit des Hundes auf den Halter lenkt.

**➤ HCC**
Hundehepatitis. Ansteckende, durch Viren übertragene Leberentzündung. Regelmäßige Impfung wird empfohlen.

**➤ HD**
Hüftgelenksdysplasie. Erbliche Degeneration des Hüftgelenks.

**➤ Herpes**
Viruserkrankung, die unter anderem zu Welpensterblichkeit führen kann. Impfung wird je nach Gefährdungslage empfohlen.

**➤ Herzinsuffizienz**
Das ganze Herz oder eine Hälfte kann nicht die erforderliche Pumpleistung bringen, meist aufgrund von Klappenfehlern.

**➤ Hundeführerschein**
Der → VDH hat diese Ausbildung mit abschließender Prüfung ins Leben gerufen. Der Hundeführerschein beinhaltet Sachkunde des Halters, Gehorsam und Sozialverträglichkeit des Hundes.

**➤ Inkontinenz**
Mangelnde Kontrolle über die Ausscheidung von Urin.

**➤ Kampfhunde**
Unterschiedliche Definitionen, grundsätzlich werden als solche gefährliche Hunde mit gesteigertem Aggressionspotenzial bezeichnet. Oft werden als Kampfhunde aber auch Hunde bestimmter Rassen zusammengefasst, ohne dass deren Gefährlichkeit im Einzelnen nachgewiesen wurde.

**➤ Kastration**
Operation, um Unfruchtbarkeit durch Entfernen der Hoden beim Rüden bzw. der Eierstöcke und meist der Gebärmutter bei der Hündin zu erreichen.

**➤ Katarrh**
Entzündung der oberflächlichen Schleimhäute.

**➤ Knickrute**
Erblich bedingte oder durch Verletzung verursachte Knicke oder Verhärtungen an den Rutenwirbeln. Rassehunde mit Knickrute werden nicht zur Zucht zugelassen.

**➤ Kommando**
Ein festgelegtes Wort gilt als Signal für den Hund, ein bestimmtes Verhalten auszuführen.

**➤ Komplettfutter**
→ Alleinfutter

**➤ Körpersprache**
Verständigung unter Hunden mit Hilfe von Körpersignalen, z. B. Ohren- oder Rutenstellung, Körperhaltung, Blickkontakt. Wird auch dem Menschen gegenüber gezeigt.

**➤ Kryptorchismus**
Ein oder beide Hoden sind nicht in den Hodensack abgestiegen und befinden sich noch in der Bauchhöhle oder in der Leiste. Erhöhte Wahrscheinlichkeit von Hodenkrebs.

**➤ Kupieren**
Operative Kürzung der Ohrmuschel oder des Schwanzes. Nach dem Tierschutzgesetz grundsätzlich verboten, nur in ganz wenigen Ausnahmefällen erlaubt.

**➤ Kynologie**
Bezeichnet die Wissenschaft vom Hund; aus griechisch „kyon", der Hund, und „logos", die Lehre.

**➤ Läufigkeit**
Damit wird die Zeit der Vorbrunst und Brunst der Hündin bezeichnet, während der Brunst ist sie empfängnisbereit. Die meisten Hündinnen werden zweimal jährlich läufig; auch als Hitze bezeichnet.

**➤ Leptospirose**
Auch Stuttgarter Hundeseuche. Durch Einzeller übertragene Erkrankung, auch auf den Menschen übertragbar. Regelmäßige Impfung wird empfohlen.

**➤ Light-Futter**
Energiereduziertes Futter.

**➤ Linsensklerose**
Nachlassende Elastizität der Linse, tritt meist bei älteren Hunden auf.

**➤ Lösen**
Absetzen von Kot oder Urin.

**➤ Mikrochip**
Dem Hund wird ein Chip mit einem Transponder unter die Haut gesetzt (Chippen). Die Identitätsnummer kann mit einem speziellen Gerät gelesen werden.

**➤ Mimik**
Gesichtsausdruck des Hundes. Die Mimik spielt eine wichtige Rolle bei der innerartlichen Kommunikation über die Körpersprache.

**➤ Mischling**
Hunde, deren Vorfahren aus mindestens zwei Rassehunden bestehen und/oder nicht eindeutig einer Rasse zuzuordnen sind.

**➤ Mobility**
Spaßvariante zu → Agility.

**➤ Obedience**
Hundesportart, bei der es vor allem um Gehorsam in Perfektion geht.

**➤ Olfaktorische Kommunikation**
Verständigung über Körpergerüche.

**➤ Parvovirose**
Durch Viren übertragene Magen-Darm-Erkrankung. Besonders gefährlich für Welpen. Regelmäßige Impfung wird empfohlen.

**➤ Pyometra**
Lebensbedrohliche Gebärmutterentzündung. Anzeichen sind vermehrter Durst, Appetitlosigkeit, großes Ruhebedürfnis und eventuell Scheidenausfluss.

**➤ Rangfolge**
Hierarchie innerhalb eines → Rudels, jedes Tier hat einen festen Rang. Bezeichnung wird auch oft im Zusammenhang mit dem Mensch-Hund-Sozialverband genannt.

**➤ Rasse**
Hunde einer Rasse besitzen durch Zuchtauswahl ähnliche körperliche Merkmale, Veranlagungen (z. B. jagdliche Motivation, Hetztrieb) und Wesenszüge (z. B. Ausgeglichenheit), die im → Rassestandard festgeschrieben sind. Hunde einer Rasse können sich z.B. durch unterschiedliche Fellfarben unterscheiden.

**➤ Rassestandard**
Beschreibung des Ideals eines Rassehundes in Aussehen und Wesen. Dient als Grundlage zur Bewertung von Hunden auf Ausstellungen. Erstellt wird der Standard z. B. von der → FCI, überwacht z. B. vom → VDH.

**➤ Reinrassig**
Reinrassige Hunde geben ihre körperlichen und Wesensmerkmale bei Verpaarungen untereinander möglichst unverändert an ihre Nachkommen weiter.

**➤ REM-Schlaf**
REM=Rapid Eye Movement. Die Augen bewegen sich schnell in dieser Schlafphase, der Hund träumt dann vermutlich.

**➤ Rudel**
Zusammenschluss von Tieren einer Art.

**➤ Rufname**
„Vorname" des Hundes, mit dem er gerufen wird. Reinrassige Hunde mit Ahnentafel besitzen zusätzlich zum Zwingernamen einen Rufnamen. Die Namen der Welpen eines Wurfs beginnen alle mit dem gleichen Buchstaben. Die nächsten in der Zuchtstätte geborenen Welpen eines Wurfs beginnen mit dem folgenden Buchstaben des Alphabets.

➤ **Rute**
Schwanz des Hundes.

➤ **Scheinträchtigkeit**
Hormoneller Zustand der nichtträchtigen Hündin nach der → Läufigkeit.

➤ **Schelle**
→ Disc-Scheiben

➤ **Schleppleine**
Mehrere Meter lange Leine, die dem Hund Bewegungsspielraum und dem Halter Kontrolle bietet.

➤ **Schnauzgriff**
Griff über die Schnauze. Artgerechtes Mittel zur Disziplinierung des Hundes – ist aber nicht in jeder Situation angebracht.

➤ **Schock**
Lebensbedrohlicher Zustand. Kollaps des Herz-Kreislauf-Systems. Anzeichen: blasse Schleimhäute, Herzrasen.

➤ **Sichtzeichen**
Visuelles Signal für den Hund, um ein bestimmtes Verhalten zu zeigen.

➤ **Snood**
Schlauchartige Mütze zum Schutz langer Hängeohren, z. B. beim Füttern.

➤ **Sozialverhalten**
Verhalten des Hundes gegenüber Menschen und Artgenossen.

➤ **Spondylose**
Veränderung und dadurch meist Versteifung an der Wirbelsäule.

➤ **Spot-on-Präparate**
Präparate, meist vorbeugend gegen Parasiten, die dem Hund in den Nacken geträufelt werden.

➤ **Stammbuch**
Verzeichnis aller im jeweiligen Rassehundverein gezüchteten Hunde.

➤ **Standard**
→ Rassestandard

➤ **Staupe**
Durch Viren übertragene Erkrankung, die im fortgeschrittenen Stadium zu Hirnhautentzündung führen kann. Regelmäßige Impfung wird empfohlen.

➤ **Sterilisation**
Unfruchtbarkeit durch operatives Durchtrennen der Samenleiter beim Rüden bzw. der Eileiter bei der Hündin.

➤ **Teckellähme**
Schäden an Bandscheiben und Wirbeln. Betrifft nicht nur Dackel.

**➤ Tollwut**
Durch Viren übertragene tödliche Erkrankung. Tritt in zwei Formen („Stille Wut" mit Bewegungsschwierigkeiten und „Rasende Wut" mit Reizbarkeit und Aggression) auf. Regelmäßige Impfung wird empfohlen und ist vorgeschrieben bei Reisen ins Ausland und Veranstaltungen mit Hund.

**➤ Trennungsangst**
Verursacht durch mangelnde Gewöhnung an das Alleinsein oder traumatische Erlebnisse, z. B. Abgabe. Der Hund steht dann unter großem Stress.

**➤ Trimmen**
Auszupfen abgestorbener Haare mit Hilfe eines speziellen Werkzeugs.

**➤ Trockenfutter**
Enthält etwa 7 bis 10 % Wasser, maximal 14 %.

**➤ Tumor**
Auch Knoten genannt. Entsteht durch Zellwucherung. Kann gut- oder bösartig sein.

**➤ Unterwolle**
Wollige, feine Haare unter dem → Deckhaar, vorwiegend als Kälteschutz.

**➤ VDH**
Verband für das Deutsche Hundewesen. Dachorganisation von bundesweit 160 Rassehundezuchtvereinen und Hundesportverbänden (siehe Adressen, Seite 254).

**➤ Vulva**
Schamlippen/Scheide.

**➤ Widerrist**
Messpunkt der Größe eines Hundes zwischen den Schulterblättern.

**➤ Wolfskrallen**
oder Afterkralle. Fünfte Kralle oberhalb der Pfoten an den Hinterläufen, meist verkümmert.

**➤ Zuchtwart**
Wird vom Rassezuchtverein beauftragt, um Aufzucht und Zustand der Welpen und der Zuchtanlage eines Züchters zu kontrollieren.

**➤ Zupfen**
Ausrupfen abgestorbener Haare mit den Fingern.

**➤ Zwingerhusten**
Mischinfektion aus Bakterien und Viren, die zu Atemwegserkrankungen führt. Impfung wird je nach Gefährdungslage empfohlen.

**➤ Zwingername**
Einem Zuchtverein angeschlossene Züchter besitzen für ihre Zuchtstätte einen Zwingernamen. Dieser ist bei allen dort geborenen Welpen dem → Rufnamen vorgestellt oder angehängt.

## Register

**Halbfett** gesetzte Seitenzahlen verweisen auf Abbildungen.
U bedeutet Umschlagseite.

# Adressen

## Verbände/Vereine

**Fédération Cynologique Internationale (FCI),**
Place Albert 1er, 13,
B–6530 Thuin,
www.fci.be

**Verband für das Deutsche Hundewesen e. V. (VDH),**
Westfalendamm 174,
44141 Dortmund,
www.vdh.de

**Österreichischer Kynologenverband (ÖKV),**
Siegfried Marcus-Str. 7,
A–2362 Biedermannsdorf,
www.oekv.at

**Schweizerische Kynologische Gesellschaft (SKG/SCS),**
Postfach 8276, CH–3001 Bern,
www.skg.ch

Anschriften von Hundeclubs und -vereinen können Sie bei den vorgenannten Verbänden erfragen.

**Deutscher Tierschutzbund e. V.,**
Baumschulallee 15,
53115 Bonn,
www.tierschutzbund.de

**Gesellschaft für ganzheitliche Tiermedizin e. V. (GGTM),**
Mooswaldstr. 7,
79227 Schallstadt,
www.ggtm.de,
E-Mail: info@ggtm.de

## Hunde im Internet

Viel Wissenswertes rund um Hunde, inklusive Gesundheit, Ernährung, Urlaub, Rassen und Hundeschulen, finden Sie auf folgenden Internetseiten:

www.hunde.com
www.hundewelt.de
www.hundeadressen.de
www.hunde.com

## Fragen zur Haltung beantworten

**Ihr Zoofachhändler und der Zentralverband Zoologischer Fachbetriebe Deutschlands e. V. (ZZF),**
Tel. 0 611/44 75 53 32
(nur telefonische Auskunft möglich: Mo 12-16 Uhr, Do 8-12 Uhr), www.zzf.de

## Haftpflichtversicherung

Fast alle Versicherungen bieten auch Haftpflichtversicherungen für Hunde an.

## Registrierung von Hunden

**TASSO e. V., Abt. Haustierzentralregister**
65795 Hattersheim,
Tel. 0 61 90/93 7300,
www.tasso.net,
E-Mail: info@tasso.net

**Internationale Zentrale Tierregistrierung (IFTA),**
Nördliche Ringstraße 10,
91126 Schwabach,
Tel. 0 08 00/43 82 00 00 (kostenlos),
www.tierregistrierung.de

**Deutsches Haustierregister,**
Deutscher Tierschutzbund e. V.,
Baumschulallee 15,
53115 Bonn,
www.deutsches-haustierregister.de

Lassen Sie Ihren Hund hier registrieren, das erhöht die Chancen, ihn zurückzubekommen, falls er einmal entläuft.

## Bücher

Hegewald-Kawich, H.: **300 Fragen zur Hunderziehung**, Gräfe und Unzer Verlag, München

Hegewald-Kawich, H.: **Hunderassen von A-Z**, Gräfe und Unzer Verlag, München

Ludwig, G.: **Praxishandbuch Hunde,** Gräfe und Unzer Verlag, München

Schlegl-Kofler, K.: **Praxishandbuch Hundeerziehung**, Gräfe und Unzer Verlag, München

Schlegl-Kofler, K.: **Unser Welpe**, Gräfe und Unzer Verlag, München

Wolf, K.: **Hunde Spiel & Sport**, Gräfe und Unzer Verlag, München

## Zeitschriften

**Der Hund,** Deutscher Bauernverlag GmbH, Berlin

**Das Deutsche Hundemagazin**, Gong Verlag, Ismaning

**Partner Hund,** Gong Verlag, Ismaning

**Unser Rassehund,** Hrsg. Verband für das Deutsche Hundewesen e. V., Dortmund

## Auflösung des Tests:

➤ **11 x Ja:** Ihr Hund muss ein glücklicher Vierbeiner sein, denn Sie sind voll im Bild und können ihn genau einschätzen.
➤ **11– 8 x Ja:** Sie wissen schon eine ganze Menge über Ihren tierischen Gefährten.
➤ **7– 4 x Ja:** Die ersten Ansätze sind vorhanden, sollten aber noch ausgebaut werden – bleiben Sie dran.
➤ **3 – 0 x Ja:** Sie sollten gemeinsam mit Ihrem Vierbeiner eine Hundeschule besuchen, dann wird das Miteinander viel einfacher und macht noch mehr Spaß.

**Titelbild**: Mischling im Lauf. **Rückseite:** Collie (links); Mischling beim Slalom-Training (rechts).

**Die Fotografen**
**Animals-Digital/Brodmann:** U4-3;
**BilderPur/Hermeline/Cogis:** 48 o.re.;
**Cogis/Lanceau:** 177 o.;
**Cogis/Nicaise:** 177 mi.;
**Giel:** 9, 29, 34, 87, 123, 141, 145, 165, 166, 175, 185 u., 186, 193, 197, 225, 227;
**Juniors/Steimer:** 89, 156;
**Juniors/Wegler:** 39, 58, 61, 99, 219;
**Kuhn:** 124 u., 229 re.o., 240, 242, 246;
**Loewy:** 116 u.;
**M4GMBH/more4dogs:** 12 li.o., 48 mi., u.;
**Prawitz:** U3-1;
**Schanz:** 8, 12 re.o., li.mi. re.mi., re.u., 13 li.o., re.u., 17, 48 o.li., 49 o., mi., 96, 98, 112 mi., 113 o., 126, 127 u., 228 li.o., re.o., li.mi., re.mi., re.u., 229 li.o., re.u.;
**Schmidt-Röger:** 135, 215, 229 li.u.;
**Steimer:** U3-2, 3, 7, 12 li.u., 13 li.mi., 54, 79, 112 o., u., 113 mi., u., 124 o., mi., 127 mi., 147, 160, 173, 179, 187, 188, 191, 205, 208, 211, 213, 232, U8;
**Uhlmann:** 144;
**Wegler:** 5, 6, 13 re.o., re.mi., li.u., 14, 49 u., 60, 69, 92, 103, 109, 116 o., 127 o., 136, 151, 168, 177 u., 185 o., 202, 228 li.u., 229 li.mi., re.mi., 236, 245;
zefaimages/Spichtinger: U1.
**Syndication:**
www.jalag-syndication.de

**Dank**
an Firma Dog Travel Expert, Bünde (Holzspielzeug Knepig Seite 229) und an M4GMBH/more4dogs, Neu-Ulm (Gelotec Hundehalsband Seite 12, Hunde-Lounge und Relax-Matratze Seite 48).
Autorin und Verlag danken Herrn Rechtsanwalt Reinhard Hahn für die juristische Beratung.
Ein persönlicher Dank der Autorin gilt Stefanie Hallack, Katja Hinderink, Gaby Zimmer, Susanne Blank, Ines Diehl und Nicole Schmidt-Biermann.



GRÄFE UND UNZER

*Ein Unternehmen der*
GANSKE VERLAGSGRUPPE

Projektleitung: Anita Zellner
Lektorat: Gabriele Linke-Grün
Umschlaggestaltung und Layout: Cordula Schaaf
Zeichnungen: Marion Werner
Herstellung: Susanne Mühldorfer
Satz: Cordula Schaaf
Reproduktion: Penta, München
Druck & Bindung: Stürtz, Würzburg
Printed in Germany

ISBN 978-3-7742-6825-8

7. Auflage 2012